westermann

Mathematik
5./6. Klasse

Mavie Noelle ist Youtuberin, Schülerin, Turnerin, BFF, Schwester, Katzenfreundin ... In diesem Trainingsbuch gibt sie praktische Tipps für den Durchblick beim Lernen und die Entspannung zwischendurch. Seit 2015 ist Mavie mit ihrem Youtube-Kanal online und postet regelmäßig Videos zu Schule, Sport, Styling und vielem mehr.

Rainer Hild weiß aus langjähriger Erfahrung als Nachhilfelehrer und Autor für das Fach Mathematik, welche Schwierigkeiten im Mathematikunterricht auftreten können. Er vermittelt Tipps und Methoden, wie Schülerinnen und Schüler diese sicher überwinden können.

westermann GRUPPE

Die Beiträge von Mavie Noelle wurden vermittelt durch die Textbaby Medienagentur, www.textbaby.de
Instagram: @mavie_noelle | tiktok: noelle.mavie | Website: https://mavienoelle.de | Youtube: Mavie Noelle

Druck A[1] / Jahr 2022
Alle Drucke der Serie A sind im Unterricht parallel verwendbar.

Redaktion: imprint, Zusmarshausen, Ilona Külen
Illustrationen: Evelyn Neuss, Hannover
Umschlaggestaltung und Layout: Janssen Kahlert Design und Kommunikation GmbH, Hannover
Umschlagfoto: © Mavie Noelle
Druck und Bindung: Westermann Druck GmbH, Georg-Westermann-Allee 66, 38104 Braunschweig

ISBN 978-3-07-**241001**-4

Hallooo, hallihallo, ich bin's – eure Mavie!

Schule ist ja im Großen und Ganzen sehr in Ordnung, finde ich. Aber manchmal hakt's am Durchblick. Für diesen Fall hast du genau das richtige Buch in der Hand:

COOL@SCHOOL mit MAVIE
macht Mathe-Lernen einfacher!

Rainer Hild kennt sich als Nachhilfelehrer bestens mit Mathe-Schwierigkeiten aus. Er erklärt den Stoff so, dass du ihn verstehst, und gibt auch noch ganz viele **Tipps** dazu. Außerdem hat er sich für dieses Buch massenhaft gute **Übungen** ausgedacht. Nach jedem Thema gibt es einen **Test**: Dann kannst du sehen, wie du dich verbessert hast! Lösungen zu allen Aufgaben findest du ab Seite 108.

Immer nur üben geht natürlich gar nicht. Deswegen habe ich für dich ein paar **Extra-Mavie-Seiten** im Buch versteckt: mit Geheimtipps für smartes Lernen (selbsterprobt 😉), superleckerem Brainfood, DIYs und Entspannung!

Und das Beste ist: Immer, wenn du dieses Sternchen siehst, kannst du einen **Sticker** auf meine Autogrammkarte hinten im Buch kleben. Freu dich nach allen geknackten Mathe-Challenges über die vollständige **Mavie-Autogrammkarte**!

Und jetzt ran ans Lernen 😛 – viel **Spaß** und **Erfolg**!

Deine

Mavie

PS: Alle meine Trainingsbücher findest du auf lernando.de/mavie-noelle.

INHALT

Wenn du ein Thema bearbeitet hast, kannst du es abhaken ✓.
So hast du deine Erfolge immer im Blick!

1 Rechnen mit Brüchen

2 Dezimalbrüche

3 Rationale Zahlen

4 Dreisatzrechnung

5 Prozentrechnung

6 Grundbegriffe der Geometrie

7 Ebene Figuren & Körper

8 Flächen & Umfang

9 Symmetrie

10 Daten erheben und auswerten

1 RECHNEN MIT BRÜCHEN

Brüche und Bruchteile

REGEL

Teil und Ganzes

- Jeder Bruch besteht aus einem Zähler, einem Nenner und einem Bruchstrich dazwischen. Der Zähler wird über den Nenner geschrieben. Im Bruch $\frac{3}{4}$ ist die Zahl **3 der Zähler** und die Zahl **4 der Nenner**.
- Der **Nenner** gibt an, in wie viele gleich große Teile das Ganze geteilt werden soll.
- Der **Zähler** gibt an, wie viele von diesen Teilen gemeint sind.
- Brüche mit dem Nenner „0“ gibt es nicht, weil man durch 0 nicht teilen kann!
- Wenn in einem Bruch **Zähler und Nenner gleich groß** sind, dann beschreibt der Bruch das Ganze. Der Bruch ist dann die Zahl „1“. Zum Beispiel sind $\frac{7}{7} = 1$. Und allgemein: $\frac{n}{n} = 1$, mit $n \in \mathbb{N}$.

Beispiel 1: Um zu berechnen, wie viel $\frac{2}{3}$ von 30 Bonbons ist, teilt man zunächst die Gesamtmenge in 3 gleich große Teile.
Ein Teil besteht dann aus 30 Bonbons : 3 = 10 Bonbons,
und *zwei* Drittel sind dann 2 · 10 Bonbons = 20 Bonbons.

1 **Gib die gefärbte Fläche als Bruchteil der gesamten Fläche an.**

a) .... b) .... c) .... d) ....

2 **In Mavies Klasse sind 32 Schülerinnen und Schüler. 20 davon sind Mädchen und der Rest sind Jungen. Gib die Anteile als Bruch an.**

Mädchen: ....

Jungen: ....

3 **Färbe die Fläche, die dem angegebenen Bruch entspricht.**

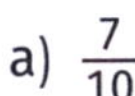
a) $\frac{7}{10}$

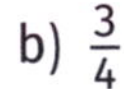
b) $\frac{3}{4}$

c) $\frac{5}{6}$

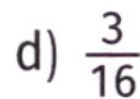
d) $\frac{3}{16}$

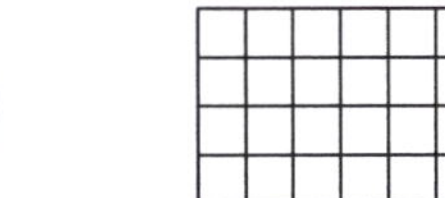

4 **Berechne.**

a) $\frac{2}{5}$ von 150 Bäumen ....

b) $\frac{4}{7}$ von 56 Kindern ....

c) $\frac{3}{4}$ von 80 € ....

d) $\frac{3}{8}$ von 64 Autos ....

REGEL

Brüche als Maßzahlen

Brüche tauchen im täglichen Leben sehr oft als Maßzahlen vor Maßeinheiten auf. Beispielsweise dauert eine Schulstunde (in der Regel) eine Dreiviertelstunde. Man kann diese Angaben oft in ganze Maßzahlen umrechnen, wenn man die nächstkleinere Maßeinheit benutzt.

Beispiel 2: Gib in der nächstkleineren Maßzahl an.

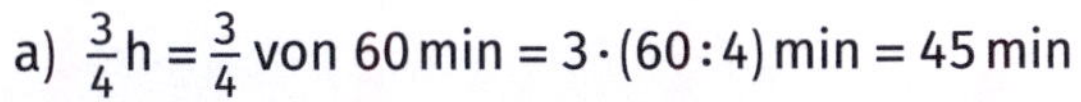

a) $\frac{3}{4}\,\text{h} = \frac{3}{4}$ von $60\,\text{min} = 3 \cdot (60:4)\,\text{min} = 45\,\text{min}$

b) $\frac{2}{5}\,\text{km} = \frac{2}{5}$ von $1000\,\text{m} = 2 \cdot (1000:5)\,\text{m} = 400\,\text{m}$

c) $\frac{3}{10}\,\text{m}^2 = \frac{3}{10}$ von $100\,\text{dm}^2 = 3 \cdot (100:10)\,\text{dm}^2 = 30\,\text{dm}^2$

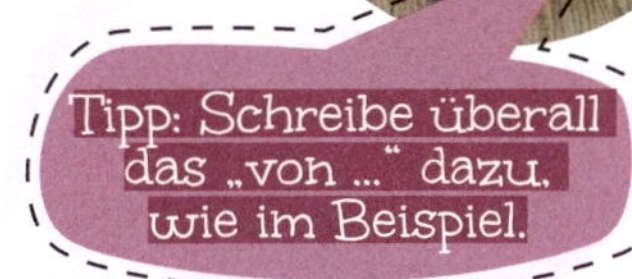

5 **Gib in der nächstkleineren Maßeinheit an.**

a) $\frac{5}{8}\,\text{t} =$ ....

b) $\frac{3}{5}\,\text{kg} =$ ....

c) $\frac{2}{3}\,\text{h} =$ ....

d) $\frac{1}{8}\,\text{km} =$ ....

e) $\frac{1}{4}\,\text{min} =$ ....

f) $\frac{1}{5}\,\text{m} =$ ....

g) $\frac{2}{5}\,\text{m}^2 =$ ....

h) $\frac{3}{8}\,\text{l} =$ ....

i) $\frac{3}{4}\,\text{Jahr} =$ ....

j) $\frac{1}{2}\,\text{cm}^3 =$ ....

Unechte Brüche und gemischte Zahlen

REGEL

Wenn in einem Bruch der Zähler größer als der Nenner ist, dann ist der entsprechende Bruchteil größer als das Ganze. Daher werden solche Brüche als **unechte Brüche** bezeichnet. Man kann sich einen unechten Bruch als eine Summe veranschaulichen, die aus einer ganzen Zahl und einem echten Bruch besteht.

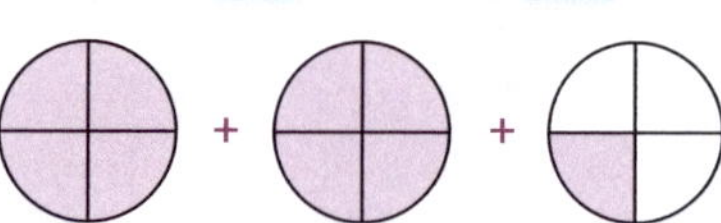

Beispiel 3: In der Grafik ist der unechte Bruch $\frac{9}{4}$ veranschaulicht: Insgesamt sind neun Viertelkreisausschnitte farbig markiert, zwei ganze Kreise plus $\frac{1}{4}$ Kreis. Man kann daher für den unechten Bruch $\frac{9}{4}$ auch schreiben: $\frac{9}{4} = 2\frac{1}{4}$. Solche Ausdrücke, die aus einer natürlichen Zahl und einem echten Bruch bestehen, nennt man **gemischte Zahlen**.

REGEL

Umwandlung von echten Brüchen und gemischten Zahlen

- Einen **unechten Bruch** wandelt man **in eine gemischte Zahl** um, indem man zunächst berechnet, wie oft der Nenner in den Zähler passt. Das Ergebnis ist die ganze Zahl in der gemischten Zahl. Der Rest, der bei dieser Rechnung übrig bleibt, ist der Zähler des Bruchs in der gemischten Zahl. Der Nenner der gemischten Zahl ist derselbe wie im unechten Bruch.
- Umgekehrt kann man eine **gemischte Zahl in einen unechten Bruch** umrechnen, indem man zunächst den Nenner mit der ganzen Zahl multipliziert und den Zähler addiert. Das Ergebnis ist der Zähler im unechten Bruch. Der Nenner des unechten Bruchs ist wieder derselbe wie in der gemischten Zahl.

Beispiel 4:

a) Wandle den unechten Bruch $\frac{13}{5}$ in eine gemischte Zahl um.
Die 5 passt **2-mal** in die 13. Somit ist die ganze Zahl **2**.
Der Rest ist $13 - 2 \cdot 5 = \mathbf{3}$.
Das ist der Zähler im Bruch der gemischten Zahl. Somit ist: $\frac{13}{5} = \mathbf{2\frac{3}{5}}$

b) Wandle die gemischte Zahl $4\frac{2}{3}$ in einen unechten Bruch um.
Für den Zähler des unechten Bruchs erhält man: $3 \cdot 4 + 2 = 14$, also: $4\frac{2}{3} = \frac{14}{3}$

6 **Wandle in eine gemischte Zahl um.**

a) $\frac{8}{3}=$ ...... b) $\frac{3}{2}=$ ...... c) $\frac{12}{5}=$ ...... d) $\frac{19}{8}=$ ......

7 **Schreibe als unechten Bruch.**

a) $1\frac{1}{4}=$ ...... b) $2\frac{1}{2}=$ ...... c) $5\frac{3}{8}=$ ...... d) $12\frac{2}{5}=$ ......

8 **Gib in der nächstkleineren Maßeinheit an.**

a) $3\frac{1}{2}\,t=$ ...... b) $5\frac{3}{4}\,l=$ ...... c) $2\frac{3}{4}\,h=$ ...... d) $4\frac{2}{5}\,km=$ ......

Brüche erweitern und kürzen

REGEL

- Man **erweitert** einen Bruch, indem man seinen Zähler und seinen Nenner mit derselben natürlichen Zahl (≠ 0) multipliziert.
- Man **kürzt** einen Bruch, indem man seinen Zähler und seinen Nenner durch dieselbe natürliche Zahl (≠ 0) dividiert.
- Beim Erweitern und Kürzen bleibt der Wert eines Bruchs erhalten.

Das Erweitern spielt beim Größenvergleich (Seite 10 und 11) und bei der Addition bzw. Subtraktion von Brüchen (Seite 12) eine wichtige Rolle.
Das Kürzen ist wichtig, um beim Rechnen mit Brüchen möglichst große Zahlen im Zähler bzw. Nenner eines Bruchs zu vermeiden.

Beispiel 5:

a) Erweitere $\frac{7}{8}$ mit 5.

$\frac{7}{8}=\frac{7\cdot 5}{8\cdot 5}=\frac{35}{40}$

b) Kürze $\frac{24}{36}$ so weit wie möglich.

$\frac{24}{36}=\frac{24:12}{36:12}=\frac{2}{3}$

TIPP

Wenn man beim Kürzen den größten gemeinsamen Teiler (ggT) nicht gleich sieht, kann man **schrittweise kürzen**. So kann $\frac{24}{36}$ zunächst mit 2, dann noch mal mit 2 und schließlich mit 3 gekürzt werden:
$\frac{24:2}{36:2}=\frac{12}{18} \Rightarrow \frac{12:2}{18:2}=\frac{6}{9} \Rightarrow \frac{6:3}{9:3}=\frac{2}{3}$.
Wenn man mit dem Zähler kürzen kann, bleibt im Zähler die „1" übrig: $\frac{4:4}{8:4}=\frac{1}{2}$.
Wenn der komplette Nenner gekürzt werden kann, darf man ihn weglassen: $\frac{6}{3}=\frac{6:3}{3:3}=\frac{2}{1}=2$.

9 **Erweitere den Bruch mit der angegebenen Zahl.**

a) $\frac{2}{3}$ mit 4; $\frac{2}{3}$ = ……………

b) $\frac{3}{5}$ mit 7; $\frac{3}{5}$ = ……………

c) $\frac{6}{7}$ mit 2; $\frac{6}{7}$ = ……………

10 **Mit welcher Zahl wurde erweitert? Ergänze die fehlende Zahl.**

a) $\frac{3}{5} = \frac{\quad}{25}$; erweitert mit ……………

b) $\frac{3}{4} = \frac{18}{\quad}$; erweitert mit ……………

c) $\frac{4}{7} = \frac{\quad}{49}$; erweitert mit ……………

d) $\frac{7}{12} = \frac{\quad}{60}$; erweitert mit ……………

11 **Erweitere auf den angegebenen Nenner.**

a) $\frac{3}{5} = \frac{\quad}{10}$

b) $\frac{3}{4} = \frac{\quad}{28}$

c) $\frac{2}{3} = \frac{\quad}{12}$

d) $\frac{7}{5} = \frac{\quad}{20}$

e) $\frac{17}{25} = \frac{\quad}{100}$

f) $\frac{13}{15} = \frac{\quad}{60}$

12 **Kürze so weit wie möglich.**

a) $\frac{2}{4}$ = ……………

b) $\frac{6}{9}$ = ……………

c) $\frac{15}{18}$ = ……………

d) $\frac{15}{10}$ = ……………

e) $\frac{24}{32}$ = ……………

f) $\frac{16}{48}$ = ……………

Größenvergleich von Brüchen – der Hauptnenner

REGEL

Größenvergleiche

- Brüche, deren Nenner gleich sind, werden **gleichnamige Brüche** genannt. Von zwei gleichnamigen Brüchen ist derjenige der größere Bruch, dessen Zähler größer ist.
- Will man **ungleichnamige Brüche** miteinander vergleichen, macht man sie zunächst gleichnamig. Dazu bestimmt man zunächst das kleinste gemeinsame Vielfache (kgV) ihrer Nenner bzw. den Hauptnenner und erweitert dann beide Brüche auf den Hauptnenner (vgl. auch Tipp auf Seite 11).
- Bei **gemischten Zahlen** ist derjenige Bruch der größere, bei dem der ganze Anteil größer ist. Vorsicht beim Größenvergleich von gemischten Zahlen und **unechten Brüchen**! In diesem Fall muss man beide Brüche in unechte Brüche oder gemischte Zahlen umwandeln (→ Beispiel 6 c).

Beispiel 6: Ordne jeweils der Größe nach.

a) $\frac{7}{12}; \frac{11}{12}$ → gleichnamig; $\frac{11}{12}$ hat den größeren Zähler, also: $\frac{11}{12} > \frac{7}{12}$.

b) $\frac{7}{15}; \frac{9}{20}$ → $\frac{7}{15} = \frac{7 \cdot 4}{15 \cdot 4} = \frac{28}{60}$ und $\frac{9}{20} = \frac{9 \cdot 3}{20 \cdot 3} = \frac{27}{60}$, also ist $\frac{7}{15} = \frac{28}{60} > \frac{9}{20} = \frac{27}{60}$.

c) $2\frac{3}{4}; \frac{21}{8}$ → $\frac{21}{8}$ ist ein unechter Bruch: $\frac{21}{8} = 2\frac{5}{8}$;
die ganzen Anteile sind gleich groß, nämlich 2.
Gleichnamig machen der Bruchteile $\frac{3}{4}$ und $\frac{5}{8}$ führt zu $\frac{3}{4} = \frac{6}{8} > \frac{5}{8}$;
also ist $2\frac{3}{4} = 2\frac{6}{8} > \frac{21}{8} = 2\frac{5}{8}$.
Alternativ kann man mit zwei unechten Brüchen rechnen:
$2\frac{3}{4} = \frac{11}{4} = \frac{22}{8}$, also ist $2\frac{3}{4} = \frac{22}{8} > \frac{21}{8}$.

TIPP

Bestimmen des Hauptnenners

Wenn man das kgV zweier Nenner – beispielsweise von 18 und 15 – nicht sofort erkennt, kann man es mit folgender Methode leicht berechnen: Man bildet aus den beiden Nennern (hier 18 und 15) einen Bruch, den man vollständig kürzt: $\frac{15}{18} = \frac{5}{6}$.
Indem man in dieser Gleichung den Nenner des linken Bruchs mit dem Zähler des rechten Bruchs multipliziert (oder umgekehrt), erhält man das gesuchte kgV bzw. den Hauptnenner: $18 \cdot 5 = 90$ bzw. $15 \cdot 6 = 90$.
Ein weiterer Vorteil dieser Methode ist, dass man sofort die Faktoren erkennt, mit denen jeder Bruch erweitert werden muss.

13 **Bestimme den Hauptnenner.**

a) $\frac{3}{4}; \frac{1}{2}$ .... b) $\frac{2}{5}; \frac{8}{15}$ .... c) $\frac{3}{8}; \frac{7}{10}$ .... d) $\frac{4}{9}; \frac{1}{6}$ ....

14 **Setze < oder > ein.**

a) $\frac{3}{5} \square \frac{2}{3}$ b) $\frac{5}{6} \square \frac{7}{9}$ c) $\frac{1}{3} \square \frac{5}{16}$ d) $\frac{11}{18} \square \frac{7}{12}$

Brüche addieren und subtrahieren

REGEL

Gleichnamige Brüche werden addiert bzw. subtrahiert, indem man ihre Zähler addiert bzw. subtrahiert und den gemeinsamen Nenner beibehält:
$\frac{a}{c}+\frac{b}{c}=\frac{a+b}{c}$ bzw. $\frac{a}{c}-\frac{b}{c}=\frac{a-b}{c}$ (mit a, b, c $\in \mathbb{N}$)

Ungleichnamige Brüche müssen immer zuerst auf ihren Hauptnenner erweitert werden, bevor man sie addieren oder subtrahieren kann.

Bei drei oder mehr gleichnamigen Brüchen lautet die entsprechende Regel:
$\frac{a}{d}+\frac{b}{d}+\frac{c}{d}=\frac{a+b+c}{d}$

Kommen in einer Summe bzw. Differenz gemischte Zahlen vor, kann man die Summe bzw. Differenz der ganzen Zahlen und der echten Brüche jeweils getrennt voneinander berechnen. Anschließend addiert man die beiden Ergebnisse.

TIPP

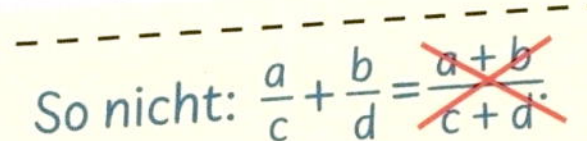

Die Nenner dürfen niemals addiert bzw. subtrahiert werden!

Beispiel 7: a) $\frac{5}{21}+\frac{11}{21}=\frac{5+11}{21}=\frac{16}{21}$ b) $\frac{7}{12}-\frac{2}{15}=\frac{35}{60}-\frac{8}{60}=\frac{35-8}{60}=\frac{27}{60}=\frac{9}{20}$

15 **Fasse zusammen, berechne und kürze das Ergebnis so weit wie möglich.**

a) $\frac{2}{7}+\frac{4}{7}=$ .... b) $\frac{7}{9}+\frac{2}{9}=$ ....

c) $\frac{5}{12}-\frac{1}{12}=$ .... d) $1\frac{1}{5}+2\frac{2}{5}=$ ....

e) $\frac{7}{15}+\frac{7}{10}=$ .... f) $\frac{2}{9}-\frac{1}{6}=$ ....

g) $\frac{5}{6}-\frac{3}{8}=$ .... h) $\frac{2}{5}+\frac{3}{10}+\frac{7}{10}=$ ....

i) $\frac{1}{4}+\frac{2}{5}+\frac{3}{8}=$ .... j) $\frac{3}{7}+\frac{5}{14}+\frac{2}{21}=$ ....

16 **Hier haben sich Fehler eingeschlichen. Finde und verbessere sie.**

a) $\frac{3}{8}+\frac{2}{7}=\frac{5}{15}=\frac{1}{3}$ b) $4\frac{2}{5}-\frac{3}{5}=\frac{8}{5}-\frac{3}{5}=\frac{5}{5}=1$

17 **Ein Verkäufer jammert:** „Ein Achtel meiner Äpfel ist angefault, drei Sechzehntel sind noch grün und ein Achtzehntel hat eine Macke. Wie soll ich da wenigstens die Hälfte aller Äpfel verkaufen?" Beklagt sich der Verkäufer zu Recht?

....

Prozente, Brüche, Present Perfect, Simple Past – WHAT?!

Egal, ob Englischvokabeln, Grammatikregeln oder Matheformeln – am **Auswendiglernen** kommen wir ja leider alle in der Schule nicht vorbei.

Hilft ja nix?
Dooooch! Denn hier kommt mein **ultimativer Mavie-Hack** für diiich ☺

2 x
aufschreiben

Jetzt sollte deine Matheformel, die Englischvokabel, das Gedicht ... im Kopf sein.

Wenn nicht: Mach eine **Tonaufnahme** mit dem Handy und lass sie zwischendurch immer wieder ablaufen (beim Aufräumen, Zähneputzen ...).

Du kannst dir bestimmte Formeln nicht merken? Schneide dir aus festem Papier ein **Armband** zurecht. Schreibe deine Kann-ich-mir-nicht-merken-Kandidaten darauf. Jetzt nur noch das Armband am Handgelenk befestigen und einen Tag lang tragen.

Brüche multiplizieren

REGEL

Zwei Brüche werden miteinander multipliziert, indem man beide Zähler und beide Nenner miteinander multipliziert: $\frac{a}{b} \cdot \frac{c}{d} = \frac{a \cdot c}{b \cdot d}$ (mit a, b, c, d $\in \mathbb{N}$)

Ein Bruch wird mit einer natürlichen Zahl k multipliziert, indem man den Zähler des Bruchs mit dieser Zahl multipliziert: $k \cdot \frac{a}{b} = \frac{k \cdot a}{b}$ bzw. $\frac{a}{b} \cdot k = \frac{a \cdot k}{b}$ (mit a, b, k $\in \mathbb{N}$)

Eine natürliche Zahl k kann man auch als Bruch schreiben. Dazu „verpasst" man ihr einfach den Nenner 1. Es gilt: $k = \frac{k}{1}$.
Dann wird aus $k \cdot \frac{a}{b}$ ein Produkt zwischen zwei Brüchen: $k \cdot \frac{a}{b} = \frac{k}{1} \cdot \frac{a}{b} = \frac{k \cdot a}{1 \cdot b} = \frac{k \cdot a}{b}$.

TIPP

Überkreuz-Kürzen: *Bevor man zwei Brüche miteinander multipliziert, sollte man immer versuchen, überkreuz zu kürzen. Dazu kürzt man den Zähler des linken Bruchs mit dem Nenner des rechten Bruchs und umgekehrt. Eine* ***Multiplikation mit gemischten Zahlen*** *kann nur dann durchgeführt werden, wenn man die gemischte Zahl zuvor in einen unechten Bruch umwandelt (→ Seite 8)!*

18 **Berechne.**

a) $\frac{3}{5} \cdot \frac{4}{7} =$ .... b) $\frac{2}{9} \cdot \frac{5}{11} =$ .... c) $\frac{4}{3} \cdot \frac{8}{5} =$ ....

d) $\frac{1}{2} \cdot \frac{4}{13} =$ .... e) $\frac{7}{8} \cdot 5 =$ .... f) $6\frac{3}{4} \cdot \frac{7}{10} =$ ....

Beispiel 8: Berechne. Kürze zuvor überkreuz.

a) $\frac{8}{35} \cdot \frac{25}{12} = \frac{8}{35} \cdot \frac{25}{12}$ (:4, :5) $= \frac{\cancel{8}^{2}}{\cancel{35}_{7}} \cdot \frac{\cancel{25}^{5}}{\cancel{12}_{3}} = \frac{2}{7} \cdot \frac{5}{3} = \frac{10}{21}$

b) $\frac{6}{11} \cdot 2\frac{4}{9} = \frac{\cancel{6}^{2}}{\cancel{11}_{1}} \cdot \frac{\cancel{22}^{2}}{\cancel{9}_{3}} = \frac{2}{1} \cdot \frac{2}{3} = \frac{4}{3}$

19 **Berechne. Kürze vor dem Multiplizieren überkreuz, falls möglich.**

a) $\frac{4}{9} \cdot \frac{5}{8} =$ .... b) $\frac{18}{25} \cdot \frac{15}{9} =$ .... c) $3 \cdot \frac{5}{21} =$ ....

d) $\frac{3}{16} \cdot 12 =$ .... e) $3\frac{1}{2} \cdot \frac{8}{9} =$ .... f) $\frac{29}{18} \cdot \frac{81}{58} =$ ....

20 **Das Gewicht von Edelsteinen wird in Karat (Kt) angegeben. 1 Kt entspricht $\frac{1}{5}$ g. Wie viel Gramm wiegen folgende Edelsteine?**

a) Diamant, 2560 Kt .... b) Rubin, 7250 Kt ....

Brüche dividieren

REGEL

Man dividiert **durch einen Bruch**, indem man mit seinem Kehrbruch (= Kehrzahl) multipliziert: $\frac{a}{b} : \frac{c}{d} = \frac{a}{b} \cdot \frac{d}{c} = \frac{a \cdot d}{b \cdot c}$ bzw. $k : \frac{c}{d} = k \cdot \frac{d}{c} = \frac{k \cdot d}{c}$ (mit $a, b, c, d, k \in \mathbb{N}$)

Den **Kehrbruch** eines Bruchs erhält man, indem man Zähler und Nenner vertauscht; d.h. den Bruch „auf den Kopf" stellt.

Man dividiert einen **Bruch durch eine natürliche Zahl k**, indem man den Nenner des Bruchs mit dieser Zahl multipliziert: $\frac{a}{b} : k = \frac{a}{b \cdot k}$ (mit $a, b, k \in \mathbb{N}$)

Beispiel 9: Berechne und vereinfache so weit wie möglich.

a) $\frac{6}{7} : \frac{2}{3} = \frac{6}{7} \cdot \frac{3}{2} = \frac{3}{7} \cdot \frac{3}{1} = \frac{9}{7}$

b) $9 : \frac{5}{2} = 9 \cdot \frac{2}{5} = \frac{18}{5}$

c) $\frac{5}{8} : 2 = \frac{5}{8 \cdot 2} = \frac{5}{16}$

d) $4\frac{2}{3} : \frac{7}{9} = \frac{14}{3} \cdot \frac{9}{7} = \frac{2}{1} \cdot \frac{3}{1} = \frac{6}{1} = 6$

TIPP

Eine ***Division mit gemischten Zahlen*** *kann man nur dann durchführen, wenn man die gemischte Zahl zuvor in einen Bruch umwandelt (→ Seite 8)!*

Man berechnet ***Doppelbrüche****, indem man den großen Bruchstrich als „:" schreibt. Folgende Fälle (mit $a, b, c, d, k \in \mathbb{N}$) können vorkommen:*

$\frac{\frac{a}{b}}{k} = \frac{a}{b} : k = \frac{a}{b \cdot k}$ $\qquad \frac{k}{\frac{a}{b}} = k : \frac{a}{b} = \frac{k \cdot b}{a}$ $\qquad \frac{\frac{a}{b}}{\frac{c}{d}} = \frac{a}{b} : \frac{c}{d} = \frac{a}{b} \cdot \frac{d}{c} = \frac{a \cdot d}{b \cdot c}$

21 **Berechne.**

a) $\frac{2}{3} : \frac{5}{8} =$ ....

b) $\frac{11}{12} : \frac{1}{2} =$ ....

c) $6 : \frac{7}{9} =$ ....

d) $\frac{3}{4} : 8 =$ ....

e) $5\frac{1}{2} : \frac{2}{3} =$ ....

f) $2\frac{2}{5} : 5\frac{1}{5} =$ ....

22 **Schreibe mit dem Geteiltzeichen und berechne.**

a) $\frac{\frac{3}{5}}{6} =$ ....

b) $\frac{8}{\frac{4}{9}} =$ ....

c) $\frac{\frac{2}{3}}{\frac{8}{15}} =$ ....

d) $\frac{5\frac{1}{2}}{4\frac{3}{4}} =$ ....

ABSCHLUSSTEST

1 Berechne. Nutze dein Heft für Nebenrechnungen.

a) Bei einer Umfrage geben $\frac{5}{7}$ von 287 Schülerinnen und Schülern Mathematik als ihr Lieblingsfach an. Das sind .... Mathe-Liebhaber.

b) Eine Stadt ist 1755 ha groß. $\frac{4}{15}$ davon sind Grünfläche. Das sind .... m^2.

c) Ein Mensch besteht etwa zu zwei Dritteln aus Wasser. Wie viele Liter Wasser enthält der Körper eines Jugendlichen mit 63 kg Körpergewicht? ....

d) Auf der Tüte einer Spargelcremesuppe ist zu lesen: *„Inhalt in $\frac{3}{4}$ l kaltes Wasser schütten und unter Rühren 5 min erhitzen."*

Wie viel ml Wasser muss man mit dem Messbecher abmessen? ....

= erreichte Punktzahl / maximale Punktzahl **4**

2 Gib in der nächstkleineren Einheit an.

a) $\frac{3}{4}\,cm^2 =$ .... b) $\frac{2}{5}\,l =$ .... c) $\frac{5}{6}\,h =$ .... d) $\frac{5}{8}\,m^3 =$ ....

= erreichte Punktzahl / maximale Punktzahl **4**

3 Schreibe

a) ... als gemischte Zahl.

$\frac{11}{2} =$ .... $\frac{17}{8} =$ .... $\frac{18}{7} =$ .... $\frac{35}{9} =$ ....

b) ... als unechten Bruch.

$3\frac{1}{4} =$ .... $7\frac{3}{8} =$ .... $5\frac{2}{7} =$ .... $17\frac{2}{3} =$ ....

= erreichte Punktzahl / maximale Punktzahl **8**

4 Erweitere auf den Hauptnenner und ordne der Größe nach.

a) $\frac{1}{8}; \frac{2}{9}; \frac{2}{3}$, HN = ... > .... > ....

b) $\frac{2}{5}; \frac{3}{4}; \frac{5}{6}$, HN = ... > .... > ....

c) $\frac{5}{8}; \frac{13}{24}; \frac{7}{12}$, HN = ... > .... > ....

d) $\frac{11}{4}; \frac{19}{8}; \frac{12}{5}$, HN = ... > .... > ....

= erreichte Punktzahl / maximale Punktzahl **4**

5 **In der Klasse 6a sind 14 Mädchen und 16 Jungen; in der 6b sind 12 Mädchen und 15 Jungen. In welcher Klasse ist der Anteil der Mädchen größer?**

....

maximale Punktzahl **2** / erreichte Punktzahl =

6 **Fasse zusammen und kürze falls möglich.**

a) $7\frac{5}{12} - \frac{11}{12} =$ .... = ...

b) $6\frac{3}{4} - 1\frac{7}{8} =$ .... = ...

c) $\frac{31}{25} - \frac{11}{20} =$ .... = ...

d) $\frac{3}{8} + \frac{5}{16} + \frac{7}{24} =$ .... = ...

e) $\frac{7}{8} \cdot \frac{2}{21} =$ .... = ...

f) $\frac{16}{35} \cdot \frac{21}{20} =$ .... = ...

g) $3\frac{1}{2} \cdot \frac{5}{14} =$ .... = ...

h) $9\frac{1}{3} : \frac{16}{15} =$ .... = ...

maximale Punktzahl **8** / erreichte Punktzahl =

7 **Mavie kocht Marmelade**

Mavie hat $8\frac{3}{4}$ kg Konfitüre gekocht und möchte damit Einmachgläser zu je $\frac{1}{3}$ kg füllen.

a) Wie viele Gläser benötigt sie?

....

b) Wie viel Kilogramm Konfitüre bleiben beim Füllen der Gläser übrig?

....

c) Wie viel kg Konfitüre müsste Mavie in jedes Einmachglas füllen, um am Schluss genau 35 gleich gefüllte Einmachgläser zu erhalten?

....

maximale Punktzahl **6** / erreichte Punktzahl =

Kontrolliere deine Ergebnisse mithilfe der Lösungen (Seite 110), addiere dann die erreichten Punkte.

☐ 36 bis 25 Punkte: ☐ 24 bis 14 Punkte: ☐ 13 bis 0 Punkte:

Gesamtpunktzahl von max. **36**

2 DEZIMALBRÜCHE

Die Dezimalschreibweise

REGEL

- In einem **Dezimalbruch** (oder Dezimalzahl bzw. Kommazahl) wie z. B. 1,375 (sprich: „eins Komma drei sieben fünf“) gibt die erste Stelle hinter dem Komma die Zehntel an, die zweite Stelle die Hundertstel, die dritte Stelle die Tausendstel usw. So bedeutet $1{,}375 = 1 + \frac{3}{10} + \frac{7}{100} + \frac{5}{1000}$.
- Die Stellen hinter dem Komma heißen **Dezimalstellen** (oder Dezimale bzw. Nachkommastellen). Stehen rechts von einer Dezimale nur noch Nullen, darf man sie auch weglassen: 3,2500 = 3,25
- Man wandelt einen **Dezimalbruch in einen Bruch** um, indem man zunächst die Ziffern des Dezimalbruchs ohne Komma in den Zähler schreibt. Im Nenner des Bruchs steht dann eine 10er-Zahl, die so viele Nullen hat, wie es im Dezimalbruch Dezimalstellen gibt.

Beispiel 1: Um 3,75 als Bruch zu schreiben geht man wie folgt vor:
3,75 hat zwei Dezimalstellen. Also muss der Nenner des entsprechenden Bruchs 100 sein. Der Zähler ist 375. Damit ist: $3{,}75 = \frac{375}{100} = \frac{15}{4}$ oder auch: $3{,}75 = 3\frac{75}{100} = 3\frac{3}{4}$

1 **Schreibe die gesuchte Ziffer auf.**

a) erste Dezimale von 4,23: ....
b) Hundertstel von 0,0457: ....
c) dritte Dezimalstelle von 5,2081: ....
d) Tausendstel von 7,050 19: ....

2 **Schreibe ohne überflüssige Nullen, falls möglich.**

a) 0,702 00 = ...
b) 3,000 10 = ...
c) 0,101 010 = ...
d) 100,000 009 = ...

3 **Schreibe als Bruch und kürze vollständig.**

a) 0,45 = ______ = ______ b) 2,125 = ______ = ______

c) 1,005 = ______ = ______ d) 2,7500 = ______ = ______

REGEL

Man wandelt einen **Bruch in einen Dezimalbruch** um, indem man den Quotienten *„Zähler durch Nenner“* berechnet. Wenn sich dabei bestimmte Ziffern hinter dem Komma ständig wiederholen, erhält man einen **periodischen Dezimalbruch**. Über die sich periodisch wiederholende(n) Ziffer(n) macht man einen Strich.

Beispiel 2: Schreibe als Dezimalbruch: a) $\frac{3}{4}$ b) $\frac{11}{6}$

a)

	3	:	4	=	0,	7	5
−	0						
	3	0					
−	2	8					
		2	0				
	−	2	0				
			0				

b)

	1	1	:	6	=	1,	8	3	3 ...
−	6				=	1,	8	$\overline{3}$	
	5	0							
−	4	8							
		2	0						
	−	1	8						
			2	0					
			...						

Sobald man bei der Division einen Rest erhält, muss man dem Rest eine „0“ anfügen und im Ergebnis ein Komma setzen.
Tipp: $\frac{3}{4}$ hätte man auch mit 25 auf $\frac{3}{4} = \frac{3 \cdot 25}{4 \cdot 25} = \frac{75}{100}$ (= 0,75) erweitern können.

TIPP

10er-Brüche in Dezimalbrüche umwandeln:
Der Zähler eines 10er-Bruchs gibt die Ziffern des Dezimalbruchs an. Die Zahl der Nullen des Nenners gibt die Zahl der Dezimalstellen an, z. B. ist $\frac{7}{100}$ = 0,07. Da 100 zwei Dezimalstellen hat, muss der Dezimalbruch auch zwei Dezimalstellen haben.

4 **Schreibe als Dezimalbruch – das geht im Kopf.**

a) $\frac{24}{10}$ = ... b) $\frac{2008}{1000}$ = ... c) $\frac{8}{100}$ = ... d) $\frac{75}{10000}$ = ...

5 **Schreibe als Dezimalbruch.**

a) $\frac{5}{4}$ = ... c) $\frac{12}{5}$ = ... d) $\frac{13}{20}$ = ... e) $\frac{3}{8}$ = ...

f) $\frac{7}{50}$ = ... g) $\frac{2}{3}$ = ... h) $\frac{2}{11}$ = ... i) $\frac{20}{9}$ = ...

Größenvergleich

REGEL

Zwei Dezimalbrüche vergleicht man miteinander, indem man die Ziffern stellenweise von links nach rechts miteinander vergleicht. Derjenige Dezimalbruch ist dann größer, der an derselben Stelle zuerst eine größere Ziffer hat, z. B. 3,7025 > 3,7019. Um die Lage von Dezimalbrüchen auf einem Zahlenstrahl zu bestimmen, muss man die Unterteilung des Zahlenstrahls beachten.

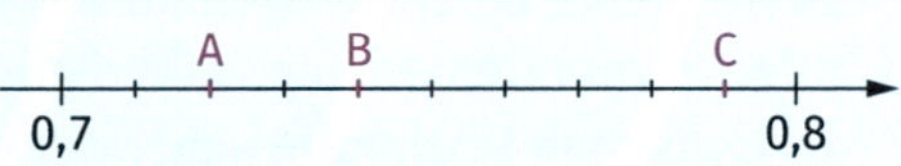

Beispiel 3: Welche Dezimalbrüche sind auf dem Zahlenstrahl markiert?
Der Abstand zwischen den Dezimalbrüchen 0,7 und 0,8 ist in 10 kleinere Abschnitte unterteilt. Da sich 0,7 und 0,8 in der Zehnteldezimale unterscheiden, steht die kleinere Unterteilung des Zahlenstrahls für die Hundertsteldezimale. Also: A = 0,72; B = 0,74 und C = 0,79.

6 **Wo hat sich hier ein Fehler eingeschlichen? Korrigiere, wo nötig:**

a) 3,47 < 3,49   b) 12,5071 < 12,5069   c) 0,075 > 0,57

7 **Ordne der Größe nach. Beginne mit der kleinsten Zahl.**

a) 0,31; 0,13; 0,103; 1,3; 0,301; 1,03 ....

b) 0,83; 8,3; 83,0; 3,8; 3,08; 80,3 ....

8 **Zeichne die Dezimalzahlen in einen geeigneten Zahlenstrahl.**

A = 0,9   B = 1,75   C = 2,05   D = 1,99

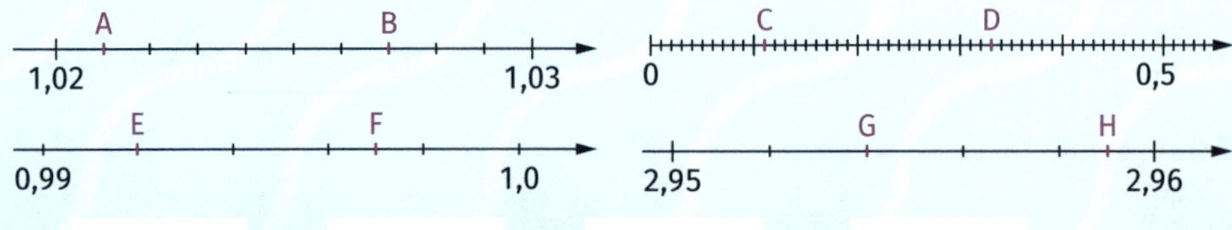

9 **Lies die markierten Zahlen ab.**

A, B: 1,02 … 1,03

C, D: 0 … 0,5

E, F: 0,99 … 1,0

G, H: 2,95 … 2,96

A = ...; B = ...; C = ...; D = ...;

E = ...; F = ...; G = ...; H = ...

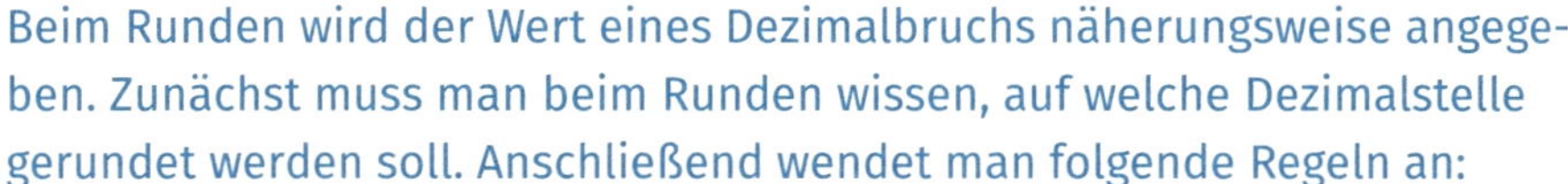

Runden von Dezimalbrüchen

REGEL

Beim Runden wird der Wert eines Dezimalbruchs näherungsweise angegeben. Zunächst muss man beim Runden wissen, auf welche Dezimalstelle gerundet werden soll. Anschließend wendet man folgende Regeln an:

- Ist die Ziffer rechts von der zu rundenden Dezimalstelle 0, 1, 2, 3 oder 4, wird **abgerundet**, d. h. man lässt alle Ziffern rechts von dieser Dezimalstelle weg.
- Ist die Ziffer rechts von der zu rundenden Dezimalstelle 5, 6, 7, 8 oder 9, wird **aufgerundet**, d. h. man lässt alle Ziffer rechts von dieser Dezimalstelle weg und zählt zu dieser Dezimalstelle 1 dazu.
- **Beachte:** Beim Aufrunden der Ziffer 9 wird aus der 9 eine 0, und die nächste Ziffer links davon wird um 1 erhöht.

Beispiel 4: Runde jeweils auf die erste Dezimale: a) 3,72 und b) 1,57

a) Da rechts von 7 eine 2 steht, muss 3,72 abgerundet werden zu 3,7.

b) Da rechts von 5 eine 7 steht, muss 1,57 aufgerundet werden zu 1,6.

10 **Fülle die Tabelle aus.**

Runde	3,4278	0,04259	12,0994	9,9999
auf eine Dezimale				
auf zwei Dezimalen				
auf drei Dezimalen				

11 **Bearbeite.**

a) Einer englischen Seemeile entsprechen 1,609 342 6 km. Runde auf Meter.

....

b) Ein Barrel Rohöl entspricht 158,987 294 928 l. Runde auf ganze Liter.

....

c) Der Weltrekord über 100 m Sprint liegt bei 9,58 s (Usain Bolt).
Warum wird hier üblicherweise nicht auf Sekunden gerundet?

....

Dezimalbrüche addieren und subtrahieren

REGEL

Beim Addieren und Subtrahieren von Dezimalbrüchen schreibt man die Dezimalbrüche so untereinander, dass Komma unter Komma steht. Dann addiert bzw. subtrahiert man die Ziffern stellenweise und setzt im Ergebnis das Komma so, dass es ebenfalls unter den anderen Kommas steht.

Beispiel 5: Schreibe untereinander und addiere bzw. subtrahiere.

a) 7,0658 + 3,6247 b) 120,036 – 15,25 c) 37,34 – 1,89 – 8,72

a)

		7,	0	6	5	8
+		3,	6	2	4	7
	1			1	1	
	1	0,	6	9	0	5

b)

		1	2	0,	0	3	6
–			1	5,	2	5	0
			1	1	1		
		1	0	4,	7	8	6

c)

	1,	8	9
+	8,	7	2
1	1	1	
1	0,	6	1

	3	7,	3	4
–	1	0,	6	1
		1		
	2	6,	7	3

TIPP

Wenn man von einem Dezimalbruch gleich mehrere Dezimalbrüche abziehen soll, kann man aufgrund des Distributivgesetzes zuerst die Summe der Dezimalbrüche berechnen, vor denen ein Minuszeichen steht (→ Seite 37, Ausklammern von „– 1"). Anschließend zieht man das Ergebnis vom ersten Dezimalbruch ab (→ Beispiel 5 c).
Wenn die Dezimalbrüche unterschiedlich viele Dezimalstellen haben, darf man rechts ***Nullen anfügen****. Dies macht die schriftliche Berechnung übersichtlicher (→ Beispiel 5 b).*

12 **Schreibe stellengerecht untereinander und berechne.**

a) 3,75 + 5,96 b) 10,91 – 5,84 c) 7,03 + 8,679
d) 15,082 – 13,4 e) 24,38 – 7,2 – 12,94 f) 4 – 0,97 – 1,001

13 **Berechne.**

a) Vermindere 5,055 um die Summe von 1,79 und 2,2.
b) Wie viel fehlt von der Summe von 367,06 € und 54,1 € zu 450 € ?

14 **Löse die Textaufgabe**

Die Waschmaschine von Familie Sauber musste repariert werden.
Der Handwerker berechnet für Anfahrt: 15,45 €; Ersatzteile: 39,75 €; Lohn: 85 €; Mehrwertsteuer: 26,65 €. Berechne die Gesamtkosten.

Dezimalbrüche multiplizieren

Multipliziert man zwei Dezimalbrüche miteinander, berücksichtigt man die Kommas zunächst nicht und setzt dann das Komma so, dass im Ergebnis so viele Dezimalen stehen wie in beiden Faktoren zusammen.

Beispiel 6: Berechne $2{,}5 \cdot 4{,}75$. Es ist: $25 \cdot 475 = 11\,875$. Da im Produkt $2{,}5 \cdot 4{,}75$ insgesamt drei Dezimalstellen vorkommen, muss das Ergebnis ebenfalls drei Dezimalstellen haben: $2{,}5 \cdot 4{,}75 = 11{,}875$

TIPP

Besonders leicht kann man das ***Produkt zwischen*** *einem* ***Dezimalbruch und einer 10er-Zahl*** *berechnen:*
Hier muss man nur das Komma um so viele Stellen nach rechts verschieben, wie die 10er-Zahl Nullen hat.
Beispielsweise muss man in $4{,}251 \cdot 100$ das Komma um zwei Stellen nach rechts verschieben, da 100 zwei Nullen hat.
Man erhält: $4{,}251 \cdot 100 = 425{,}1$
Fehlende Dezimalstellen müssen durch Nullen ergänzt werden.

15 **Setze das Komma an der richtigen Stelle.**

a) $2{,}7 \cdot 9{,}25 =$ 2 4 9 7 5 b) $4{,}75 \cdot 0{,}08 =$ 3 8 0 0 c) $16 \cdot 4{,}005 =$ 6 4 0 8 0

16 **Berechne.**

a) $0{,}5 \cdot 2 =$ …………… b) $34{,}56 \cdot 100 =$ ……………

c) $1{,}5 \cdot 2{,}0 =$ …………… d) $0{,}004 \cdot 0{,}2 =$ ……………

e) $3{,}25 \cdot 5{,}8 =$ …………… f) $28{,}24 \cdot 0{,}022 =$ ……………

17 **Die Länge der Diagonalen eines Computerbildschirmes wird meist in Zoll angegeben (abgekürzt: "). 1 Zoll entspricht 2,54 cm. Berechne in cm.**

a) 14" = …………… b) 17" = ……………

18 **Ein rechteckiges Zimmer ist 4,93 m breit und 6,75 m lang. Berechne den Flächeninhalt des Zimmers und runde auf die zweite Dezimalstelle.**

……………………………………………

Dezimalbrüche dividieren

REGEL

Man dividiert **durch einen Dezimalbruch**, indem man im Dividend (linke Zahl) und im Divisor (rechte Zahl) die Kommas gleichzeitig solange nach rechts verschiebt, bis im Divisor kein Komma mehr dasteht. Wenn der Dividend weniger Dezimalen hat als der Divisor, muss man die fehlenden Dezimalen durch Nullen ergänzen (→ Beispiel 7 b).

Beachte: Bei der *Division durch eine natürliche Zahl* muss man im Ergebnis immer dann ein Komma setzen, wenn das Komma im Dividend überschritten wird oder wenn ein Rest übrig bleibt.

Beispiel 7: Berechne.

a) 24,15 : 0,7. Man verschiebt die Kommas um 1 Stelle nach rechts:

24,15 : 0,7 =

	2	4	1,	5	:	7	=	3	4,	5
−	2	1								
		3	1							
	−	2	8							
			3	5						
		−	3	5						
				0						

Komma wird überschritten

b) 1,5 : 0,05. Im Dividend muss erst noch eine 0 ergänzt werden:

1,5 = 1,50

Damit folgt:

1,50 : 0,05 = 150 : 5 = **30**

19 **Berechne.**

a) 1,8 : 6 = ...

b) 0,16 : 4 = ...

c) 2,8 : 7 = ...

d) 345,67 : 100 = ...

e) 27,3 : 3,5 = ...

f) 9,3 : 0,05 = ...

g) 7,8 : 2,25 = ...

h) 74,12 : 1,7 = ...

TIPP

Besonders einfach ist die **Division durch eine 10er-Zahl:** Hier muss man im Dezimalbruch lediglich das Komma um so viele Stellen nach **links** verschieben, wie die 10er-Zahl Nullen hat. Fehlende Stellen müssen dabei **links** durch Nullen ergänzt werden.

Beispiele: 634,7 : 100 = 6,347
oder 1,3 : 1000 = 0,0013

Schon gewusst?

DIN-Formate

Bei der Festlegung der Papierformate DIN A0, DIN A1, … hat man sich Folgendes überlegt: Zum einen sollte das Verhältnis der Breite zur Länge in allen Formaten gleich sein. Außerdem sollte durch Halbieren eines Formats (quer zur Längsseite) das nächstkleinere Format entstehen. Diese Vorgaben werden dann eingehalten, wenn das Verhältnis der Breite zur Länge 1 zu 1,414 ist. Ausgehend von DIN A0 (841 × 1189 mm) gelangt man auf diese Weise zu dem DIN-A4-Format 210 × 297 mm. Übrigens: Das DIN-A0-Format besitzt eine Fläche von genau 1 m². Bei einem Gewicht von 80 g pro Quadratmeter wiegt dann ein DIN-A4-Blatt $\frac{1}{16}$ von 80 g, also 5 g.

20 **Ein Stapel Papier mit 500 Blatt (DIN A4) wiegt 2,25 kg. Berechne das Gewicht eines Blattes.**

21 **Gib die Lücke zwischen zwei Zaunlatten an, wenn eine Latte 4,8 cm breit ist.**

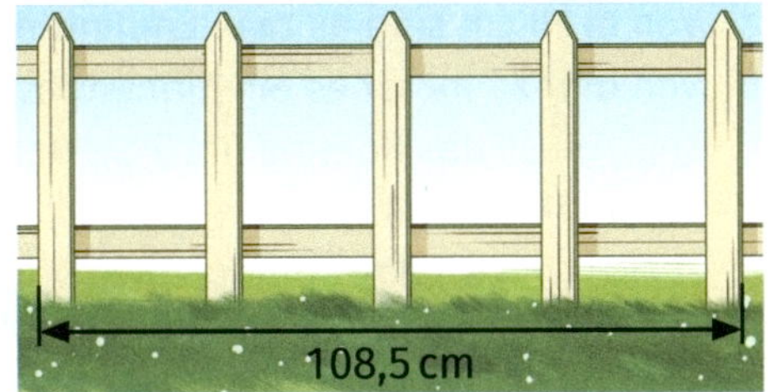

22 **Mavie will ihr Zimmer neu streichen. Berechne, wie viele Eimer Farbe sie braucht, wenn ein Eimer für 18 m² reicht und sie eine Fläche von 85,5 m² streichen möchte.**

23 **In der Klasse 7 b sind 28 Schülerinnen und Schüler. Die geplante Klassenfahrt kostet insgesamt 441 €. Berechne die Kosten pro Person.**

Dezimalbrüche als Maßzahlen

REGEL

Wenn die Maßzahl ein Dezimalbruch ist, können Maßeinheiten durch einfache Verschiebung des Kommas ineinander umgerechnet werden: Zur nächstkleineren Einheit jeweils durch Verschieben des Kommas um die **angegebene Zahl** nach *rechts*, zur nächstgrößeren Einheit nach *links*:

- **Längen:** m ↔ dm ↔ cm ↔ mm; **1 Stelle**
  Beachte: Bei der Umrechnung von km in m muss das Komma um **3 Stellen** verschoben werden!
- **Flächen:** ha ↔ a ↔ m^2 ↔ dm^2 ↔ cm^2 ↔ mm^2; **2 Stellen**
- **Volumen:** m^3 ↔ dm^3 (= l) ↔ cm^3 ↔ mm^3 (= ml); **3 Stellen**
- **Gewicht:** t ↔ kg ↔ g ↔ mg; **3 Stellen**
- **Zeiteinheiten** können nicht durch Kommaverschiebung ineinander umgerechnet werden, da die Umrechnungsfaktoren keine 10er-Zahlen sind.

Beispiel 8: Rechne um.

a) 3,52 m = ... cm b) 25,8 dm^2 = ... m^2 c) 2,5 h = ... min

a) Von m zu cm sind es zwei Einheitenschritte nach rechts: 3,52 m = 352 cm

b) Von dm^2 zu m^2 ist es ein Einheitenschritt nach links. Da es Flächeneinheiten sind, muss das Komma um 2 Stellen nach links verschoben werden: 25,8 dm^2 = 0,258 m^2

c) Hier darf man das Komma nicht verschieben. Statt dessen muss man 2,5 h mit 60 multiplizieren, da 1 h = 60 min sind: 2,5 h = $2{,}5 \cdot 60$ min = 150 min

24 **Wandle in die angegebene Einheit um.**

a) 4,35 m = ... cm b) 0,5 l = ... m^3

c) 2500 kg = ... t d) 234 mm = ... dm

e) 45 dm^2 = ... m^2 f) 90 min = ... h

g) 5 m 75 cm = ... cm h) 270 g = ... kg

i) 0,25 dm = ... mm j) $\frac{3}{4}$ m = ... dm

k) $\frac{1}{2}$ t = ... kg l) $\frac{3}{4}$ h = ... s

Mavies beste Moves

BEWEGUNG ist für mich mindestens so wichtig wie ein guter Snack zwischendurch oder ein Call mit der BFF. Wenn der Kopf bei der ganzen Lernerei nicht mehr denken will, springe ich meistens ein paar Runden auf dem Trampolin. Aber Bewegung geht auch ohne Trampolin, Turn-Equipment oder Fitnessgeräte – zum Beispiel mit einer altbewährten Yoga-Übung (auch für Nicht-Yogis leicht zu schaffen):

Mit Katze und Kuh die Wirbelsäule entspannen

Knie dich im **Vierfüßlerstand** auf den Boden, zum Beispiel auf einen weichen Teppich oder eine Isomatte.
Atme entspannt ein und aus. Bei der nächsten **Ausatmung** machst du einen **runden Rücken**, dein Kopf geht nach unten – die **Katze**. Sobald du wieder **einatmen** musst, machst du einen **hohlen Rücken**, dein Blick wandert nach vorne oben – die **Kuh**. Wiederhole beides zehn Mal.

Sooo guuut!

ABSCHLUSSTEST

1 **Schreibe die Brüche als Dezimalbruch, runde dann auf die zweite Dezimale und ordne der Größe nach (beginne mit dem kleinsten).**

a) $\frac{4}{5}$; 0,79; $\frac{2}{3}$; 0,09; $1\frac{1}{2}$; 1,05 ……………………

b) 3,4; $\frac{19}{6}$; $\frac{16}{5}$; 2,9; 3,09 ……………………

= erreichte Punktzahl / maximale Punktzahl **4**

2 **Lies die markierten Zahlen ab.**

A = …………………; B = …………………

= erreichte Punktzahl / maximale Punktzahl **2**

3 **In den USA verwendet man das Volumenmaß „Gallon“. 1 Gallon entspricht etwa 3,7854 l. Rechne in Liter um. (Runde auf die erste Dezimale.)**

a) 10 Gallon = ……………………

b) 0,5 Gallon = ……………………

c) 3,8 Gallon = ……………………

= erreichte Punktzahl / maximale Punktzahl **3**

4 **Mia bekommt 40 € Taschengeld pro Woche.
Berechne, wie viel Euro sie jeden Tag ausgeben kann.
Runde das Ergebnis sinnvoll.**

……………………

= erreichte Punktzahl / maximale Punktzahl **2**

5 **Jeder Einwohner in Deutschland verbraucht täglich durchschnittlich 285 g Mehl. Bestimme den Jahresbedarf (in kg) einer vierköpfigen Familie.**

……………………

= erreichte Punktzahl / maximale Punktzahl **2**

6 Im Königreich Dezimalien

Mavie besucht ihre Freundin im Königreich Dezimalien. Leider muss man dort für die Wegbenutzung Gebühren bezahlen, die nach einem sehr komplizierten Schema berechnet werden. Die Gebühren stehen auf den Schildern. Alle Angaben in Taler.

a) Welche Wege kann sie benutzen, wenn sie nur 20 Taler bei sich hat?

b) Wie viele Cupcakes kann sie dann noch mitbringen, wenn eines 0,85 Taler kostet?

maximale Punktzahl **8** / erreichte Punktzahl =

Kontrolliere deine Ergebnisse mithilfe der Lösungen (Seite 113), addiere dann die erreichten Punkte.

 21 bis 15 Punkte:  14 bis 8 Punkte:   7 bis 0 Punkte: 

Gesamtpunktzahl von max. **21**

3 RATIONALE ZAHLEN

Negative Zahlen

REGEL

Neben den positiven Zahlen gibt es auch **negative Zahlen**.
Sie liegen auf dem Zahlenstrahl links vom Nullpunkt.
Man erhält sie, indem man die positiven Zahlen am Nullpunkt spiegelt:

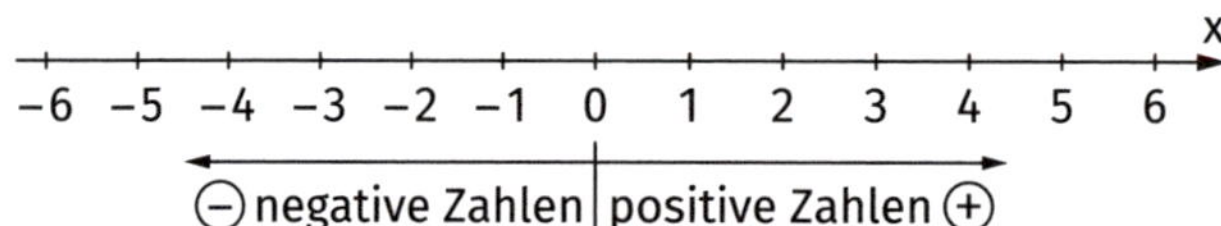

„+“ und „−“ sind **Vorzeichen**. Eine negative Zahl kennzeichnet man durch das Minuszeichen, zum Beispiel: −2 (sprich: minus zwei). Steht vor einer Zahl kein Vorzeichen, ist sie immer positiv. Zum Beispiel gilt: $3 = +3$.
Der **Betrag** einer Zahl ist ihr Abstand von 0. Er ist immer positiv. Der Betrag wird durch die Betragsstriche gekennzeichnet. Zum Beispiel ist: $|-2| = 2$.
Spiegelt man eine Zahl an der 0, erhält man ihre **Gegenzahl**.

1 **Trage die Zahlen −2,5; −4,5 und 1,5 auf dem Zahlenstrahl ab. Ordne sie der Größe nach. Gib außerdem jeweils den Betrag und die Gegenzahl an.**

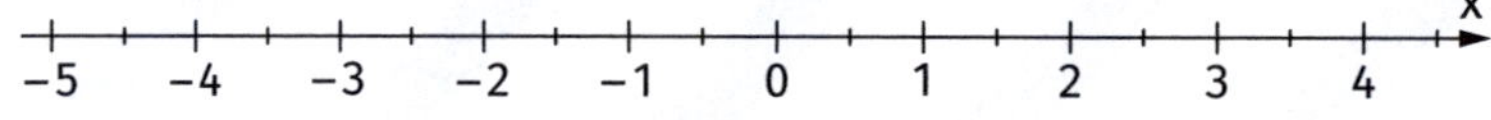

2 **Gib die markierten Zahlen an.**

A = ...; B = ...; C = ...

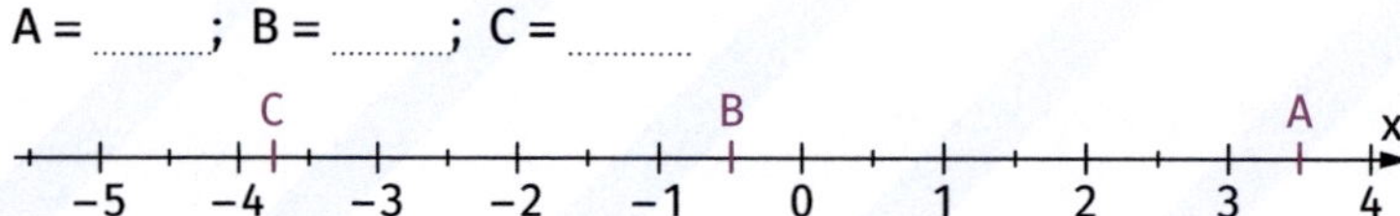

Natürliche, ganze und rationale Zahlen

REGEL

Zahlenmengen

- Die **Menge ℕ der natürliche Zahlen** besteht aus der Null und allen positiven, ganzen Zahlen: ℕ = {0, 1, 2, 3, ...}.
- Die **Menge ℤ der ganzen Zahlen** enthält zusätzlich zu den natürlichen Zahlen auch die negativen, ganzen Zahlen (–1; –2; –3; ...).
- Wenn man zu der Menge der ganzen Zahlen noch alle positiven und negativen Brüche und Dezimalbrüche hinzunimmt, erhält man die **Menge ℚ der rationalen Zahlen**.

Man kann sich die Beziehung der verschiedenen Zahlenmengen anhand der Kreise einer Zielscheibe veranschaulichen. Jeder Kreis der Zahlenmenge enthält gleichzeitig die Kreise, die in ihm liegen. So ist z. B. die Zahl 7 nicht nur eine natürliche Zahl, sondern auch eine ganze und rationale Zahl.

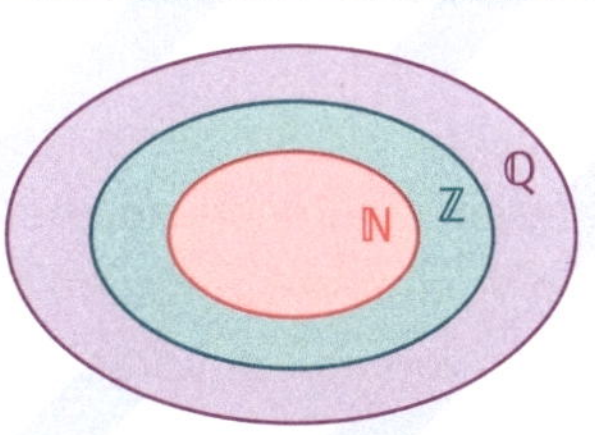

Die Dezimalzahl 2,75 hingegen gehört nur zu ℚ, nicht aber zu ℕ oder zu ℤ.

3 Ordne die Zahlen den richtigen Zahlenmengen zu.

a) 0; –2; 5; 3,1; $\frac{4}{5}$; $-\frac{16}{2}$; $+\frac{7}{1}$; 1,0

ℕ: ....

ℤ: ....

ℚ: ....

b) $\frac{8}{5}$; $-\frac{10}{5}$; –0,1; $+\frac{3}{1}$; –2,5; $+2\frac{1}{3}$

ℕ: ....

ℤ: ....

ℚ: ....

TIPP

Manchmal verbirgt sich hinter einem Bruch oder einem Dezimalbruch eine ganze bzw. natürliche Zahl:
5,0 = 5 oder $\frac{18}{3} = 6$.
Teste dies vor der Zuordnung zu einer Zahlenmenge!

Rationale Zahlen addieren und subtrahieren

REGEL

Ausdrücke wie $a + b$ und $a - b$ (mit $a, b \in \mathbb{Q}$ und $b > 0$) kann man auf dem Zahlenstrahl leicht mit einem **Additions- bzw. Subtraktionspfeil** berechnen.

Zur Berechnung von $a + b$ geht man von a aus um b Einheiten nach *rechts*. Das Ende des Pfeils zeigt das Ergebnis an.
Zur Berechnung von $a - b$ geht man von a aus um b Einheiten nach *links*.
Das Ende des Pfeils zeigt das Ergebnis an.

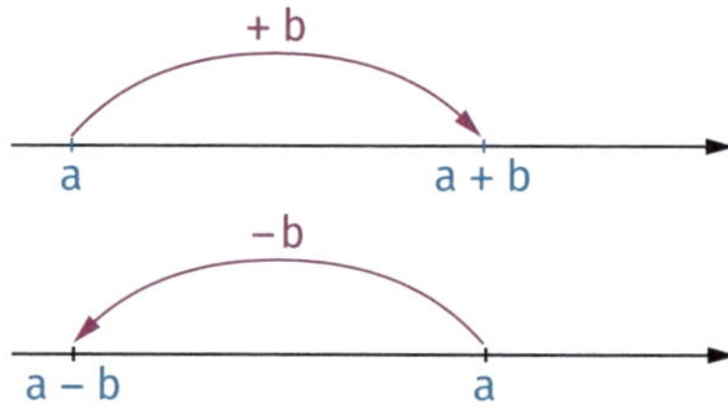

Beachte: Ein Rechenzeichen gibt an, was man tun soll: addieren oder subtrahieren. Ein Rechenzeichen steht immer zwischen zwei Zahlzeichen.
Ein Vorzeichen zeigt an, ob es sich um eine positive oder negative Zahl handelt. Links von einem Vorzeichen steht entweder gar nichts oder eine Klammer.

Beispiel 1: Auf dem Zahlenstrahl ist die Rechnung $+2 - 6$ veranschaulicht: Von „+2" aus geht man 6 Schritte nach links und landet bei „−4":
$+2 - 6 = -4$

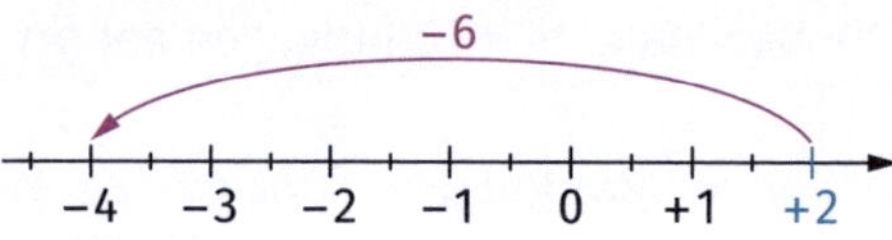

4 **Veranschauliche auf einem Zahlenstrahl und gib das Ergebnis an.**

a) $-3 + 7 =$ ……… b) $5 - 8 =$ ……… c) $-1 - 5 =$ ……… d) $-7{,}5 + 4 =$ ………

5 **An einem Wintertag zeigt das Thermometer 5° C an. Am nächsten Tag fällt die Temperatur um 12° C. Berechne die neue Temperatur.**

…………………………………………………………………………

6 **Maria hat noch 15 € auf ihrem Konto. Um sich eine neue Musik-CD kaufen zu können, hebt sie 21 € ab. Bestimme den neuen Kontostand.**

…………………………………………………………………………

REGEL

Ohne Zahlenstrahl berechnet man Ausdrücke wie $a + b$ und $a - b$ (mit $a, b \in \mathbb{Q}$ und $b > 0$) nach folgenden Regeln:

1. Das Vor- bzw. Rechenzeichen, das vor dem größeren Zahlzeichen steht, gibt das Vorzeichen des Ergebnisses an. Ist a nur ein Zahlzeichen, muss man sich ein „+“ links von „a“ dazu denken: $a = +a$
2. Steht vor a und b das gleiche Vor- bzw. Rechenzeichen, erhält man den Betrag des Ergebnisses, indem man die Beträge von a und b **addiert**.
3. Stehen vor a und b verschiedene Vor- bzw. Rechenzeichen, erhält man den Betrag des Ergebnisses, indem man den kleineren Betrag vom größeren **subtrahiert**.

Beispiel 2: Es ist $-4 + 7 = +3$, weil „+“ vor der größeren Zahl 7 steht. Wegen der unterschiedlichen Vor- bzw. Rechenzeichen, muss man $7 - 4 = 3$ rechnen, um den Betrag des Ergebnisses zu erhalten.

7 **Schreibe zuerst das Vorzeichen in das Kästchen □. Berechne dann den Betrag des Ergebnisses.**

a) $-2 + 9 =$ □ .... b) $-3 - 8 =$ □ .... c) $52 - 75 =$ □ ....

8 **Berechne.**

a) $-2{,}5 + 3{,}9 =$ .... b) $-5{,}75 - 1{,}25 =$ ....

c) $\frac{4}{7} - \frac{18}{7} = \frac{\quad}{\quad} =$ .... d) $-\frac{31}{5} + 3{,}4 =$ .... = ...

REGEL

Einfache Klammerausdrücke

Wenn in Rechenausdrücken rationale Zahlen eingeklammert sind, sollte man die Klammern nach folgenden Regeln auflösen, bevor man weiterrechnet:

- Steht vor einer Klammer kein Rechenzeichen, lässt man sie einfach weg: $(+a) = +a$ und $(-a) = -a$; z. B. $(+9) = +9$ oder $(-9) = -9$
- Steht vor einer Klammer ein Vor- bzw. Rechenzeichen, gilt:
  Bei gleichen Vor- bzw. Rechenzeichen erhält man Plus:
  $+(+a) = +a$; $-(-a) = +a$; z. B. $4 + (+7) = 4 + 7$ oder $4 - (-7) = 4 + 7$
  Bei verschiedenen Vor- bzw. Rechenzeichen erhält man Minus:
  $-(+a) = -a$; $+(-a) = -a$; z. B. $3 - (+8) = 3 - 8$ oder $3 + (-8) = 3 - 8$

9 **Schreibe ohne Klammern und berechne.**

a) $(+4)+(-8)=$ …… b) $(-5)-(-7)=$ …… c) $(+15)-(+9)=$ ……

d) $(-12)+(+7)=$ …… e) $(-7{,}2)+(+9{,}5)=$ …… f) $\left(-\frac{2}{3}\right)-\left(+\frac{2}{3}\right)=$ ……

REGEL

Kompliziertere Klammern auflösen

Klammern um eine Summe bzw. Differenz können auch aufgelöst werden, ohne dass man zuvor den Klammerinhalt berechnen muss. Dabei gilt:

- Steht vor der Klammer nichts oder ein Plus, kann man die Klammer einfach weglassen; z. B. ist $+(4-5-7)=+4-5-7$.
- Steht vor der Klammer ein Minus, muss man alle Rechenzeichen in der Klammer „umdrehen", bevor man die Klammer streichen darf. „Umdrehen" heißt: aus „+" wird „−" und aus „−" wird „+"; z. B. ist $-(2-8+5)=-2+8-5$.

Wichtiger Sonderfall: Falls der erste Summand in der Klammer ein Vorzeichen trägt, gilt: „**+(−**" wird zu „−"; „**−(+**" wird zu „−"; „**+(+**" wird zu „+"; „**−(−**" wird zu „+"; z. B. $1+(-8-3-5)=1-8-3-5$.

10 **Schreibe erst ohne Klammern und berechne dann.**

a) $(3+5)-7=$ ……

b) $-4-(5-7+1)=$ ……

c) $2+(-8+7)=$ ……

d) $-(+4{,}5)-(-6{,}1-0{,}5)=$ ……

e) $(-0{,}9-7{,}1)-\left(+\frac{1}{2}-\frac{3}{4}\right)=$ ……

11 **Berechne zuerst die Klammerinhalte und vergleiche mit deinen Ergebnissen aus Aufgabe 10.**

Du müsstest dieselben Ergebnisse erhalten wie in Aufgabe 10 …

a) $(3+5)-7=$ ……

b) $-4-(5-7+1)=$ ……

c) $2+(-8+7)=$ ……

d) $-(+4{,}5)-(-6{,}1-0{,}5)=$ ……

e) $(-0{,}9-7{,}1)-\left(+\frac{1}{2}-\frac{3}{4}\right)=$ ……

Brainfood tut dem Brain gut

Smoothie-Bowl nach der Schule

Ein Tag ohne leckeres Essen ist wie ein Sommer ohne Sonne. Es ist sooo cool, sich auf Snacks oder Mahlzeiten zu freuen! Für mich ist das eine echte Belohnung.

YUMMY

Mir macht schon die Zubereitung Riesenspaß. **Selbstgemacht** schmeckt's gleich doppelt gut! Und meine ***super easy*** und ***mega tasty*** Rezepte sind ganz nebenbei gut für ein fittes Gehirn. Schlau essen für 'nen klugen Kopf – STRIKE!

Smoothie-Bowl

- 2 – 3 gefrorene Bananen
- Je eine Handvoll gefrorene Blaubeeren und gefrorene Mango
- 3 Esslöffel Milch (Kuhmilch, Hafer-, Mandel- oder Sojamilch – welche du magst)
- fürs Topping: Schokocrunchy und Erdnussbutter

Gib alle gefrorenen Früchte mit der Milch in einen Mixer und rühr so lange, bis du eine cremige Masse bekommst. Fülle die Masse in eine schöne Schale und streiche sie etwas glatt. Jetzt geht's ans **Topping**! Nimm ein paar Bananenscheiben, Erd- oder Blaubeeren und verteile sie auf dem Smoothie. Dann etwas Schokocrunchy oben drauf und einen Esslöffel Erdnussbutter drüberlaufen lassen.

Rationale Zahlen multiplizieren

REGEL

Man **multipliziert zwei rationale Zahlen** miteinander, indem man zunächst ihre Beträge multipliziert.
Das Vorzeichen des Produkts erhält man mit folgenden Regeln:

- Haben beide Zahlen ***das gleiche Vorzeichen***, trägt das Ergebnis ein Pluszeichen; z. B. $(-9)\cdot(-7) = +63$.
- Haben beide Zahlen ***unterschiedliche Vorzeichen***, trägt das Ergebnis ein Minuszeichen; z. B. $(+5)\cdot(-7) = -35$.

Beachte: Wenn zwei Klammerterme nebeneinander stehen, ist immer „mal" gemeint, auch wenn kein Malpunkt dabeisteht: $(+5)(-7) = (+5)\cdot(-7) = -35$.

12 **Fülle die Tabelle aus.**

1. Faktor	2. Faktor	Vorzeichen des Produkts	Betrag des Produkts
+8	−4		
−12	−7		
$-\frac{5}{9}$	$\frac{3}{10}$		

13 **Berechne. Achte auf die Vorzeichen, die du noch ergänzen musst □.**

a) $(-7)\cdot(+4) =$ .... b) $(\square 9)(-8) =$ + ... c) $(-6)\cdot(\square 6) =$ − ....

REGEL

Man **multipliziert mehrere rationale Zahlen** miteinander, indem man zunächst ihre Beträge multipliziert.
Das Vorzeichen des Produkts erhält man mit folgenden Regeln:

- Ist die Zahl der vorkommenden Minuszeichen ***gerade***, trägt das Ergebnis ein Pluszeichen; z. B. $(-2)\cdot(+3)\cdot(-4)\cdot(+2) = +48$.
- Ist die Zahl der vorkommenden Minuszeichen ***ungerade***, trägt das Ergebnis ein Minuszeichen; z. B. $(-5)\cdot(+2)\cdot(-4)\cdot(-3) = -120$.

Beachte bei der **Multiplikation mit 0:** Falls in einem Produkt auch nur eine einzige Null als Faktor vorkommt, ist das ganze Ergebnis immer 0!

14 **Berechne.**

a) $9\cdot(+5)\cdot(-2)$ b) $6\cdot(-7)\cdot 3\cdot(-2)$ c) $(-3)\cdot(-4)\cdot(-5)\cdot(+1)$

Rationale Zahlen dividieren

REGEL

Die **Division zweier rationaler Zahlen** führt man zunächst mit den Beträgen beider Zahlen durch. Das Vorzeichen des Ergebnisses wird nach den gleichen Regeln wie bei der Multiplikation ermittelt:

- Haben beide Zahlen das gleiche Vorzeichen, trägt das Ergebnis ein Pluszeichen; z. B. $(-24):(-6) = +4$.
- Haben beide Zahlen unterschiedliche Vorzeichen, trägt das Ergebnis ein Minuszeichen; z. B. $(+48):(-8) = -6$.
- Für Brüche mit negativem Zähler und/oder Nenner gelten entsprechend diesen Vorzeichenregeln: $\frac{-3}{4} = \left(-\frac{3}{4}\right)$; $\frac{3}{-4} = \left(-\frac{3}{4}\right)$; $\frac{-3}{-4} = \frac{3}{4}$.

Nicht vergessen: Man darf nicht durch Null dividieren!

15 **Berechne. Ergänze fehlende Vorzeichen.**

a) $(-28):(+4) =$ ……

b) $(-63):(\square 9) =$ +

c) $(-54):(\square 6) =$ −

d) $-3:\left(-\frac{3}{4}\right) =$ ……

e) $-\frac{1}{2}:\left(+\frac{5}{4}\right) = \square$ ——

f) $-\frac{3}{4}:8 = \square$ ——

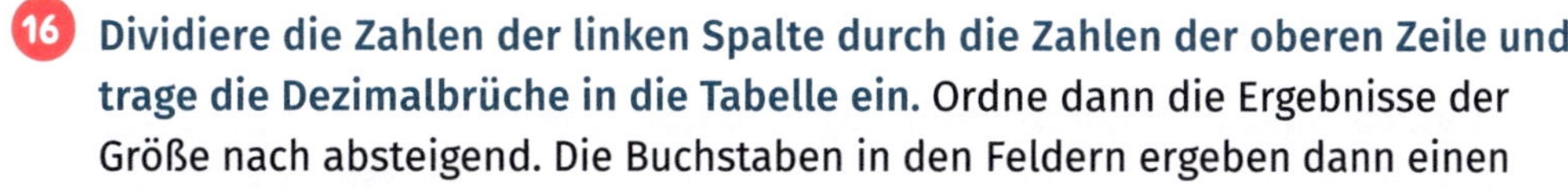

16 **Dividiere die Zahlen der linken Spalte durch die Zahlen der oberen Zeile und trage die Dezimalbrüche in die Tabelle ein.** Ordne dann die Ergebnisse der Größe nach absteigend. Die Buchstaben in den Feldern ergeben dann einen

Lösungssatz: ……

:	4	−2	+3	−1
+15	R	E	H	T
−12	H	E	N	S
$-\frac{1}{2}$	E	U	R	G
0,48	G	E	T	C

17 **Schreibe so, dass in Zähler und Nenner der Brüche kein Minus mehr steht und berechne.**

a) $\frac{7}{5} + \frac{-2}{-5}$

b) $\frac{3}{7} - \frac{9}{-7}$

c) $\frac{5}{22} + \frac{-2}{11}$

d) $\frac{5}{6} - \frac{-9}{8}$

Verbindung der Rechenarten

Auch beim Rechnen mit rationalen Zahlen gelten die Rechenregeln „Klammer zuerst“ und „Punkt vor Strich“. Achte auch auf das Distributivgesetz.

REGEL

Distributivgesetz der Multiplikation

$\mathbf{a} \cdot (b + c) = \mathbf{a} \cdot b + \mathbf{a} \cdot c$

Das Anwenden des Distributivgesetzes nennt man auch **Ausmultiplizieren**.

Beispiel 3:

1. Fall: Der **Faktor a** steht in keiner Klammer: Man multipliziert jeden Summanden in der Klammer mit a und löst danach die Klammer auf (→ Seite 34).

$1 - \mathbf{3} \cdot (2 - 7 + 9) = 1 - (\mathbf{6 - 21 + 27}) = 1 - 6 + 21 - 27$

2. Fall: Der **Faktor a** steht ebenfalls in einer Klammer: Man multipliziert *unter Beachtung der Vorzeichenregeln* (→ Seite 36) jeden Summanden in der Klammer mit a und löst danach die Klammer auf.

$2 + (\mathbf{-3}) \cdot (5 + 8) = 2 + \left(5 \cdot (\mathbf{-3}) + 8 \cdot (\mathbf{-3})\right) = 2 + (\mathbf{-15 - 24}) = 2 - 15 - 24$

18 **Berechne und beachte die Regel „Punkt vor Strich“.**

a) $25 - 24 + 8 \cdot (-5) - 21$

b) $(-12) + 9 : \left(-\frac{3}{4}\right) \cdot (-7) + 8{,}5$

c) $-\frac{7}{5} - \frac{12}{5} \cdot 4 - (-6{,}5) \cdot 2$

d) $(-5) \cdot \left(-3\frac{1}{2}\right) + 3{,}5 - 5 \cdot 7{,}2$

19 **Denke an das Distributivgesetz und trage die richtigen Vor- bzw. Rechenzeichen in die Kästchen ein.**

a) $-2 \cdot (8 - 12) = \square 16 \square 24$

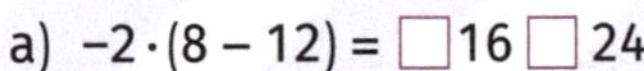

b) $(-3 - 7) \cdot 5 = \square 15 \square 35$

c) $3 + (-2) \cdot (5 - 9) = 3 \square (\square 10 \square 18) = 3 \square 10 \square 18$

d) $1 - (9 - 2) \cdot (-4) = 1 \square (\square 36 \square 8) = 1 \square 36 \square 8$

Like!
Zeit für einen
Mavie-Sticker!

M

20 **Multipliziere die Klammern aus und berechne.**

a) $1 - 6 \cdot (3 - 5)$ b) $2 - (-5 + 9) \cdot 7$ c) $9 - (3 - 4) \cdot (-6)$ d) $2{,}5 - \frac{3}{4} \cdot \left(-8 + \frac{4}{3}\right)$

TIPP

Man kann das Distributivgesetz auch „rückwärts“ anwenden:
$a \cdot b + a \cdot c = a \cdot (b + c)$.
Mit diesem Rechenvorgang, dem sogenannten Ausklammern, kann man sich die Rechnung manchmal erleichtern,
z. B.: $-12 \cdot 14 + 15 \cdot 14 = 14 \cdot (-12 + 15) = 14 \cdot 3 = 42$.

21 **Hier haben sich Fehler eingeschlichen. Finde und verbessere sie.**

a) $-14 \cdot 7 + 36 \cdot 7 = -7 \cdot (14 + 36) = -7 \cdot 50 = -350$

b) $-20 \cdot 67 - 20 \cdot 33 = -20 \cdot (67 - 33) = -20 \cdot 34 = -680$

c) $\frac{4}{5} \cdot 3{,}45 - 0{,}95 \cdot \frac{4}{5} = \frac{4}{5} \cdot \frac{4}{5} \cdot (3{,}45 - 0{,}95) = \frac{16}{25} \cdot 2{,}5 = \frac{8}{5}$

d) $\frac{2}{3} \cdot 4\frac{1}{2} - \frac{2}{3} = \frac{2}{3} \cdot \left(4\frac{1}{2} - 0\right) = \frac{2}{3} \cdot \frac{9}{2} = 3$

REGEL

Distributivgesetz der Division

$(b + c) : a = b : a + c : a$

Beispiel 4:

1. Fall: Der **Faktor a** steht in keiner Klammer: Man dividiert jeden Summanden in der Klammer durch a und löst danach die Klammer auf.

$1 - (12 - 16) : 4 = 1 - (3 - 4) = 1 - 3 + 4$

2. Fall: Der **Faktor a** steht ebenfalls in einer Klammer: Man dividiert jeden Summanden in der Klammer *unter Beachtung der Vorzeichenregeln* durch a und löst danach die Klammer auf.

z.B. $2 + (15 + 18) : (-3) = 2 + \left(15 : (-3) + 18 : (-3)\right) = 2 + (-5 - 6) = 2 - 5 - 6$

Zur Erinnerung: Man dividiert durch einen Bruch, indem man mit seinem Kehrbruch multipliziert.

22 **Ergänze in den Kästchen die richtigen Vor- bzw. Rechenzeichen.**

a) $3 + (-35 - 20) : 5 = 3 \square (\square 7 \square 4) = 3 \square 7 \square 4$

b) $(+22 - 14) : (-2) = (\square 11 \square 7) = \square 11 \square 7$

c) $7 - (-30 + 18) : (-6) = 7 \square (\square 5 \square 3) = 7 \square 5 \square 3$

d) $9 + (24 - 32) : (+4) = 9 \square (\square 6 \square 8) = 9 \square 6 \square 8$

23 **Wende das Distributivgesetz an, löse die Klammern auf und berechne.**

a) $7 - (14 - 35) : 7 =$ ....

b) $5 + (-27 + 18) : (-9) =$ ....

c) $1 - (12 + 30) : (-6) =$ ....

d) $3 + (-4 + 8) : \left(-\frac{4}{7}\right) =$ ....

e) $4{,}5 - (2{,}0 - 7{,}5) : (-5) =$ ....

f) $-\frac{2}{3} - \left(-\frac{1}{2} + \frac{5}{6}\right) : \left(-\frac{1}{6}\right) =$ ....

ABSCHLUSSTEST

1 Koordinatensystem

Trage die Punkte in ein Koordinatensystem ein und verbinde sie.
Du erhältst eine schöne Figur.

A(0,5|−1); B(2,5|−0,5); C(0,5|0); D(0|2,5); E(−0,5|0); F(−2,5|−0,5); G(−0,5|−1); H(0|−3,5)

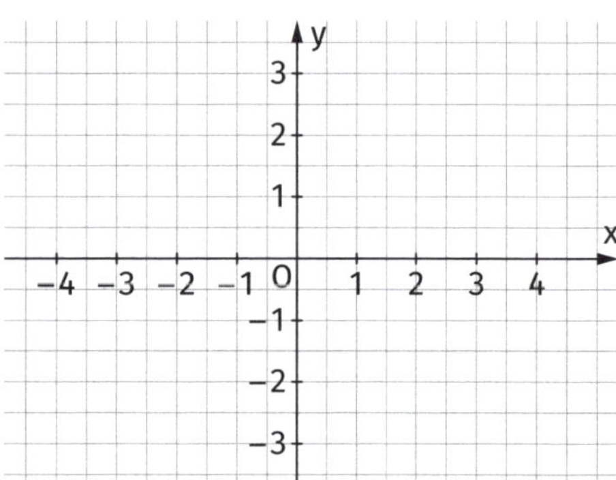

= erreichte Punktzahl / maximale Punktzahl **4**

2 Markiere alle Buchstaben, die über einer ganzen Zahl stehen.

Du erhältst so ein Lösungswort. ....

U	Z	A	E	H	I	L	E	K	R	N	N	M	A	E	H	E	N	O	L	G	E
1,7	2	9	$\frac{5}{7}$	−1	$\frac{2}{3}$	+5	7	3,5	$2\frac{1}{4}$	0,1	12	−5	$\frac{3}{2}$	4,1	$\frac{4}{8}$	$\lvert -5 \rvert$	−3	0,1	$\frac{9}{11}$	−8	−101

= erreichte Punktzahl / maximale Punktzahl **3**

3 Berechne.

a) $3{,}5 + (-2{,}4) - 21 - (-17) =$ ....

b) $9 - [-6 + (-4)] - 8 =$ ....

c) $-[12{,}4 - (-8{,}2)] - \left[-3{,}25 + \left(-\frac{1}{2}\right)\right] - (4{,}6 - 2{,}5) =$ ....

....

= erreichte Punktzahl / maximale Punktzahl **6**

4 Berechne das Produkt

... der Zahlen rund um ein weißes Feld und schreibe das Ergebnis in das weiße Feld. Wenn du die weißen Felder von groß nach klein ordnest, erfährst du, was du bist.

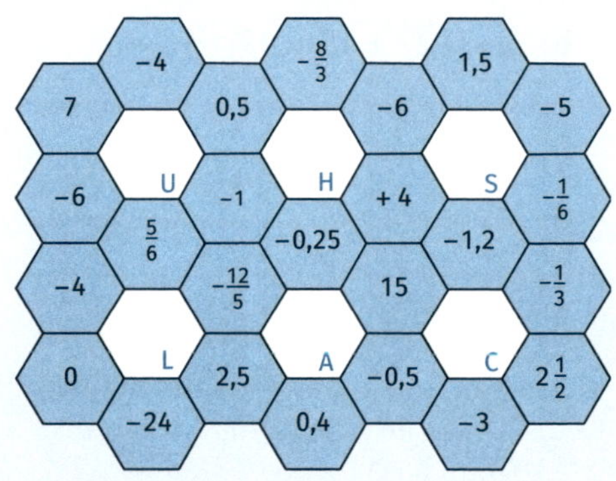

= erreichte Punktzahl / maximale Punktzahl **6**

5 **Berechne.**

a) $15 + (-8) : \frac{3}{4} \cdot (-6) - (-59) =$ ……………

b) $-36 \cdot \left(-\frac{7}{9}\right) + 2{,}5 \cdot (-8) + 8 : \left(-\frac{16}{7}\right) =$ ……………

c) $0{,}5 \cdot (-10) - 8 \cdot \left(-\frac{3}{4} + 2\right) =$ ……………

d) $1{,}2 - \left(1{,}5 + \frac{4}{3}\right) \cdot (-6) =$ ……………

e) $3 \cdot (-2{,}75) + 3 \cdot 1{,}25 =$ ……………

f) $-82{,}5 \cdot 19 + 19 \cdot 12{,}5 =$ ……………

maximale Punktzahl **12** / erreichte Punktzahl =

6 **Kreuz-Zahl-Rätsel**

Trage die Beträge der Ergebnisse ein. Wenn du die Buchstabenfelder der Größe nach ordnest, erhältst du das Lösungswort.
Beginne mit der kleinsten Zahl.

1	2	G		3	4 T
5			6 A		
	7	8 E	H		C
9 M		10		11 U	
12	13 G			T	14
			15		

Waagrecht:

1) $-55 + (-65)$

3) $-(-12) + (-3) \cdot (-9)$

5) $(-27) \cdot \left(-\frac{1}{3}\right) - 36 : \left(-\frac{1}{2}\right)$

6) $\left[5 + 15 : \left(-\frac{1}{5}\right)\right] \cdot \left[(-3) : \frac{1}{3}\right]$

7) $5 \cdot \left(-\frac{81}{4} - 79{,}75\right) + 1{,}5 \cdot (-32)$

10) $1 + [3 \cdot (-4) - (+7)] \cdot (-10)$

12) $2 \cdot (-1{,}5) \cdot (-11 - 100)$

15) $-61 : \frac{1}{3} + 15 : \left(-\frac{1}{9}\right)$

Senkrecht:

1) $10 - (7 - 15)$

2) $85 - 65 \cdot (-2)$

3) $\frac{1}{3} \cdot 85 - (-14) \cdot \frac{1}{3}$

4) $1007 + (-10) : 0{,}1$

6) $-(-148) + (-1) \cdot (-541)$

8) $400 + 90 \cdot \left(-\frac{2}{15} + \frac{5}{18}\right)$

9) $-251 + 790$

11) $(5 - 16)[1 + 3 \cdot (-4)]$

13) $-3 \cdot 5 + (-15)$

14) $-4 \cdot (-3{,}2) + 3{,}2 : (-4) - 4 \cdot (-9)$

maximale Punktzahl **34** / erreichte Punktzahl =

Kontrolliere deine Ergebnisse mithilfe der Lösungen (Seite 116), addiere dann die erreichten Punkte.

☐ 65 bis 46 Punkte:

☐ 45 bis 26 Punkte:

☐ 25 bis 0 Punkte:

Gesamtpunktzahl von max. **65**

4 DREISATZRECHNUNG

Proportionale Zuordnungen

REGEL

Wenn eine Größe y von einer anderen Größe x abhängt (z. B. der Preis y von der Zahl x der eingekauften Brötchen), spricht man von einer **Zuordnung:** $\mathbf{x \mapsto y}$ (Jedem Wert x wird genau ein Wert y zugeordnet.)
Gehört zum 2-, 3-, 4-, ... fachen der Größe x auch das 2-, 3-, 4-, ... fache der Größe y, nennt man die Zuordnung **proportional**.
Aus der Zuordnung zweier bekannter Zahlenwerte kann man mithilfe der Dreisatzrechnung in der Form *„Je mehr von x – desto mehr von y"* auf jede beliebige andere Zuordnung schließen (→ Beispiel 1).
Beachte: Bei proportionalen Zuordnungen ist der **Quotient y : x** immer gleich!

Beispiel 1: Gesucht ist der Preis, den man für 5 Brötchen bezahlen muss, wenn 3 Brötchen 0,75 € kosten.

: 3 ↓	3 Brötchen	→	0,75 €	↓ : 3
· 5 ↓	1 Brötchen	→	0,25 €	↓ · 5
	5 Brötchen	→	1,25 €	

1. Schritt: Zunächst notiert man sich die Zuordnung der bekannten Werte so, dass die Einheit der gesuchten Größe (hier der Preis) auf der rechten Seite steht.
2. Schritt: Dann rechnet man auf den „1er-Wert" der linken Größe. Dazu teilt man beide Seiten durch dieselbe Zahl. Hier durch 3.
3. Schritt: Schließlich rechnet man auf die gesuchte Zuordnung hoch, indem man beide Seiten mit derselben Zahl multipliziert. Hier mit 5.
Ergebnis: Man muss für 5 Brötchen 1,25 € bezahlen.

TIPP

Teilt man eine Zahl durch sich selbst, erhält man immer 1. Die Zahl, durch die man zur **Berechnung des 1er-Werts** *teilen muss, steht also immer schon da – nämlich im Dreisatzschema links oben.*

1 **Ergänze die Lücken mit der richtigen Rechenvorschrift und berechne den gesuchten Wert.**

a)

7 Äpfel	3,50 €
1 Apfel	€
12 Äpfel	€

b)

14 Flaschen	21 kg
1 Flasche	kg
8 Flaschen	kg

c)

5 Lose	Cent
1 Los	50 Cent
60 Lose	Cent

d)

Liter	450 km	:27
1 Liter	km	
60 Liter	km	

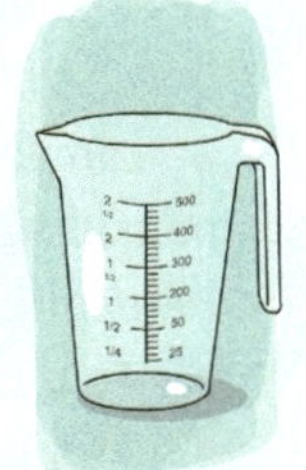

2 **Herzschlag**

Louis misst seinen Herzschlag und zählt 18 Schläge in 15 Sekunden.
Berechne, wie oft sein Herz in einer Stunde schlägt.

3 **Aus einem defekten Wasserhahn tropfen in 5 min 32 ml Wasser. Berechne:**

a) Wie viel Liter Wasser fließen in einem Tag ungenutzt in den Abfluss?

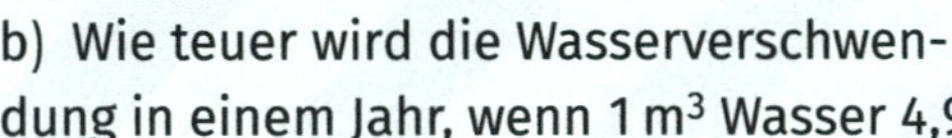

b) Wie teuer wird die Wasserverschwendung in einem Jahr, wenn 1 m^3 Wasser 4,95 € kostet?

4 **Eine Biene sammelt pro Flug ca. 16 mg Honig.**

Berechne, wie oft die Biene für 500 g Honig ausfliegen muss.

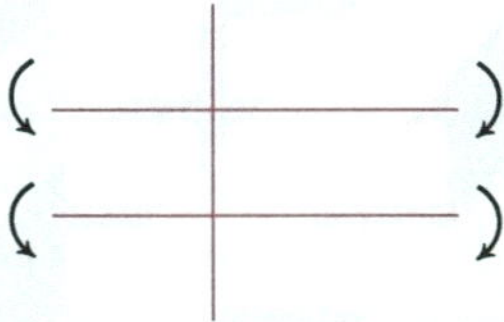

Der Name Dreisatz kommt daher, dass man zur Berechnung der gesuchten Größe immer drei Sätze formulieren muss: für jede der drei Zuordnungen einen.
Wenn die 1er-Zuordnung schon bekannt ist, spricht man von einem Zweisatz, weil dann nur zwei Zuordnungen nötig sind.

5 **Mavie fährt mit ihrer Familie mit dem Auto in den Urlaub.**
Nach 120 km Fahrt zeigt die Tankuhr einen Verbrauch von 8 l an.

a) Berechne, wie viel Liter Benzin Mavies Familie für die 540 km lange Gesamtstrecke braucht.

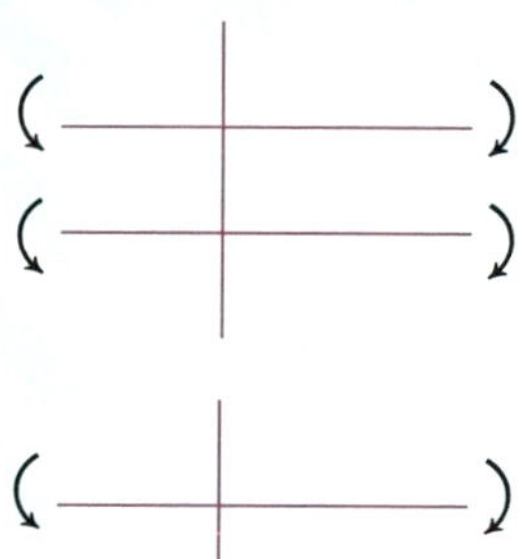

b) Durch den Verbrauch von 1 Liter Benzin werden ca. 2,4 kg des Treibhausgases Kohlendioxid freigesetzt. Berechne, wie viel kg Kohlendioxid die Familie auf ihrer Urlaubsreise in die Luft geblasen hat.

Umgekehrt proportionale Zuordnungen

REGEL

Bei **umgekehrt proportionalen Zuordnungen $x \mapsto y$** gehört zum 2-, 3-, 4-, ... fachen der Größe x der zweite, dritte, vierte, ... Teil der anderen Größe y. Aus der Zuordnung zweier bekannter Zahlenwerte kann man mithilfe der Dreisatzrechnung in der Form *„Je mehr von x – desto weniger von y"* auf jede beliebige andere Zuordnung schließen.
Dabei muss man auf beiden Seiten des Dreisatzschemas die **entgegengesetzte Rechenoperation** durchführen (→ Beispiel 2).
Beachte: Bei umgekehrt proportionalen Zuordnungen ist das **Produkt $x \cdot y$** immer gleich!

Beispiel 2: 4 Freunde möchten eine Tüte Bonbons gerecht unter sich verteilen. Insgesamt sind 36 Bonbons in der Tüte.
Wie viele Bonbons würde jeder bekommen, wenn es 6 Freunde wären?
Die Zuordnung ist umgekehrt proportional. Denn je mehr Freunde es sind, desto weniger Bonbons bekommt jeder.

1. Schritt: Zunächst notiert man sich die Zuordnung der bekannten Werte so, dass die Einheit der gesuchten Größe (hier Bonbons) auf der rechten Seite steht.

	4 Freunde	→	36 Bonbons	
:4	1 Freund	→	144 Bonbons	·4
·6	6 Freunde	→	24 Bonbons	:6

2. Schritt: Dann rechnet man auf den „1er-Wert" der linken Größe. Dazu teilt man die linke Seite durch 4. Die rechte Seite muss man mit 4 multiplizieren.
3. Schritt: Schließlich rechnet man auf die gesuchte Zuordnung hoch, indem man links mit 6 multipliziert und rechts durch 6 teilt.
Ergebnis: Bei 6 Freunden bekommt jeder 24 Bonbons.
(Hinweis: In jeder der drei Zuordnungen ist das Produkt aus linker und rechter Seite immer 144.)

6 **Ergänze die Lücken mit der richtigen Rechenvorschrift und berechne den gesuchten Wert. Die Zuordnungen sind jeweils umgekehrt proportional.**

a)

	3 Arbeiter	16 Tage	
	1 Arbeiter	Tage	
	8 Arbeiter	Tage	

b)

	$80\,\frac{km}{h}$	4,5 h	
	$1\,\frac{km}{h}$	h	
	$90\,\frac{km}{h}$	h	

c)

	12 Stück	30 g	
	1 Ganzes	g	
	15 Stück	g	

d)

	Gläser	0,2 l	
	1 Glas	l	·6
	8 Gläser	l	

7 **Klassenfahrt**
Die Klasse 6a plant eine Klassenfahrt, bei der jeder der 32 Schülerinnen und Schüler 6,30 € für die Busfahrt bezahlen muss. Berechne, wie viel jeder Einzelne bezahlen muss, wenn kurzfristig vier krank werden und daher nichts zahlen.

8 **Schwimmbecken**
Ein Bademeister möchte ein Schwimmbecken befüllen. Aus Erfahrung weiß er, dass das Schwimmbecken mit 5 Zuflüssen in 1,5 h gefüllt ist. Berechne, wie lange das Befüllen dauert, wenn ein Zufluss verstopft ist.

Grafische Darstellungen

REGEL

Eine Zuordnung $x \mapsto y$ kann grafisch veranschaulicht werden, indem man eine **Wertetabelle** erstellt und die einzelnen **Wertepaare** in ein Achsenkreuz einträgt. Bei einer proportionalen Zuordnung erhält man als Schaubild eine **Ursprungsgerade** (→ Beispiel 3). Bei einer umgekehrt proportionalen Zuordnung erhält man als Schaubild eine **Hyperbel** (→ Beispiel 4).

Beispiel 3: Im Beispiel 1 (Seite 42) kostet 1 Brötchen 0,25 €, 2 Brötchen kosten 0,50 €, 3 Brötchen 0,75 €, ... Man erhält somit folgende Wertetabelle:

Brötchen x	1	2	3	4	5	6
Preis y in €	0,25	0,50	0,75	1,00	1,25	1,50

Trägt man die Wertepaare (1 | 0,25); (2 | 0,5); (3 | 0,75); (4 | 1); (5 | 1,25) und (6 | 1,5) in ein Achsenkreuz ein, erhält man die eine Ursprungsgerade.

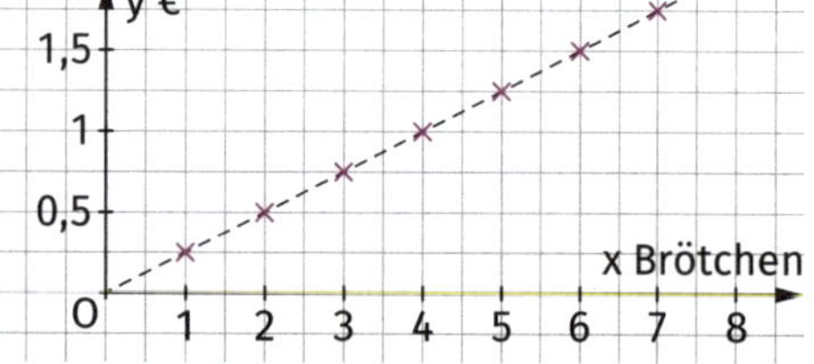

Anmerkung: Bei der eingezeichneten Geraden handelt es sich um eine sogenannte *Trägerkurve*; die auch die (real nicht existierenden) nicht-ganzzahligen Anteile der Brötchen auf der x-Achse berücksichtigt. Sie wird nicht immer eingezeichnet.

Beispiel 4:

Im Beispiel 2 (Seite 45) erhält man folgende Wertetabelle:

Freunde x	1	2	3	4	5	6
Bonbons y	144	72	48	36	28,8	24

Trägt man die Wertepaare (1|144); (2|72); (3|48); (4|36); (5|28,8) und (6|24) in ein Achsenkreuz ein, liegen sie auf einer sogenannten Hyperbel.

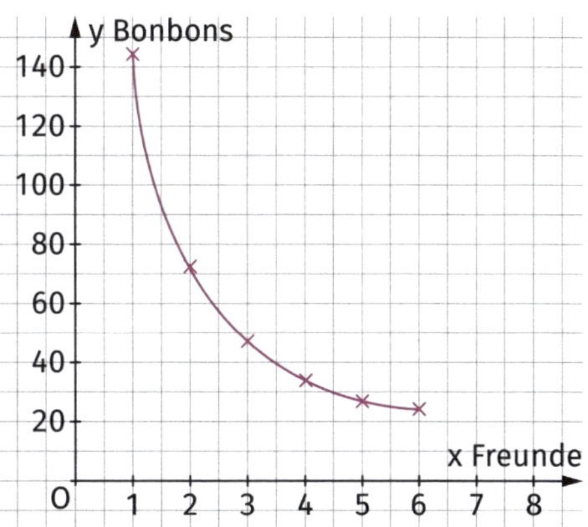

9 **Ergänze die Wertetabelle und trage die Wertepaare in die Grafik ein.**

a) proportionale Zuordnung

Birnen x	1	2	3		8	9
Gewicht y (in g)			450	750		

b) umgekehrt proportionale Zuordnung

Maler x	1		3	4	8	12
Arbeitszeit y (in h)		6			1,5	

zu a)

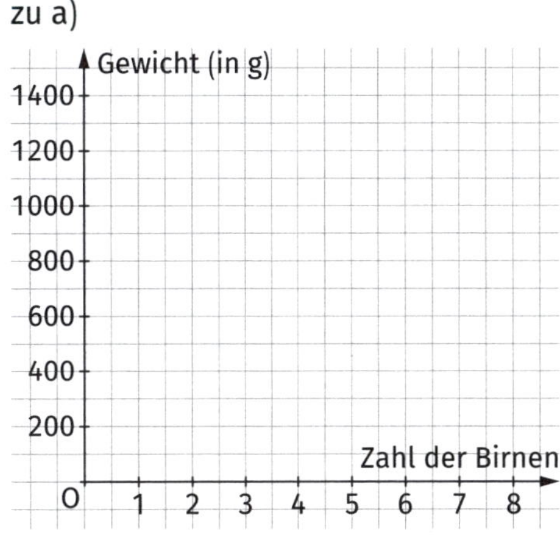

zu b)

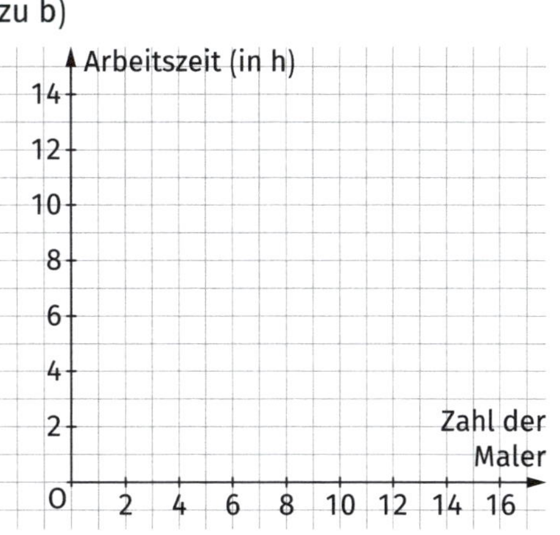

ABSCHLUSSTEST

1 **Überlege, um welche Art der Zuordnung es sich handelt und formuliere einen *„je ..., desto ...“*-Satz.**

a) Menge an Kartoffeln – Gewicht des Einkaufskorbs ....

....

b) Reisegeschwindigkeit – Fahrtdauer ....

....

c) Menge Geld – Zahl der Hemden, die man einkaufen kann

....

....

d) Benzinvorrat – Reisestrecke ....

....

= erreichte Punktzahl / maximale Punktzahl **4**

2 **Ergänze die Lücken im Dreisatzschema**

... einer proportionale Zuordnung.

a)

12 €	15 Birnen
1 €	Birnen
8 €	Birnen

b)

42 l	56,70 €
1 l	€
60 l	€

... einer umgekehrt proportionale Zuordnung.

c)

4 Maler	7 h
1 Maler	h
5 Maler	h

d)

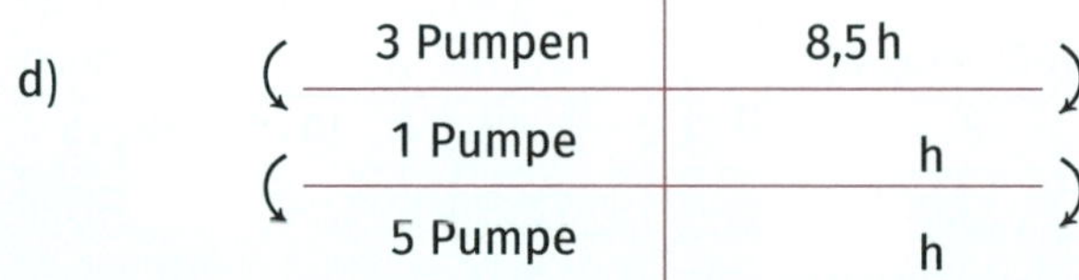

3 Pumpen	8,5 h
1 Pumpe	h
5 Pumpe	h

Das solltest du gut üben, das brauchst du immer wieder ...

= erreichte Punktzahl / maximale Punktzahl **8**

3 **Die Wertetabelle enthält Werte zu einer proportionalen Zuordnung. Ergänze die fehlenden Werte und trage die Wertepaare in das Achsenkreuz ein.**

Strecke (in km)	25	80	120		350	
Benzinverbrauch (in l)				18	21	30

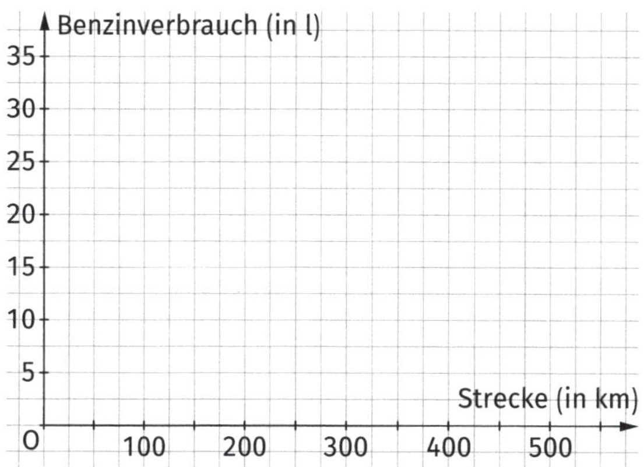

maximale Punktzahl **4** / erreichte Punktzahl =

4 **Die Wertetabelle enthält Werte zu einer umgekehrt proportionalen Zuordnung. Ergänze die fehlenden Werte und trage die Wertepaare in das Achsenkreuz ein.**

Breite eines Rechtecks (in m)	2	6			24	
Länge eines Rechtecks (in m)			15	12	4	2

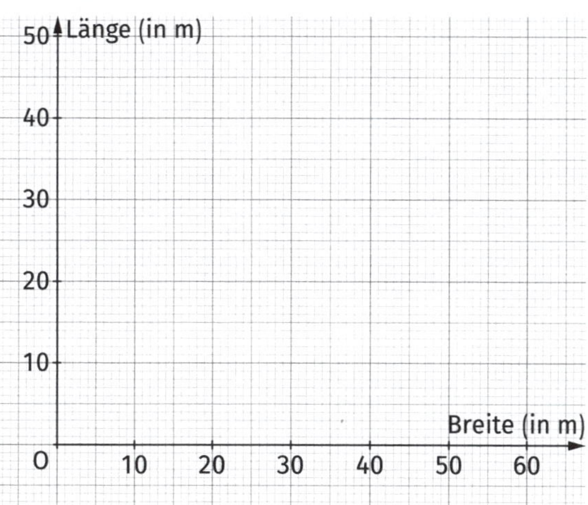

maximale Punktzahl **4** / erreichte Punktzahl =

5 **Devisen**
Herr Müller möchte mit seiner Familie in die USA reisen. Ein Kollege erzählt ihm, für 1500 € hätte er 2280 $ bekommen.
a) Berechne, wie viel Dollar Herr Müller bekommt, wenn er 2000 € zu diesem Kurs umtauscht
b) Berechne, wie viele Tage Familie Müller durch die USA reisen kann, wenn sie jeden Tag 200 $ ausgibt.

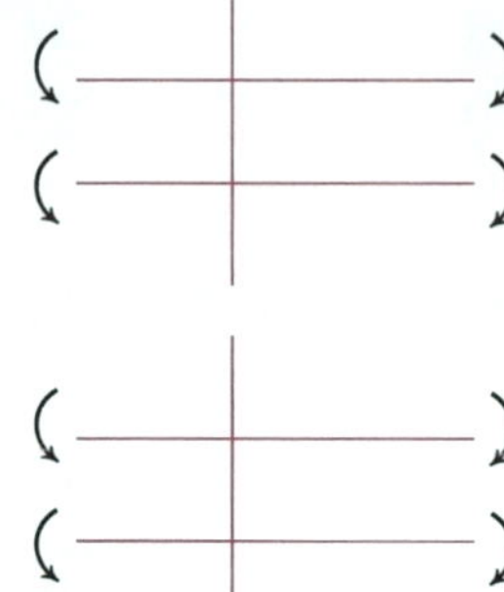

= erreichte Punktzahl / maximale Punktzahl **4**

6 **Ein Winzer füllt den gekelterten Wein in 180 Flaschen zu je 0,75 l.**
a) Berechne, wie viele Flaschen er hätte befüllen können, wenn er 0,5-l-Flaschen verwendet hätte.
b) Die 0,75-l-Flaschen verkauft er für 3,95 € pro Flasche. Könnte er die Einnahmen steigern, wenn er die 0,5-l-Flasche für 2,95 € verkauft?

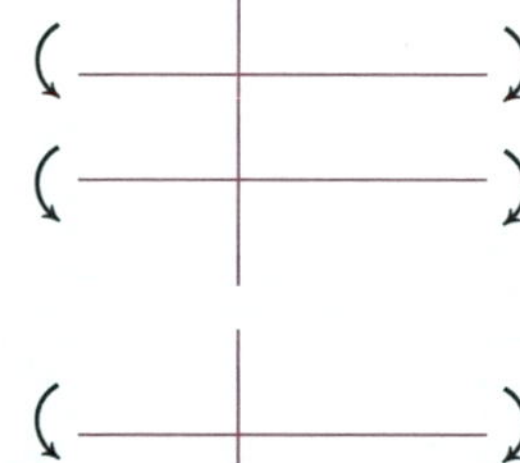

= erreichte Punktzahl / maximale Punktzahl **4**

7 **Die Blätter eines Laubbaums haben insgesamt eine Fläche von 2400 m². Jeder Quadratmeter Blattfläche kann an einem Tag 1,5 g Kohlendioxid aus der Luft aufnehmen.**
a) Berechne, wie viel kg Kohlendioxid der Baum innerhalb eines Jahres bindet, wenn er 6 Monate (≈ 180 Tage) lang Blätter trägt.
b) Berechne, wie viele solcher Bäume nötig wären, um den jährlichen Kohlendioxidausstoß eines Pkw von 3240 kg auszugleichen?

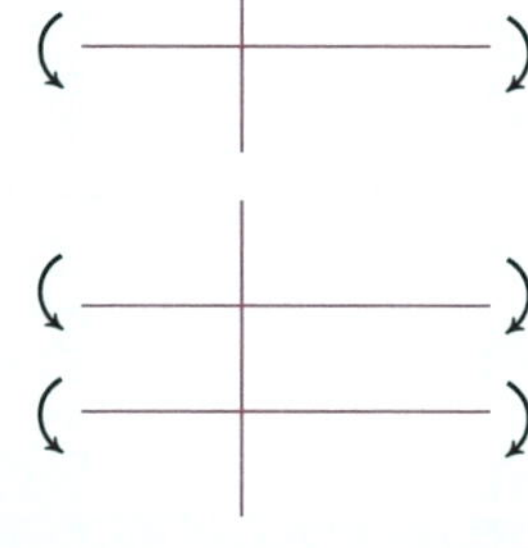

= erreichte Punktzahl / maximale Punktzahl **4**

Gesamtpunktzahl von max. **32**

Kontrolliere deine Ergebnisse mithilfe der Lösungen (Seite 118 / 119), addiere dann die erreichten Punkte.

☐ 32 bis 22 Punkte: ☐ 21 bis 13 Punkte: ☐ 12 bis 0 Punkte:

Schöner belohnen für Profis

DIY Belohnungsstäbchen

Belohnen kann man sich ja auf viele Arten. Hier kommt eine echt gute Idee. Die fordert aber schon großen Einsatz, bevor's überhaupt losgehen kann mit dem DIY! 😉

Für die Belohnungsstäbchen brauchst du nämlich Eisstiele aus Holz – und an die kommst du leider nur durch intensives Eisessen.*

1 Nachdem du ungefähr zehn Eisstiele freigelegt und unter Wasser von Schoko- oder Kleberesten befreit hast, brauchst du Lackstifte, Deko-Klebeband und ein schönes leeres Glas (zum Beispiel ein Joghurtglas oder eine kleine Blumenvase).

Stelle erst einmal eine Liste zusammen, was für dich Belohnung bedeutet. Bei mir ist das zum Beispiel Trampolin springen, Turnen, Rad fahren, auf dem Handy daddeln, meine BFF treffen, eine Süßigkeit oder mit Linda *miau* auf dem Sofa kuscheln.

Dann schreibst du mit Lackstiften (Filzstifte verlaufen leider auf dem Holz) auf je einen Stiel eine Belohnung. Du kannst die Stiele noch mit Deko-Tape verzieren.

Das Glas bekommt eine schöne Banderole aus Klebeband, ein paar Lackpunkte und vielleicht ein passendes Stoffband mit einer Schleife.

Die Belohnungsstäbchen stellst du nun ins Glas. Bei Bedarf Augen schließen und zugreifen ...

YEAH!!!

* *Pssst:* So ganz stimmt das nicht – Eisstiele findest du auch im Handel. Aber einfach kaufen ist natürlich laaange nicht so lecker, als zuerst das Eis von den Stielen zu futtern. Müssen ja nicht gleich zehn Eis auf einmal sein 🙂

5 PROZENTRECHNUNG

Grundbegriffe

REGEL

Die Prozentrechnung ist eng verwandt mit der Bruchrechnung (→ Kapitel 1). Das Neue an der Prozentrechnung ist aber, dass Bruchteile nur mit solchen Brüchen beschrieben werden, deren **Nenner 100** ist. Dadurch kann man verschiedene Bruchteile leichter miteinander vergleichen.
Die Schreibweise für solche Brüche ist $\mathbf{\frac{p}{100} = p\,\%}$.
Dabei ist p die **Prozentzahl**, p % nennt man den **Prozentsatz**.
Zum Beispiel ist $\frac{5}{100} = 5\,\%$ (sprich: „fünf Prozent").
Das Ganze nennt man in der Prozentrechnung **Grundwert G**, ein Teil des Ganzen heißt **Prozentwert W**.
Man wandelt einen **Bruch in einen Prozentsatz** um, indem man den Bruch zunächst als Dezimalbruch schreibt (→ Seite 19) und dann mit 100 multipliziert, zum Beispiel: $\frac{1}{4} = 0{,}25$, also $\frac{1}{4} = 0{,}25 \cdot 100\,\% = 25\,\%$.

Tipp: Brüche mit den Nennern 4, 5, 10, 20, 25, 50 können auch ganz leicht in einen Prozentsatz umgewandelt werden, indem man sie auf den Nenner 100 erweitert.
So ist z. B. $\frac{1}{4} = \frac{1 \cdot 25}{4 \cdot 25} = \frac{25}{100} = 25\,\%$

Den Grundwert G und den Prozentwert W kann man sich leicht anhand einer Pizza oder eines Kuchens veranschaulichen:

- Die ganze Pizza entspricht dem **Grundwert**.
- Ein Stück davon ist der **Prozentwert**.
- Den entsprechenden **Prozentsatz** erhält man, indem man den Quotienten W : G mit 100 multipliziert.

1 **Wie viel Prozent der Gesamtfläche sind markiert?**

a) ....

b) ....

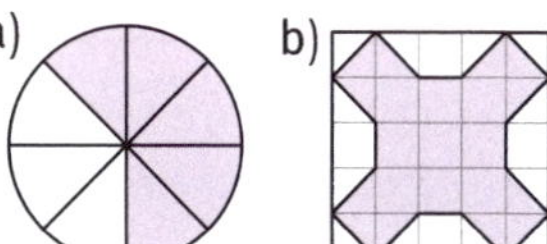

2 **Schreibe die Brüche als Prozentsätze.**
Runde gegebenenfalls auf die zweite Dezimale.
Berechne g), h) und i) im Heft.

a) $\frac{1}{2}$ = ... % b) $\frac{3}{4}$ = ... % c) $\frac{2}{5}$ = ... %

d) $\frac{17}{25}$ = ... % e) $\frac{9}{20}$ = ... % f) $\frac{39}{50}$ = ... %

g) $\frac{1}{3}$ = ... % h) $\frac{5}{6}$ = ... % i) $\frac{7}{12}$ = ... %

3 **Schreibe die Prozentsätze als vollständig gekürzte Brüche.**

a) 5 % = ——— = ——— b) 20 % = ——— = ———

c) 75 % = ——— = ——— d) 40 % = ——— = ———

e) 50 % = ——— = ——— f) 90 % = ——— = ———

g) 12,5 % = ——— = ——— = ———

h) 7,25 % = ——— = ——— = ———

i) $66,\overline{6}$ % = ——— + ——— = ———

j) $33,\overline{3}$ % = ——— + ——— = ———

TIPP

Wenn die Prozentzahl p ein Dezimalbruch ist, muss man bei der Umrechnung von p % in einen Bruch folgendermaßen vorgehen: Man schreibt p zunächst in den Zähler des Bruchs. Der Nenner ist 100. Dann erweitert man so mit einer 10er-Zahl, dass im Zähler eine ganze Zahl entsteht.
Zum Beispiel:

$$4{,}2\,\% = \frac{4{,}2}{100} = \frac{4{,}2 \cdot \mathbf{10}}{100 \cdot \mathbf{10}} = \frac{42}{1000} = \frac{21}{500}$$

Rechnen mit Prozenten

REGEL

Aus zwei der drei Größen *Prozentwert, Grundwert* und *Prozentsatz* kann die dritte Größe mithilfe der Dreisatzrechnung berechnet werden. Dazu sollte man sich folgende Zuordnungen merken:
Der Grundwert G entspricht immer 100 %: **G → 100 %** bzw. **100 % → G**
Der Prozentwert W ist immer dem Prozentsatz p % zugeordnet: **p % → W**

Beispiel 1: Bei einer Umfrage geben 18 von 30 Schülern einer Klasse Mathematik als ihr Lieblingsfach an. Wie viel Prozent sind das?

➡ Die 30 Schüler entsprechen dem Grundwert. Da der **Prozentsatz** gesucht ist, muss man 100 % auf die rechte Seite schreiben. Rechnet man auf den Prozentwert (= 18 Schüler) hoch, erhält man: $\frac{10}{3}\% \cdot 18 = \mathbf{60\,\%}$

:30	30 Schüler	→	100 %	:30
·18	1 Schüler	→	$\frac{10}{3}$ %	·18
	18 Schüler	→	**60 %**	

Beispiel 2: Ein neuer PC kostet 899 €. Nach einigen Monaten verbilligt sich der PC um 40 % seines ursprünglichen Preises. Wie viel Euro spart man, wenn man mit dem Kauf des PCs einige Monate wartet?

➡ Der ursprüngliche Preis 899 € ist hier der Grundwert. Gesucht ist der **Prozentwert**, der dem Prozentsatz 40 % entspricht. Man spart dann also 359,60 €.

:100	100 %	→	899 €	:100
·40	1 %	→	8,99 €	·40
	40 %	→	**359,60 €**	

Beispiel 3: 35 % der Schüler eines Gymnasiums kommen mit dem Bus zur Schule. Das sind 245 Schüler. Wie viele Schüler gehen auf dieses Gymnasium?

➡ Gesucht ist die Gesamtzahl der Schüler, also der **Grundwert**. Bekannt sind der Prozentwert (= 245 Schüler) und der Prozentsatz 35 %.
Es gehen 700 Schüler auf das Gymnasium.

:35	35 %	→	245 Schüler	:35
·100	1 %	→	7 Schüler	·100
	100 %	→	**700 Schüler**	

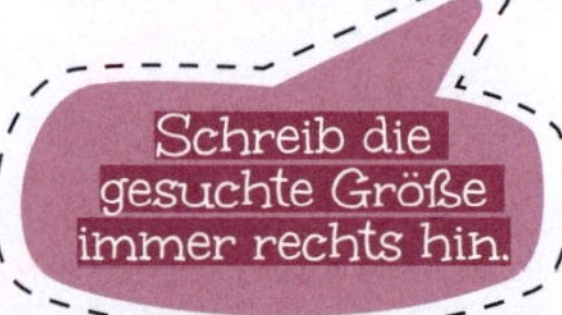

4 **Berechne den Prozentsatz (runde auf die zweite Dezimale, falls nötig). Schreibe den Dreisatz ins Heft.**

a) 15 € von 75 € = ...

b) 12 kg von 36 kg = ...

c) 162 Autos von 180 Autos = ...

d) 36 Bäume von 480 Bäumen = ...

5 **Berechne den Prozentwert. Schreibe den Dreisatz ins Heft.**

a) 25 % von 348 Schülern = ...

b) 90 % von 30 Lehrern = ...

c) 4 % von 75 Computern = ...

d) 42 % von 60 Mio. Wählern = ...

6 **Berechne den Grundwert. Schreibe den Dreisatz ins Heft.**

a) 35 Autos sind 10 %; G = ...

b) 16 Schüler sind 40 %; G = ...

c) 5,5 % sind 520 €; G = ...

d) 2,5 % sind 25 Fische; G = ...

7 **Ein Limonadenhersteller wirbt auf seinen Flaschen mit dem Text *„20 % mehr Inhalt“*. In einer alten Flasche waren 270 ml Limonade.**
Berechne, um wie viel Milliliter Limonade sich der Inhalt erhöht hat und wie viel jetzt in einer Flasche ist.

....

....

8 **Frau Knauser verdient 2400 € im Monat und gibt davon monatlich 180 € für Nahrungsmittel aus. Wie viel Prozent ihres Einkommens sind das?**

....

....

9 **In einem Landkreis haben 34 Gymnasien den Ganztagesunterricht eingeführt. Das entspricht einer Quote von 40 %. Der Landrat des Landkreises behauptet ganz stolz: „In meinem Landkreis gibt es jetzt 13,6 Gymnasien mit einem Ganztagesunterricht.“ Welcher Fehler ist dem Landrat dabei unterlaufen? Berechne die richtige Anzahl an Gymnasien mit Ganztagesunterricht.**

....

....

Buchstaben-Bilder: Handlettering

Mir macht's Riesenspaß, wenn ich was schreibe und mein Geschreibsel richtig schön aussieht. Geht's dir auch so? Geschenkkarten, Postkartengrüße oder Tagebucheinträge werden was ganz Besonderes, wenn sie wie gemalt aussehen.

Und das kriegst du mit Handlettering hin – ich mache das total gern!

Lange Texte male ich nicht mit Handlettering, aber zum Beispiel einen Namen oder kurze Sätze, die mir wichtig sind.

Beim Handlettering geht es nicht nur um das Wort und seinen Sinn. Sondern vor allem um jeden einzelnen, schön gestalteten Buchstaben. Die Wörter können mit kleinen Elementen noch verschönert werden (mit Blumen, Tropfen, Punkten, Sternen ...).

Hier habe ich mal mit meinem Namen experimentiert. Du kannst das Gleiche mit deinem Namen machen. Wenn dir Buchstaben fehlen, findest du online einige hilfreiche Seiten mit Handlettering-Alphabeten.

Probier's doch auch mal aus!

MAVIE Noelle

MavieNoelle

Grafische Darstellungen

REGEL

Man kann die prozentuale Aufteilung einer ganzen Größe anhand eines **Säulen- oder Balkendiagramms**, eines **Streifendiagramms** oder eines **Kreisdiagramms** veranschaulichen. In einem Säulen-, Balken- und Streifendiagramm wird ein Prozentsatz p % durch die Höhe bzw. Länge einer Säule bzw. Balkens/Streifens veranschaulicht. In einem Kreisdiagramm steht der Öffnungswinkel eines Kreisausschnitts für den entsprechenden Prozentsatz p %.

Beispiel 4: Die Tabelle zeigt, mit welchen Verkehrsmitteln die Schülerinnen und Schüler zur Schule kommen. Stelle die Verteilung grafisch dar.

Bus	Auto	Mofa	Fahrrad	Zu Fuß
40 %	3 %	12 %	27 %	18 %

In einem **Säulendiagramm** ist die *Höhe* einer Säule proportional zum jeweiligen Prozentsatz. Praktisch ist es, wenn man als Maßstab 1 % ≙ 1 mm wählt (in der Zeichnung rechts verkleinert dargestellt). Dann gibt die Prozentzahl p die Höhe der Säule in mm an. Trägt man die Säulen waagerecht ab, spricht man von einem **Balkendiagramm**.

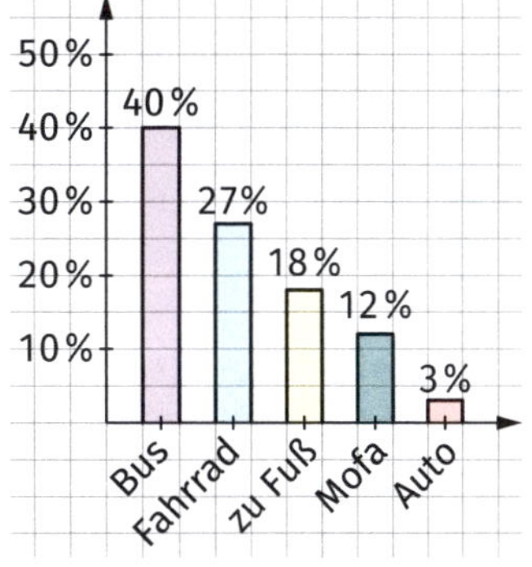

In einem **Streifendiagramm** entspricht der ganze Streifen 100 %. Die *Länge* eines einzelnen Abschnitts ist proportional zum jeweiligen Prozentsatz. Praktisch ist es, wenn man den Streifen 100 mm (= 10 cm) lang zeichnet. Dann gibt jede Prozentzahl die Länge des entsprechenden Streifens in mm an.

Bus 40 % | Fahrrad 27 % | zu Fuß 18 % | Mofa 12 % | Auto 3 %

In einem **Kreisdiagramm** entspricht der ganze Kreis 100 % (360°). Die Öffnungswinkel der Kreisausschnitte erhält man, indem man jede Prozentzahl mit **3,6°** multipliziert:

Bus, 40 %: $40 \cdot 3{,}6° = 144°$; $40\,\% \mathrel{\hat{=}} 144°$

Fahrrad, 27 %: $27 \cdot 3{,}6° = 97{,}2°$; $27\,\% \mathrel{\hat{=}} 97{,}2°$

Zu Fuß, 18 %: $18 \cdot 3{,}6° = 64{,}8°$; $18\,\% \mathrel{\hat{=}} 64{,}8°$

Mofa, 12 %: $12 \cdot 3{,}6° = 43{,}2°$; $12\,\% \mathrel{\hat{=}} 43{,}2°$

Auto, 3 %: $3 \cdot 3{,}6° = 10{,}8°$; $3\,\% \mathrel{\hat{=}} 10{,}8°$

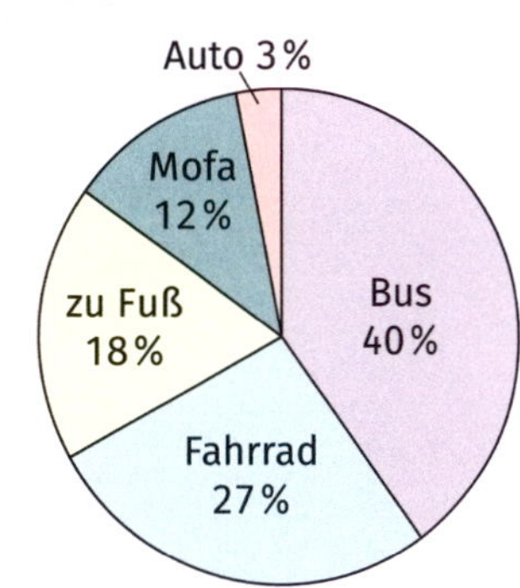

TIPP

Die Summe aller prozentualen Anteile ergibt immer 100 %.
Ein fehlender Prozentsatz p % kann somit aus allen anderen Anteilen berechnet werden.
Wenn Anteile mit Brüchen angegeben sind, muss man die Brüche zuerst in Prozentsätze umrechnen (→ Seite 52).

10 **Die monatlichen Ausgaben einer Familie verteilen sich folgendermaßen:**
Essen und Getränke: 23 %; Miete: 35 %; Auto und Verkehr: 17 %; Kleidung: 9 %; Sonstiges: 16 %. Stelle dies in einem Säulen- und in einem Kreisdiagramm dar.

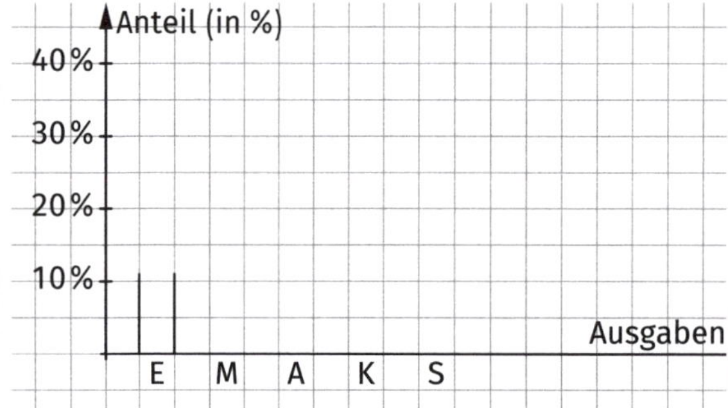

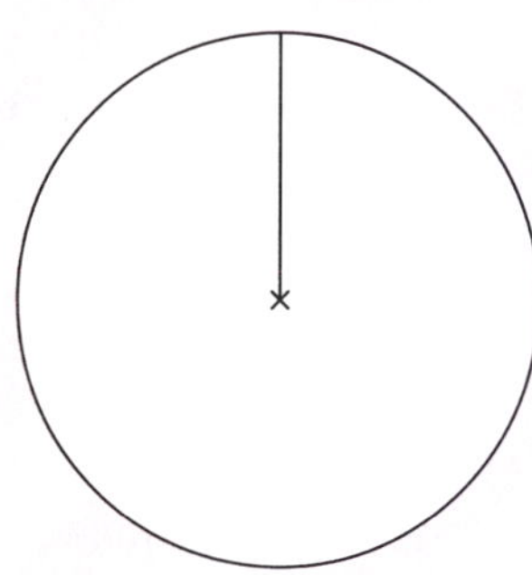

11 **Im abgebildeten Kreisdiagramm fehlt ein Anteil.**

?
25 %
$\frac{1}{10}$
12,5 %
$\frac{3}{8}$

a) Berechne den fehlenden Anteil.

....

....

b) Überprüfe deine Rechnung, indem du den Winkel nachmisst. ....

c) Veranschauliche die Verteilung in einem Streifendiagramm.

12 **Das Säulendiagramm zeigt die Stimmenanteile bei einer Wahl.**

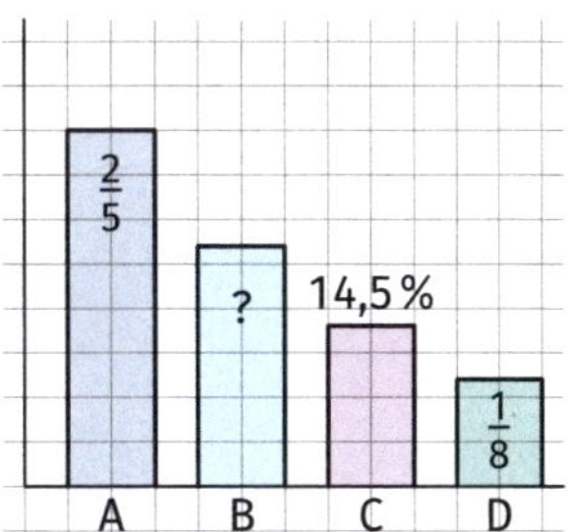

a) Wie viel Prozent der Stimmen hat B bekommen?

b) Wie viele Stimmen wurden insgesamt abgegeben, wenn B 1221 Stimmen erhielt?

c) Veranschauliche die Verteilung in einem Kreisdiagramm.

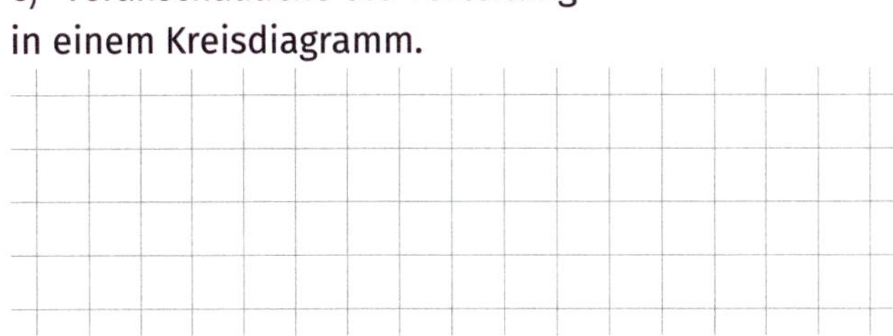

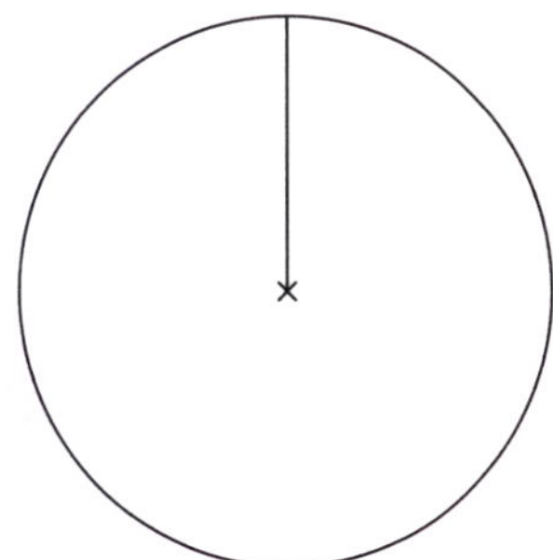

13 **Die Tabelle zeigt das Ergebnis einer Umfrage zum bevorzugten Schulfach.**

Mathematik	Deutsch	Englisch	Französisch
7,5 %	35 %	$\frac{3}{8}$	45 Personen

a) Berechne den Stimmenanteil in Prozent für Französisch.

b) Berechne, wie viele Schülerinnen und Schüler an der Umfrage teilgenommen haben.

c) Veranschauliche das Umfrageergebnis in einem Kreisdiagramm.

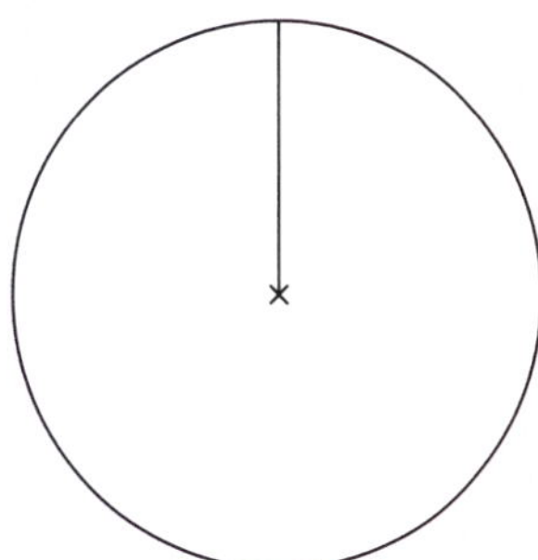

ABSCHLUSSTEST

1 Schreibe den Bruch als Prozentsatz.

a) $\frac{1}{4}$ = ... % b) $\frac{7}{40}$ = ... %

c) $\frac{13}{20}$ = ... % d) $\frac{1}{6}$ = ... %

= erreichte Punktzahl / maximale Punktzahl **4**

2 Löse die Textaufgaben

a) Eine Jeans kostet 45,50 €. Dann wird der Preis um 24 % herabgesetzt. Berechne, um wie viel Euro die Hose billiger wird und wie viel sie jetzt kostet.

....

b) Ben trinkt auf einer Party 1,5 Liter Cola, obwohl er weiß, dass Cola 10 % Zucker enthält. Berechne, wie viel Gramm Zucker er zu sich genommen hat, wenn 1 Liter Cola 1000 Gramm wiegt?

....

c) Familie Esser gibt monatlich 450 € für Nahrung aus. Berechne, wie viel Prozent des Familienhaushalts das sind, wenn Familie Esser jeden Monat über 6250 € verfügt?

....

= erreichte Punktzahl / maximale Punktzahl **5**

3

Bei der Klassensprecherwahl erhielten die vier Kandidaten folgende Stimmenanteile: A: 17 %; B: 38 %; C: 15 %; D: 30 %. Stelle die Stimmenverteilung in einem Säulen- und einem Kreisdiagramm dar.

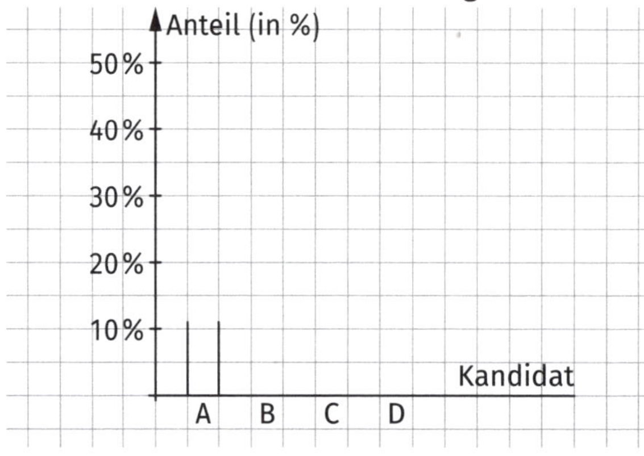

= erreichte Punktzahl / maximale Punktzahl **3**

Like!
Zeit für einen
Mavie-Sticker!

4 Verpackungsmüll

Die Tabelle zeigt, wie viel Verpackungsmüll in Deutschland durchschnittlich im Jahr anfällt (Stand 2019):

Papier, Pappe, Karton	Glasverpackungen	Leichtverpackungen (Kunststoff, Alu, Verbund)
17 kg	23 kg	32 kg
%		

Ergänze in der Tabelle jeweils den prozentualen Anteil am gesamten Müllaufkommen und stelle die Verteilung im Kreisdiagramm dar.

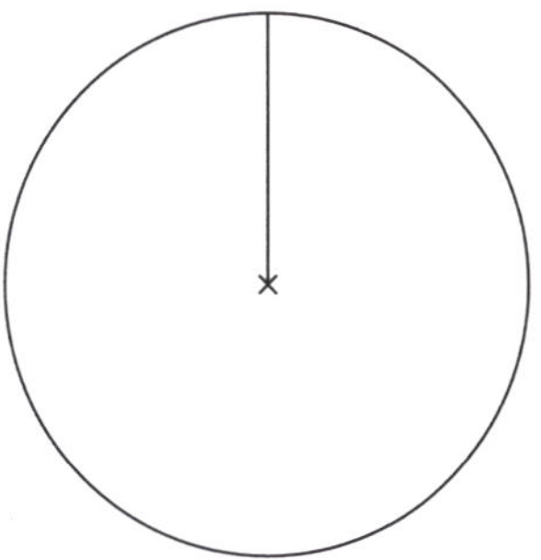

maximale Punktzahl **6** / erreichte Punktzahl =

5 Stromversorgung in Deutschland

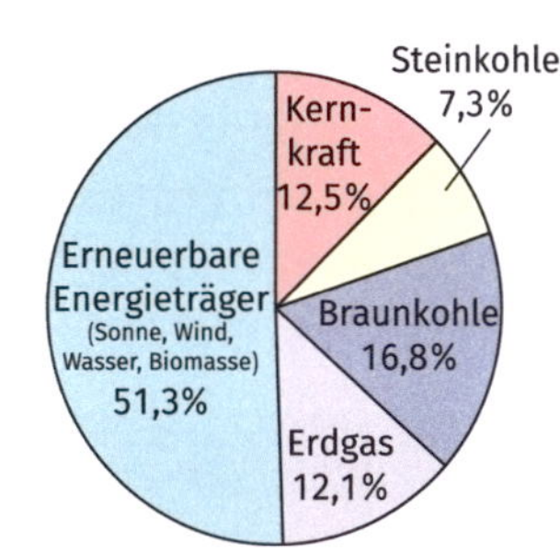

Das Schaubild zeigt die Anteile der einzelnen Energieträger Deutschlands für die Stromversorgung. Mit Kernkraft wurden 60,5 Mrd. kWh Strom erzeugt (Stand 2020).

a) Berechne, wie viel Milliarden Kilowattstunden (kWh) jeweils mit den anderen Energieträgern erzeugt wurden.

b) Berechne, wie viel Gramm Kohlendioxid (CO_2) durch den Stromverbrauch erzeugt wurden, wenn pro Kilowattstunde 614 g CO_2 freigesetzt werden?

Hinweis: Kernkraft und die erneuerbaren Energieträger Sonne, Wind und Wasser verursachen keinen CO_2-Ausstoß. Der erneuerbare Energieträger Biomasse bindet beim Nachwachsen wieder CO_2, weswegen sein CO_2-Ausstoß vernachlässigt werden kann. Bei der Kernkraft fallen allerdings radioaktive Abfälle an, für die ein geeignetes Endlager gefunden werden muss.

maximale Punktzahl **6** / erreichte Punktzahl =

Kontrolliere deine Ergebnisse mithilfe der Lösungen (Seite 121 / 122), addiere dann die erreichten Punkte.

☐ 24 bis 17 Punkte: ☐ 16 bis 10 Punkte:  ☐ 9 bis 0 Punkte: 

Gesamtpunktzahl von max. **24**

6 GRUNDBEGRIFFE DER GEOMETRIE

Punkte im Koordinatensystem

REGEL

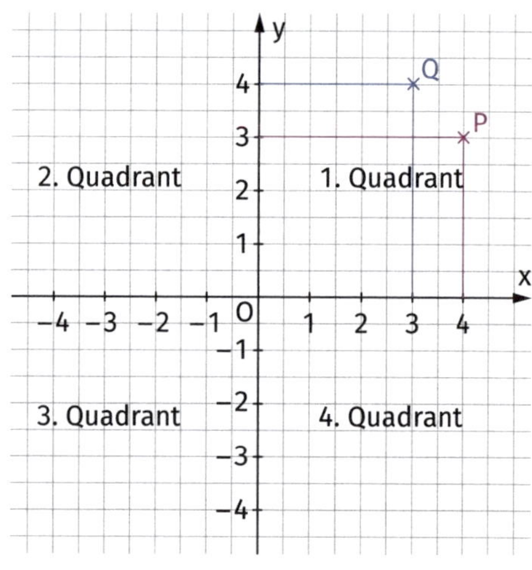

- Punkte in der Ebene werden mithilfe von **Koordinatensystemen (Achsenkreuzen)** dargestellt.
- Ein rechtwinkliges Koordinatensystem hat vier **Quadranten**.
- Ein Punkt in der Ebene wird durch ein **geordnetes Zahlenpaar (x|y)** (Zahlenduppel) beschrieben. Man spricht von „geordnet", weil die *Reihenfolge* der Zahlen wichtig ist. Vergleiche z. B. die Punkte P(3|4) und Q(4|3).
- Die erste Zahl gibt die **Abszisse** (Rechtswert, x-Wert) an, die zweite Zahl die **Ordinate** (Hochwert, y-Wert) an.
- Schreibweise: **A(x|y)**; A ist der Punkt mit der Abszisse x und der Ordinate y.

Beispiel 1: **P(2|3)** hat die Abszisse 2 und die Ordinate 3. **Q(−3|2)** liegt im 2. Quadranten, die Abszisse ist negativ (−3), die Ordinate positiv (2). **R(−2|−1)** liegt im 3. Quadranten, die Abszisse (−2) und die Ordinate (−1) sind negativ. **S(1|−2)** liegt im 4. Quadranten. Die Abszisse ist positiv (1), die Ordinate negativ (−2). **T(0|2)** liegt auf der y-Achse; **U(−1|0)** auf der x-Achse. Übersicht:

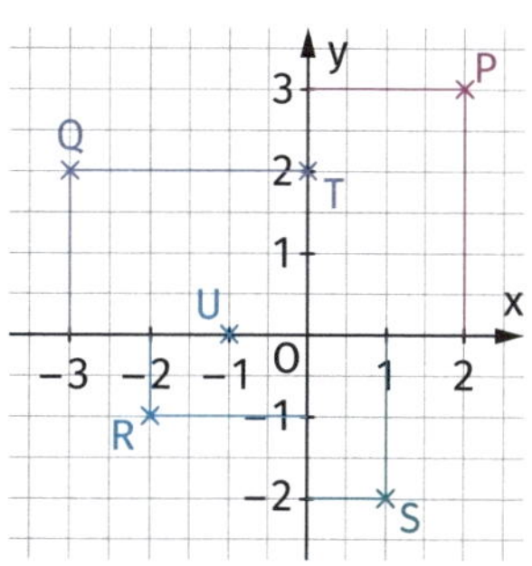

x-Wert (Abszisse)	positiv	negativ	negativ	positiv
y-Wert (Ordinate)	positiv	positiv	negativ	negativ
Punkt im Quadranten	1	2	3	4

1 **Gib an, in welchem Quadranten die Punkte liegen.**

Punkt	(3|4)	(−4|5)	(5|−4)	(−20|−20)	(12|0)	(0|0)	(0|−13)
Quadrant							

2 **Punkte im Koordinatensystem**

a) Gib die Koordinaten der Punkte an.

A(........ | ....);

B(........ | ....);

C(........ | ....);

D(........ | ....);

E(........ | ....);

F(........ | ....)

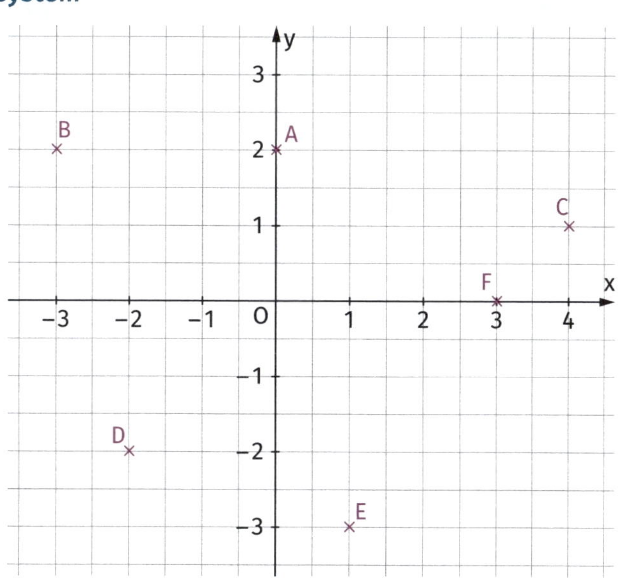

b) Zeichne die Punkte G(2|3); H(−2|−1); J(0|−2); K(1|−2); L(3|−1); M(−1|2); N(3|0) in das Koordinatensystem ein.

Strecke, Halbgerade, Gerade

REGEL

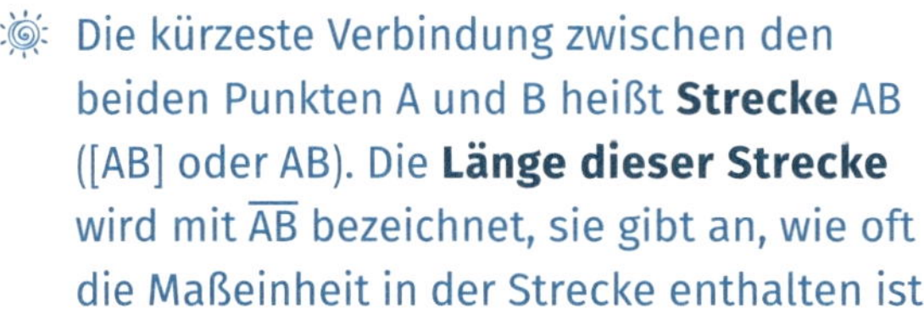

- Die kürzeste Verbindung zwischen den beiden Punkten A und B heißt **Strecke** AB ([AB] oder AB). Die **Länge dieser Strecke** wird mit $\overline{AB}$ bezeichnet, sie gibt an, wie oft die Maßeinheit in der Strecke enthalten ist.
- Verlängert man eine Strecke von einem Endpunkt unbegrenzt über den anderen Endpunkt hinaus, erhält man einen **Strahl** (Halbgerade).
- Verlängert man eine Strecke über *beide* Endpunkt unbegrenzt, erhält man eine **Gerade** g(A, B).

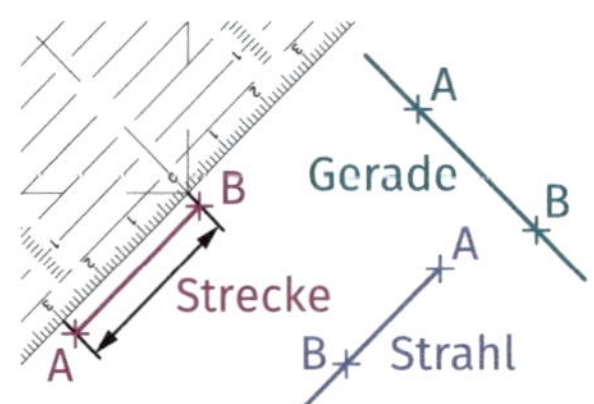

3 **Wie lang sind die Strecken aus Aufgabe 2 (auf Seite 63)?**

Strecke	[AB]	[AC]	[AD]	[CD]	[BC]	[BA]	[ED]
Streckenlänge (in cm)							

4 **Kordinatensystem**

a) Zeichne eine Gerade durch die Punkte A und B.

b) Zeichne einen Strahl von A aus durch C.

c) Gib den Anfangspunkt und zwei weitere Punkte auf dem Strahl s (Halbgerade s) an.

Anfangspunkt (……|……);

Punkt 1 (……|……)

Punkt 2 (……|……)

d) Welche Ordinate hat der Punkt G mit der Abszisse 2 auf der Geraden durch C und D? Zeichne diesen Punkt ein.

Ordinate: ……………

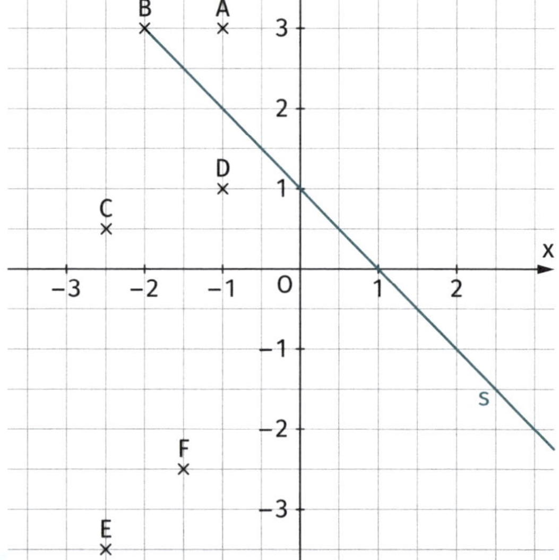

e) Zeichne eine Gerade durch A ein, die parallel zur x-Achse verläuft.

f) Wo schneidet die Gerade g(EF) die Halbgerade s? Schnittpunkt (……|……)

g) Wie lang sind die Strecken? $\overline{DA}$ = …………; $\overline{CE}$ = …………; $\overline{OF}$ = …………

h) Gib die Koordinaten an: A(……|……); F(……|……)

Winkel

REGEL

- Zwei Strahlen g und h gehen von demselben Punkt S aus. Dreht man g mathematisch positiv (entgegen dem Uhrzeigersinn) auf h, heißt der überstrichene Bereich **Winkel (g, h)**.

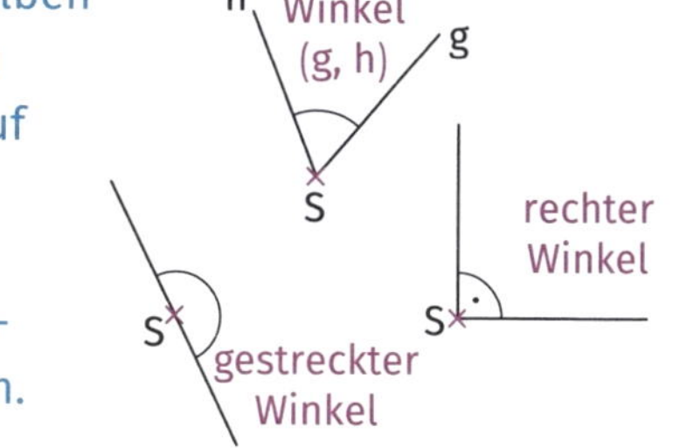

- Die Größe des Winkels (genauer: Winkelweite) wird in Grad (Zeichen °) gemessen. Dabei entsprechen 360° dem ganzen Kreis, 180° dem Halbkreis, 90° dem Viertelkreis (rechter Winkel) und 1° dem 360. Teil eines Vollkreises.
- **Winkelweiten** (-größen) bezeichnet man mit griechischen Buchstaben:

α	β	γ	δ	ε	λ	μ	σ	φ
Alpha	Beta	Gamma	Delta	Epsilon	Lambda	My	Sigma	Phi

- Je nach der Winkelweite unterscheidet man verschiedene **Winkelarten**:

Nullwinkel, Vollwinkel	spitzer Winkel	rechter Winkel	stumpfer Winkel	gestreckter Winkel	überstumpfer Winkel
$\alpha = 0°$, $\alpha = 360°$	$0° < \alpha < 90°$	$\alpha = 90°$	$90° < \alpha < 180°$	$\alpha = 180°$	$180° < \alpha < 360°$
α S	α S	α S	α S	α S	α S

5 **Gib an, um welche Winkelart es sich handelt.**

a) ....

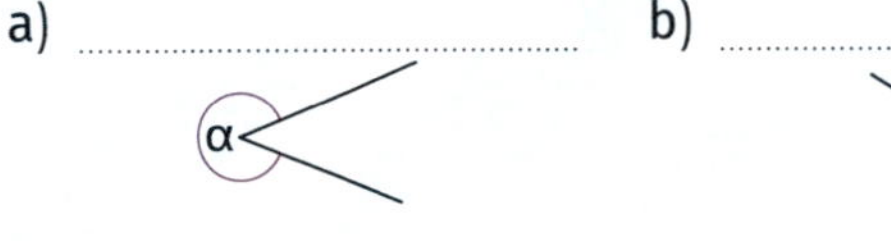

b) ....

β
S

c) ....

γ

d) ....

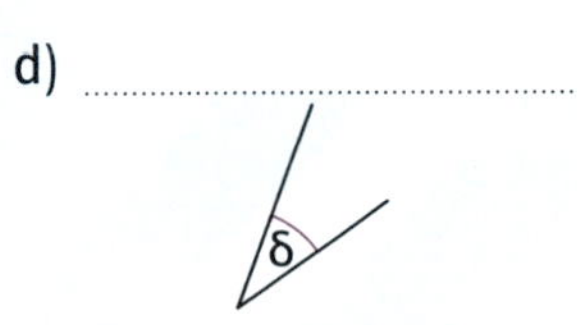

e) ....

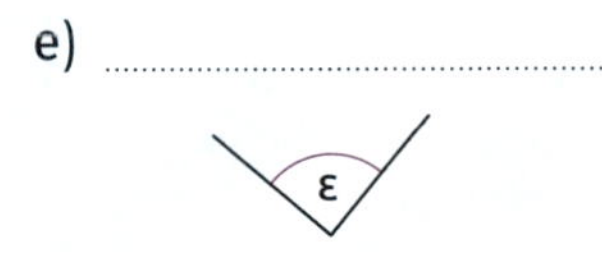

f) ....

6 **Leon hat für den Winkel in der Zeichnung α = 30° gemessen. Welchen Fehler hat er dabei gemacht? Wie hätte er seinen Fehler leicht bemerken können? Korrigiere.**

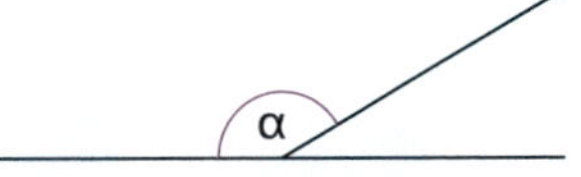

REGEL

- Winkel misst man mit dem **Geodreieck**: Man legt den Nullpunkt des Geodreiecks am Schnittpunkt S der Halbgeraden g und h so an, dass die Kante mit der Skala auf g liegt. Auf der Winkelskala kann man die Winkelweite ablesen, im Bild rechts: 30°.

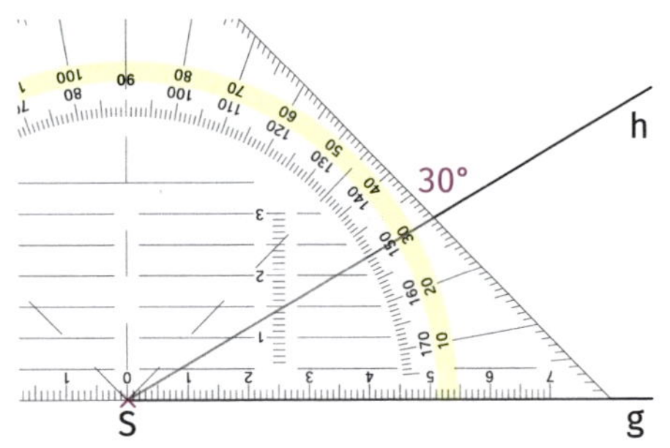

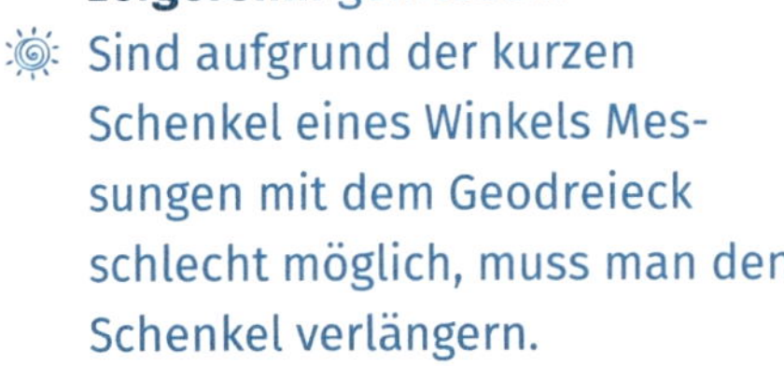

- Winkel werden im **Gegenuhrzeigersinn** gemessen.
- Sind aufgrund der kurzen Schenkel eines Winkels Messungen mit dem Geodreieck schlecht möglich, muss man den Schenkel verlängern.

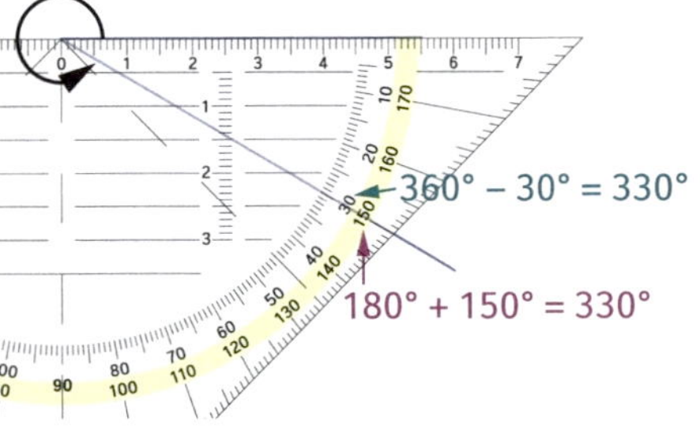

- Ist ein Winkel **größer als 180°**, so misst man den zum Vollkreis fehlenden Winkel (Ergänzungswinkel) und zieht dessen Größe von 360° ab (in der Grafik **grün**).
  Alternativ misst man den Winkel ab 180° und addiert dann den gemessenen Winkel zu 180° (in der Grafik **lila**).

7 Gib die Winkelweiten an. Verlängere die Strahlen, falls nötig.

w(g, h) = ...; w(s, g) = ...; w(h, s) = ...;

w(s, l) = ...; w(g, s) = ...; w(g, l) = ...

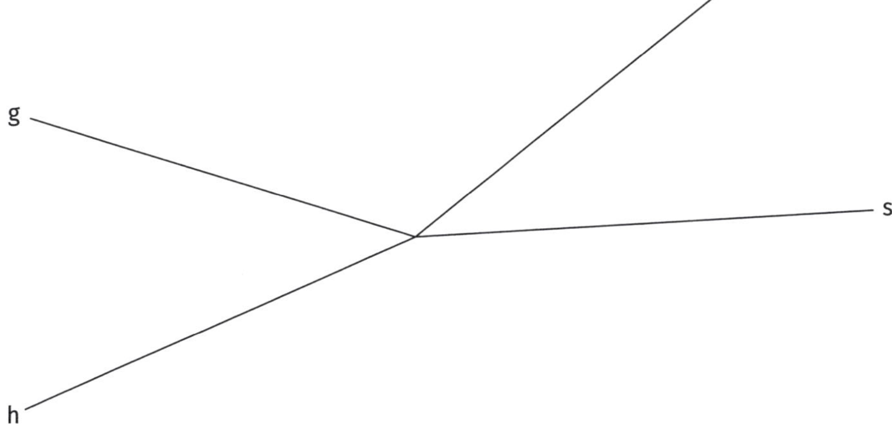

8 Winkel zeichnen.

Zeichne von S_1 die Halbgeraden h, l und s so ein, dass gilt:

w(g, h) = 18°; w(g, l) = 180°; w(g, s) = 350°.

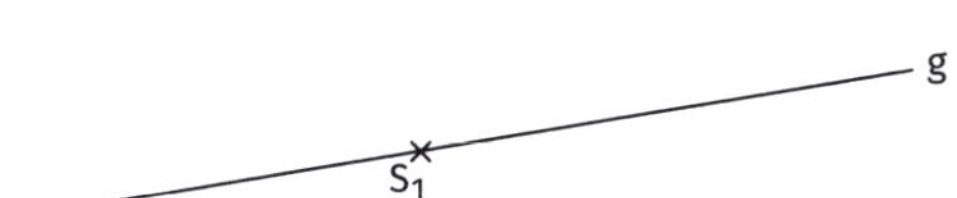

Die Lage zweier Geraden

REGEL

- Wenn zwei Geraden sich schneiden, entstehen vier Winkel. Gegenüberliegende Winkel sind immer gleich groß. Sind alle vier Winkel gleich groß, so haben sie $360° : 4 = 90°$.
- Ein Winkel von 90° heißt **rechter Winkel** (⊾). Bilden zwei Geraden einen rechten Winkel, sagt man „sie stehen senkrecht aufeinander" (⊥) oder „sie sind **orthogonal** zueinander". Eine Gerade, die senkrecht auf einer anderen Geraden oder Ebene steht, heißt **Lot** auf die Gerade oder auf die Ebene.

9 **Zeichne jeweils durch L eine orthogonale Gerade zur gegebenen Geraden.**

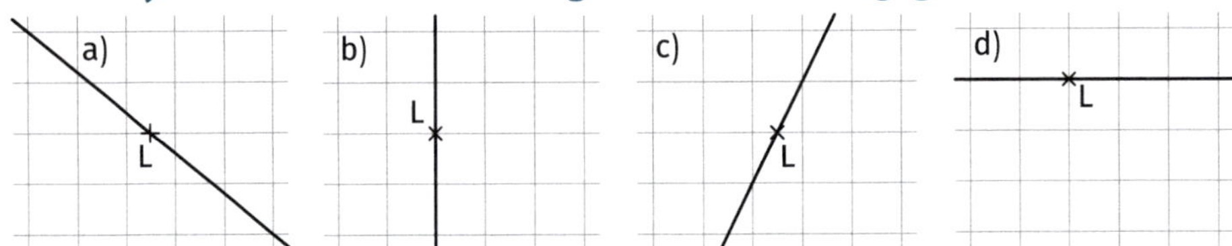

REGEL

In der Ebene schneiden sich zwei Geraden in genau einem Punkt oder sie sind parallel. Bei der **Parallelität** haben sie entweder alle Punkte gemeinsam (sie sind identisch) oder gar keinen gemeinsamen Punkt.

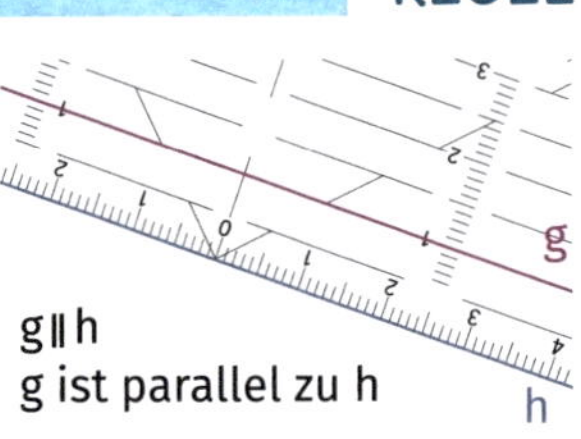

10 **Zeichne jeweils durch den Punkt A eine zu g parallele und eine zu g orthogonale Gerade.**

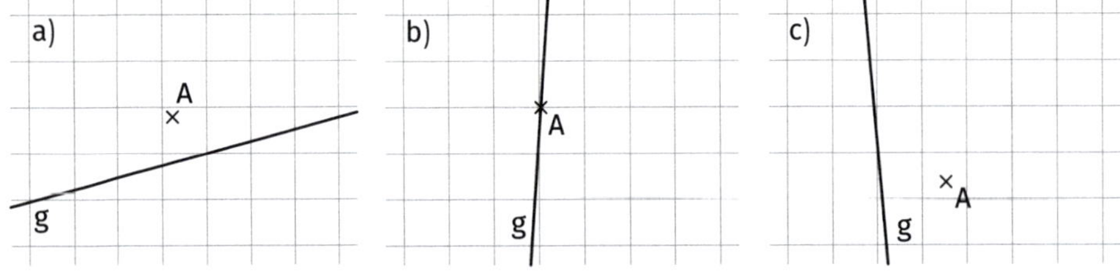

Abstandsmessungen

REGEL

Der Abstand ist immer die **kürzeste Entfernung**.

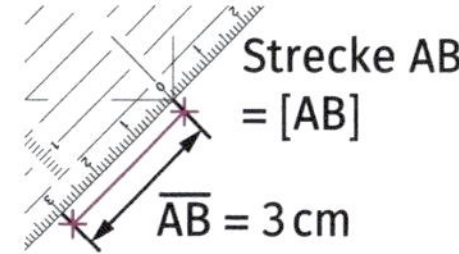

- Der **Abstand zwischen zwei Punkten** entspricht der Länge der Strecke zwischen den beiden Punkten. Schreibweise: d (A, B) oder $\overline{AB}$.
- Der **Abstand eines Punktes zu einer Geraden** ist die Länge des Lotes vom Punkt auf die Gerade. Schreibweise: d (A, g)

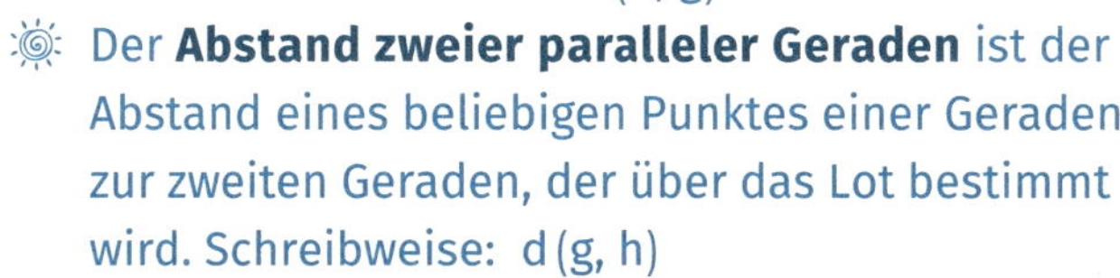

- Der **Abstand zweier paralleler Geraden** ist der Abstand eines beliebigen Punktes einer Geraden zur zweiten Geraden, der über das Lot bestimmt wird. Schreibweise: d (g, h)

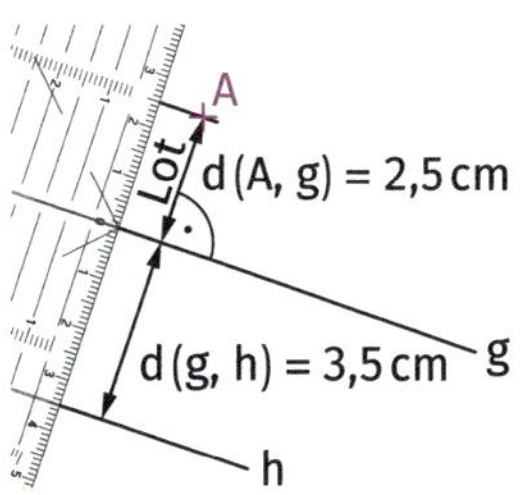

- Indem man einen Abstand mit dem Zirkel einstellt, kann man verschiedene Abstände schnell miteinander vergleichen.

11 **Miss die Längen.**

a) d (A, B) = ... b) $\overline{CB}$ = ... c) d (C, D) = ...

d) d (A, g) = ... e) d (B, g) = ... f) d (C, g) = ...

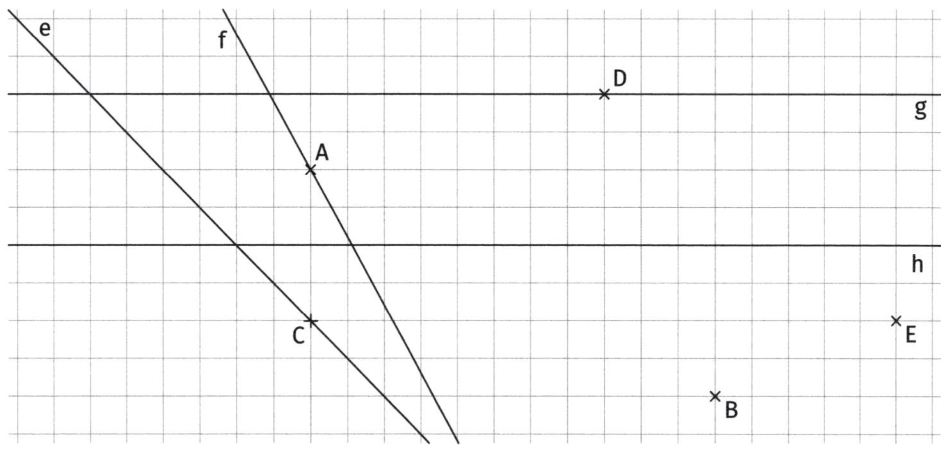

12 **Überprüfe mit dem Zirkel, ob in der Zeichnung von Aufgabe 11 gilt:**

a) $\overline{CD} = \overline{DE}$ b) $\overline{BD} = \overline{DE}$

ABSCHLUSSTEST

1 **Zeichne die Punkte ein und gib ihre Koordinaten an.**
Es gibt jeweils 2 Lösungen.
Tipp: Du benötigst einen Zirkel.

a) Der Punkt Q hat die Ordinate 3 und ist 3 cm von A entfernt.

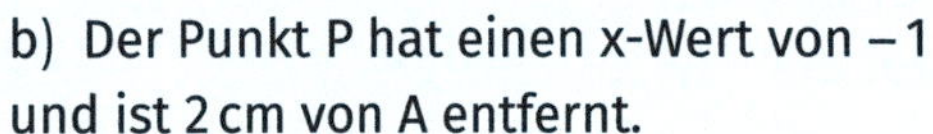

b) Der Punkt P hat einen x-Wert von –1 und ist 2 cm von A entfernt.

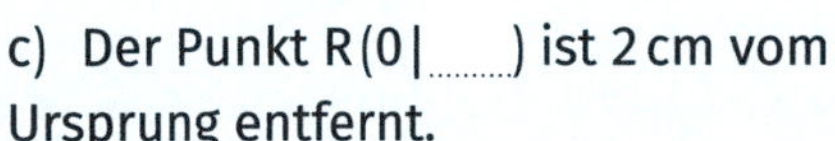

c) Der Punkt R(0|……) ist 2 cm vom Ursprung entfernt.

……………………………………

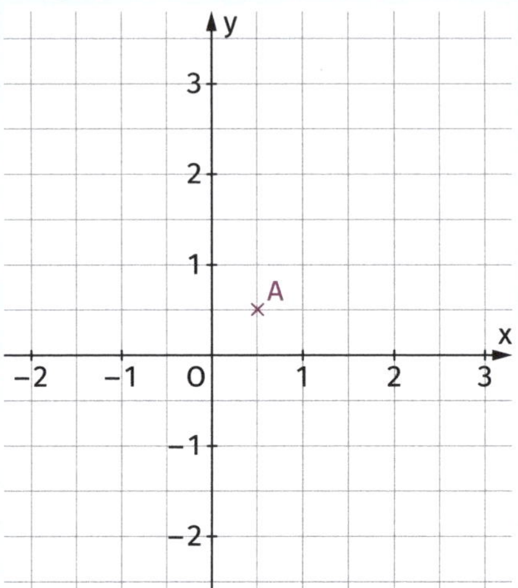

= erreichte Punktzahl / maximale Punktzahl **6**

2 **Winkel messen und zeichnen und Abstände bestimmen**

a) Bestimme mit dem Geodreieck die Winkelweiten.

α = ……, β = ……, γ = ……, δ = ……, ε = ……, λ = ……

b) Starte bei A und zeichne den zweiten Strahl des Winkels so ein, dass gilt:

① w(g, a) = 10° ② w(g, b) = 30° ③ w(g, c) = 180°
④ w(g, d) = 200° ⑤ w(g, e) = 280° ⑥ w(g, f) = 350°

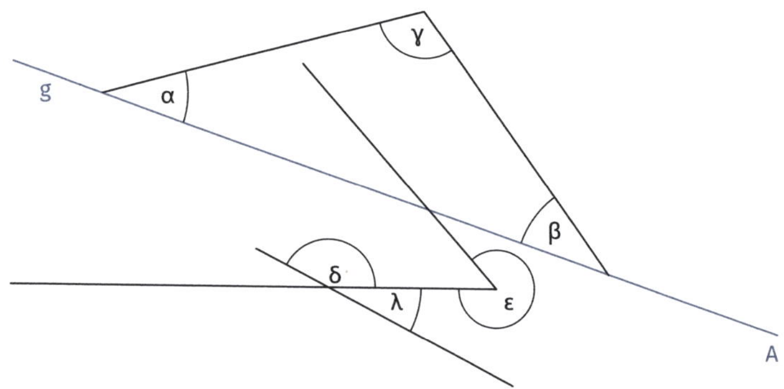

= erreichte Punktzahl / maximale Punktzahl **12**

Gesamtpunktzahl von max. **18**

Kontrolliere deine Ergebnisse mithilfe der Lösungen (Seite 124), addiere dann die erreichten Punkte.

☐ 18 bis 13 Punkte:  ☐ 12 bis 7 Punkte:  ☐ 6 bis 0 Punkte: 

FUN FOOD

Essen macht Spaß, Leute!

Wir sind zwar alle aus dem Kindergeburtstagsalter raus – aber hey! Spaß beim Essen geht immer. Hier kommen die besten meiner Funfood-Ideen. Nachmachen und mit deiner BFF snacken – für doppelten Spaß!

Buntes Popcorn

Du brauchst **Popcorn** und **Lebensmittelfarbe**, etwas **Wasser** und je nach Geschmack 1 TL **Salz** oder **Puderzucker**. Du kannst fertiges weißes Popcorn aus der Tüte nehmen oder selbst welches machen (**Vorsicht beim Selbermachen!** Heißes Fett! Hol dir unbedingt eine erwachsene Person dazu, wenn du dir nicht sicher bist, wie das geht!)

Schütte das Popcorn in eine Schüssel, die du mit einem Deckel verschließen kannst. Verrühre Puderzucker oder Salz, Lebensmittelfarbe und Wasser. Diese Mischung tropfst du, zum Beispiel mit einem Teelöffel, vorsichtig über das Popcorn. Dann Deckel auf die Schüssel und guuut durchschütteln.

Tadaaa, Popcorn in Farbe Nr. 1!

Schüttle dir so viele Farben, wie du möchtest – fertig ist die **FUN-Mischung!**

#SHORTS
für den Happen zwischendurch:
Apfel-Nachos
Sooo lecker!

7 EBENE FIGUREN & KÖRPER

Das Viereck

REGEL

Verbindet man vier Punkte ABCD zu einem geschlossenen Streckenzug durch Strecken, die sich nicht kreuzen, erhält man als Figur ein Viereck. Die Punkte werden im **Gegenuhrzeigersinn** bezeichnet.

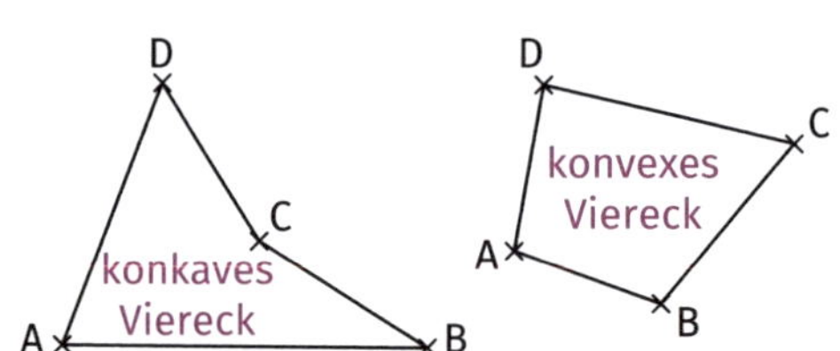

1 **Zeichne.**

a) Zeichne die Vierecke ABCD, EFGH und ODGA in verschiedenen Farben in das Koordinatensystem ein.

b) Teile das Viereck ABCD durch die Strecke AC in zwei Dreiecke, bestimme den Flächeninhalt dieser Dreiecke und daraus den Flächeninhalt des Vierecks.
Zur Berechnung einer Dreiecksfläche siehe Seite 83.

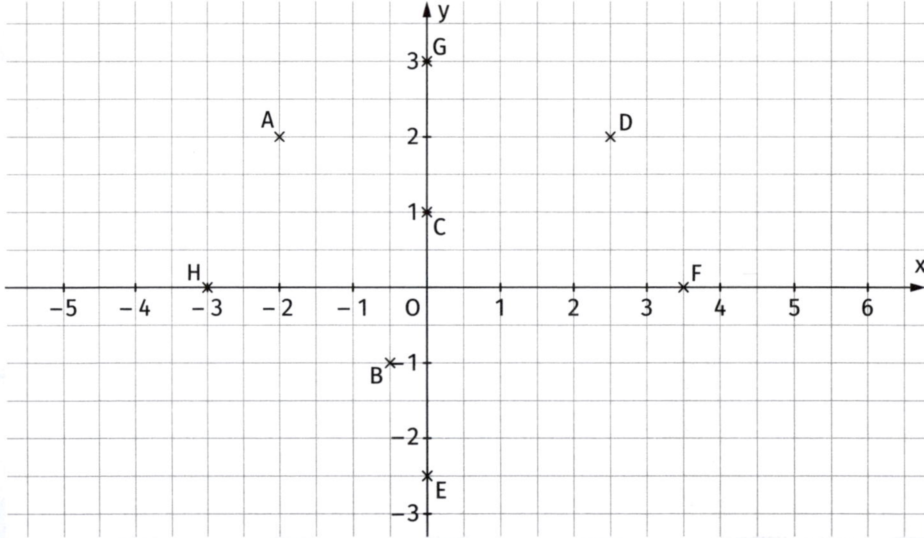

Die Summe der Innenwinkel

REGEL

Innenwinkelsumme in Dreieck und Viereck

Die Summe der Innenwinkel beträgt
- im Dreieck 180°,
- im Viereck 360°.

$\alpha + \beta + \gamma = 180°$

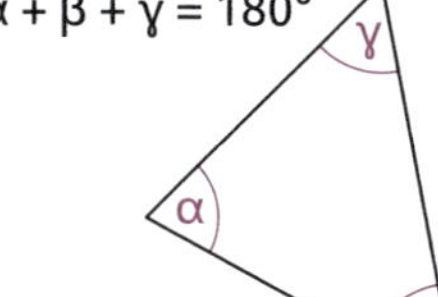

$\alpha + \beta + \gamma + \delta = 360°$

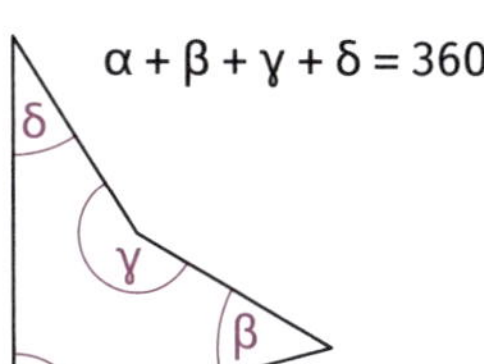

2 **Zeichne die Figuren ABC und DEFG.**

Miss ihre Innenwinkel und addiere sie. Berechne Umfang und Flächeninhalt.

A(−4|−2); B(4|−1); C(2|3); D(0|−2); E(5|1); F(0|1); G(−5|0)

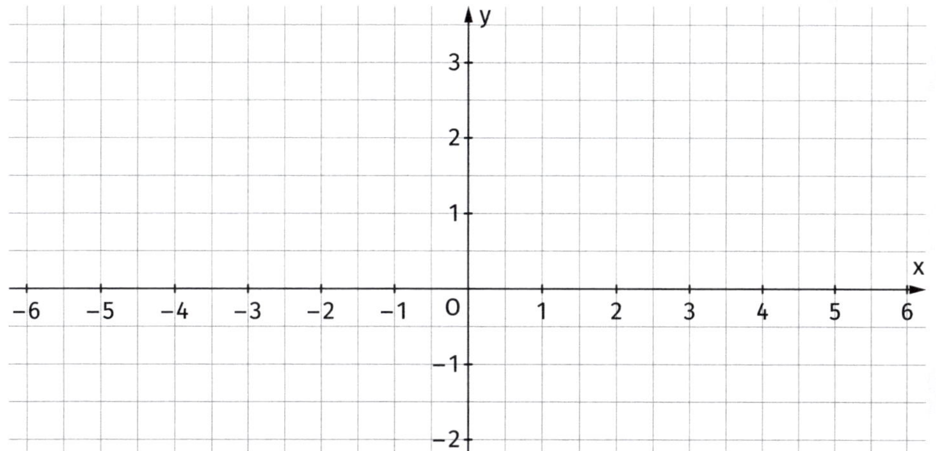

Winkel bei	Dreieck ABC	Viereck DEFG
A bzw. D		
B bzw. E		
C bzw. F		
G		
Innenwinkelsumme		
Umfang		
Flächeninhalt		

Spezielle Vierecke

REGEL

Besonderheiten bei speziellen Vierecken

Name	Quadrat	Rechteck	Parallelogramm
Skizze	a, a, a, a	a, b	a, c, d, h_a, e, f
Seitenlänge	alle Seiten gleich lang	gegenüberliegende Seiten gleich lang	gegenüberliegende Seiten gleich lang
Umfang	$u = 4 \cdot a$	$u = 2 \cdot a + 2 \cdot b$	$u = a + b + c + d$ $= 2a + 2b$
Flächeninhalt	$A = a \cdot a = a^2$	$A = a \cdot b$	$A = a \cdot h_a$
Winkel	4 rechte Innenwinkel	4 rechte Innenwinkel	gegenüberliegende Winkel gleich groß
Diagonalen	Diagonalen halbieren sich, sind gleich lang, stehen senkrecht aufeinander	Diagonalen halbieren sich und sind gleich lang	Diagonalen halbieren sich

Name	Raute (Rhombus)	Drachen	Trapez
Skizze	a, b, c, d, e, f	a, b, c, d, e, f	a, b, c, d, h
Seitenlänge	alle Seiten gleich lang	je zwei benachbarte Seiten gleich lang	–
Umfang	$u = 4 \cdot a = 4 \cdot b = 4 \cdot c$	$u = 2 \cdot a + 2 \cdot b$	$u = a + b + c + d$
Flächeninhalt	$A = \frac{1}{2} \cdot e \cdot f$	$A = \frac{1}{2} \cdot e \cdot f$	$A = \frac{a+c}{2} \cdot h$
Winkel	jeweils gegenüberliegende Winkel gleich groß	1 Paar gegenüberliegende Winkel gleich groß	–
Diagonalen	Diagonalen halbieren sich, stehen senkrecht aufeinander	Diagonalen stehen senkrecht aufeinander	–

Die Innenwinkelsumme in allen Vierecken beträgt 360°.

3 **Ist die Aussage wahr [w], oder falsch [f]?**

a) ☐ Jedes Quadrat ist auch ein Rechteck.

b) ☐ Jedes Rechteck ist auch ein Parallelogramm.

c) ☐ Beim Trapez sind die gegenüberliegenden Winkel gleich groß.

d) ☐ Bei allen Vierecken liegen die Strecken zwischen nicht benachbarten Eckpunkten innerhalb der Figur.

e) ☐ Bei Quadrat, Rechteck, Parallelogramm und Raute halbieren sich die Diagonalen.

Der Kreis

REGEL

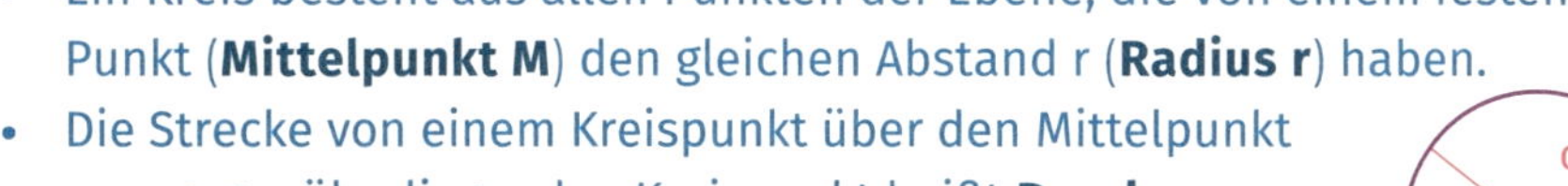

- Ein Kreis besteht aus allen Punkten der Ebene, die von einem festen Punkt (**Mittelpunkt M**) den gleichen Abstand r (**Radius r**) haben.
- Die Strecke von einem Kreispunkt über den Mittelpunkt zum gegenüberliegenden Kreispunkt heißt **Durchmesser d**. Er ist doppelt so lang wie der Radius, $d = 2r$.
- Kreise werden mit dem **Zirkel** gezeichnet.

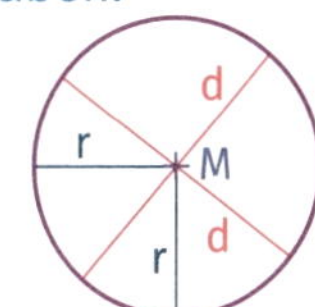

4 **Gib Mittelpunkt M, Radius r und Durchmesser d der Kreise an.**

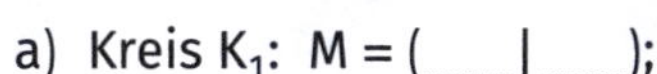

a) Kreis K_1: M = (……|……);

r = ………… cm; d = ………… cm

b) Kreis K_2: M = (……|……);

r = ………… cm; d = ………… cm

c) Kreis K_3: M = (……|……);

r = ………… cm; d = ………… cm

d) Kreis K_4: M = (……|……);

r = ………… cm; d = ………… cm

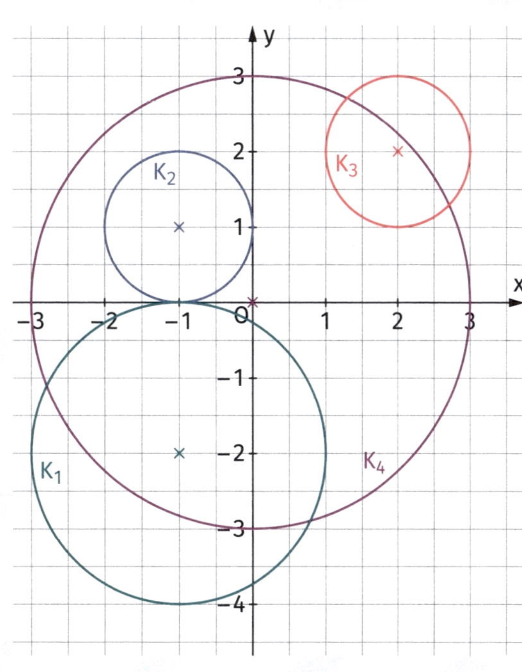

Würfel und Quader

REGEL

Schrägbild von Würfel und Quader

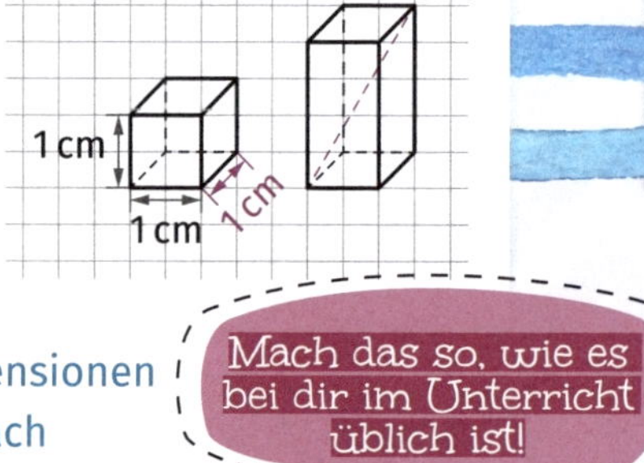

- Ein Körper, dessen Oberfläche aus sechs gleichen Quadraten besteht, heißt **Würfel**.
- Ein Körper, bei dem drei gegenüberliegende Rechtecke deckungsgleich sind, heißt **Quader**.
- Die Körper haben **drei Dimensionen** (Richtungen). Da unsere Zeichenebene nur zwei Dimensionen hat, zeichnen wir die dritte Richtung verkürzt nach hinten. Dabei entspricht (wenn nicht anders angegeben) ein Zentimeter einer Kästchendiagonalen. Diese Darstellungsweise heißt **Schrägbild des Körpers**. Beim Schrägbild werden nicht sichtbare Kanten gestrichelt gezeichnet.
- Verbindet man zwei Eckpunkte, die nicht in einer Ebene liegen, erhält man eine **Raumdiagonale** (die farbige Linie im rechten Quader oben).

Mach das so, wie es bei dir im Unterricht üblich ist!

5 **Zeichne ins Heft das Schrägbild**

a) eines Würfels mit der Kantenlänge 2 cm.

b) eines Quaders mit der Länge $l = 3\,\text{cm}$, der Breite $b = 2\,\text{cm}$ und der Höhe $h = 1\,\text{cm}$.

6 **Vervollständige.**

Trage die Längen der durch die Pfeile gekennzeichneten Strecken ein. Zeichne die Raumdiagonalen in einer anderen Farbe ein. Um welche Sorte Körper handelt es sich?

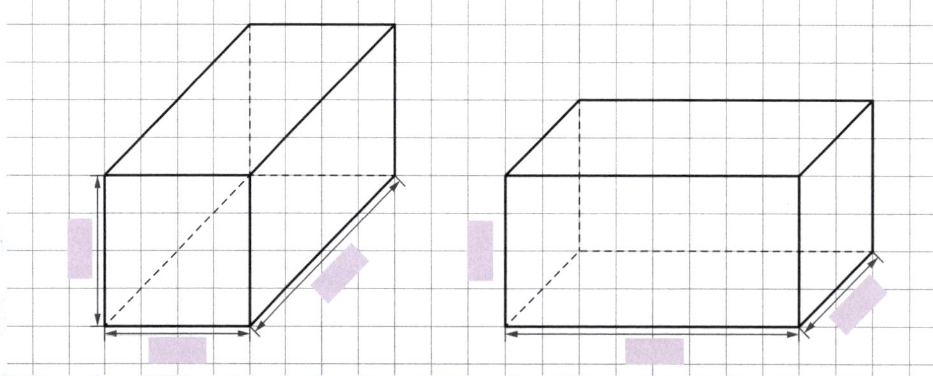

REGEL

Schneidet man einen Körper, z. B. einen Quader, an den Kanten auf und legt die Seitenflächen und die Oberfläche in die Zeichenebene, so erhält man ein **Körpernetz (Netz, Netzbild)** des Körpers. Mithilfe des Körpernetzes kann man die Oberfläche leicht berechnen.

	Rückseite		
linke Seite	Boden	rechte Seite	Deckseite/ Oberseite
	Vorderseite		

7 **Zeichne die Körpernetze**

... eines Würfels mit der Kantenlänge 2 cm und eines Quaders mit der Länge $l = 3$ cm, der Breite $b = 2$ cm und der Höhe $h = 1$ cm im Maßstab 1 : 2. (**Maßstab** 1 : 2 bedeutet: ein Zentimeter in der Zeichnung entspricht zwei Zentimetern in der Wirklichkeit.)

REGEL

Oberfläche und Volumen von Würfel und Quader

- Oberfläche O eines Quaders mit der Länge l, der Breite b und der Höhe h: $O = 2 \cdot h \cdot b + 2 \cdot h \cdot l + 2 \cdot b \cdot l = 2 \cdot (h \cdot b + h \cdot l + b \cdot l)$
- Volumen V (Rauminhalt) des Quaders: $V = l \cdot b \cdot h$
- Oberfläche O eines Würfels mit Seitenlänge a: $O = 6 \cdot a \cdot a = 6a^2$
- Volumen V des Würfels: $V = a \cdot a \cdot a = a^3$

8 **Berechne mit den angegebenen Maßen Volumen und Oberfläche des Würfels.**

a) Kantenlänge 3 cm V = ... O = ...

b) Kantenlänge 10 cm V = ... O = ...

c) Kantenlänge 2 m V = ... O = ...

9 **Berechne Volumen und Oberfläche des Quaders.**

	a)	b)	c)	d)	e)
Länge	3 cm	4 cm	1 cm	50 cm	1 m
Breite	4 cm	2 cm	10 cm	1 m	2 m
Höhe	5 cm	4 cm	1 cm	20 cm	3 m
Volumen					
Oberfläche					

10 **Ist die Aussage wahr [w], oder falsch [f]? Begründe, wenn sie falsch ist.**

a) ☐ Beim Würfel sind alle Kanten gleich lang.

b) ☐ Bei einem Schrägbild kann man alle Maße eines Körpers direkt messen.

c) ☐ Beim Würfel sind alle Raumdiagonalen gleich lang.

d) ☐ Eine Raumdiagonale eines Quaders ist immer kürzer als die längste Kante.

Zusammengesetzte Körper

REGEL

Aus Quadern und Würfeln lassen sich Körper zusammensetzen (addieren) und voneinander abziehen (subtrahieren). Man spricht auch dann noch von „zusammengesetzten Körpern", wenn man von einem Quader oder Würfel einen anderen Quader oder Würfel ausschneidet.

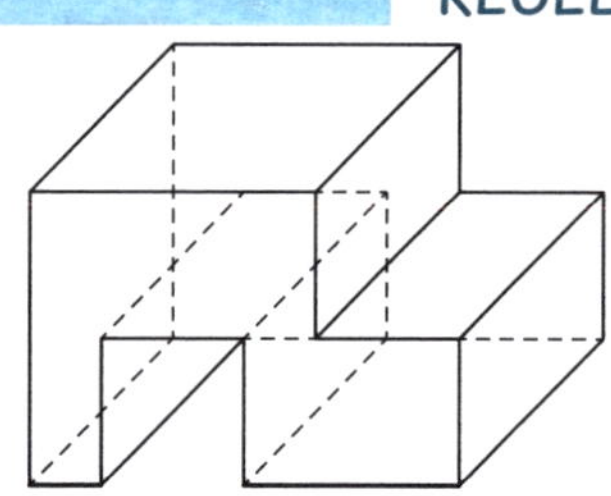

11 **Bestimme das Volumen und die Oberfläche der Körper.**

a) zwei aufeinanderliegende Quader

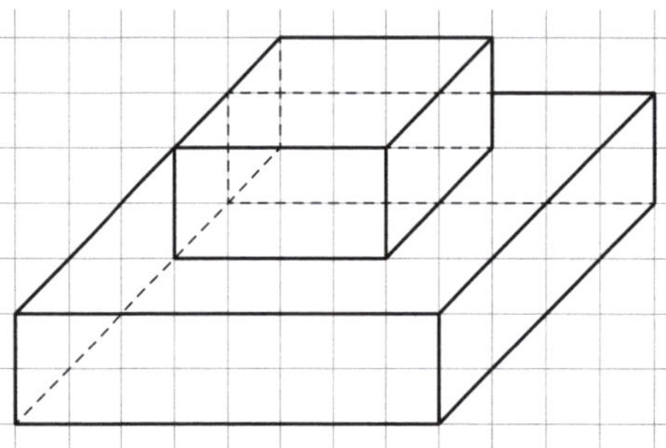

b) Würfel, aus dem ein Quader ausgeschnitten wurde

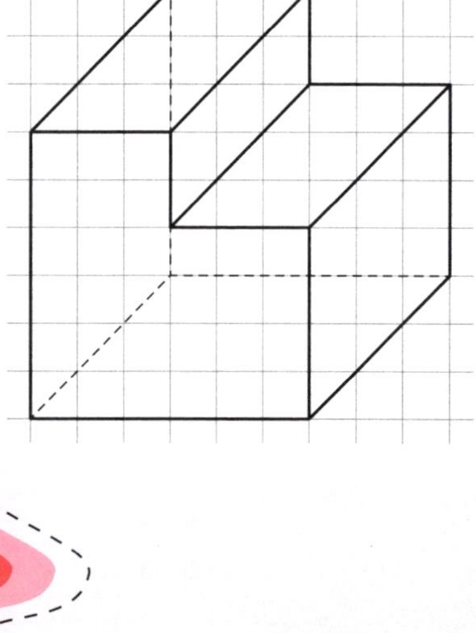

Like!
Zeit für einen
Mavie-Sticker!

DIY
Bubble-Party mit Mavie

Hast du **Spaß** daran, coole Cremes auszuprobieren, an duftigen Shampoos zu riechen und die samtigste Bodylotion ever zu finden (so wie ich zum Beispiel 😉)? Richtig interessant ist es, **Kosmetik mal selbst zu machen**. Das geht ziemlich **einfach** und du brauchst dafür kein Chemie-Ass zu sein oder abgefahrene Spezialprodukte zu kaufen.
Und ganz nebenbei wird damit eine ganze Menge Plastikmüll vermieden, denn selbst gemachte Kosmetik braucht keine Plastikverpackung.

Wie wär's mit einer eigenen  ?

Als Grundlage verwende ich **200 g pflanzliche Kernseife**. Die raspele ich mit einer Küchenreibe schön fein. Mit etwa **100 ml warmem Wasser** matsche ich mit der Hand alles schön durch, bis alles nicht zu fest und nicht zu flüssig ist. Dazu kommen jetzt **2 Esslöffel Olivenöl** und **10 Tropfen eines ätherischen Bio-Öls***. Ich mag die zitronige Richtung sehr gern und nehme am liebsten Zitronen-Öl. Es kann aber auch Orange, Rose, Lavendel ... sein. Fürs Auge können jetzt noch getrocknete Lavendelblüten, Rosenblätter, Zitronenscheiben oder oder ... mit eingeknetet werden. Wenn alles gut vermischt ist, gebe ich die Seife in Silikonförmchen (solche für Muffins oder Eiswürfel – was dir gefällt und du zu Hause hast). Du kannst die Seife auch mit der Hand formen, zum Beispiel als Kugel.

Jetzt ist Geduld gefragt – drei bis fünf Tage sollte die Seife an einem schattigen, kühlen Platz trocknen. Dann löse ich sie aus der Form und lasse sie noch mal ein paar Tage liegen. Dann kann ich endlich den ersten Waschtest machen – mein ganz persönlicher CLEANDREAM!

* Falls du empfindliche Haut hast oder zu Allergien neigst, lass das ätherische Öl am besten weg. Die Öle können auch mal Hautreizungen hervorrufen.

ABSCHLUSSTEST

1 In Dreiecke aufteilen

Alle geradlinig begrenzten Figuren lassen sich in Dreiecke aufteilen. Teile das Fünfeck vom Punkt P aus in Dreiecke ein und berechne im Heft seinen Flächeninhalt A.

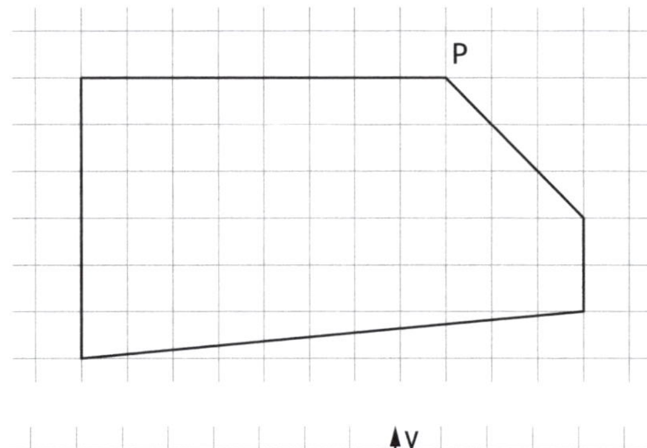

A = ...

= erreichte Punktzahl / maximale Punktzahl **4**

2 Parallelogramm

Die drei Punkte A(−2|−2), B(2|0) und C(0|1) sind Eckpunkte eines Parallelogramms. Zeichne es, indem du den fehlenden Punkt D ergänzt und bestimme den Flächeninhalt A.

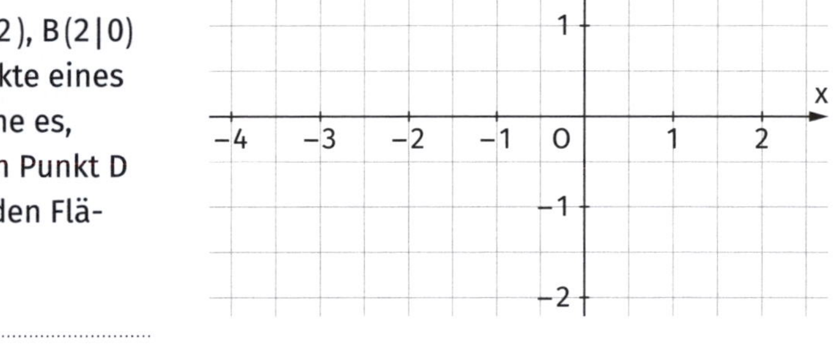

A = ...

= erreichte Punktzahl / maximale Punktzahl **4**

3 Kreise

a) Zeichne die Kreise K_1 mit $M_1(-2|1)$ und $r = 3\,cm$, K_2 mit $M_2(2|-1)$ und $r = 2\,cm$, K_3 mit $M_3(3|1)$ und $r = 2{,}5\,cm$. Gib 2 Punkte mit ganzzahligen Koordinaten an, die innerhalb von K_2 und K_3 liegen. Gibt es Punkte mit ganzzahligen Koordinaten, die innerhalb aller drei Kreise liegen?

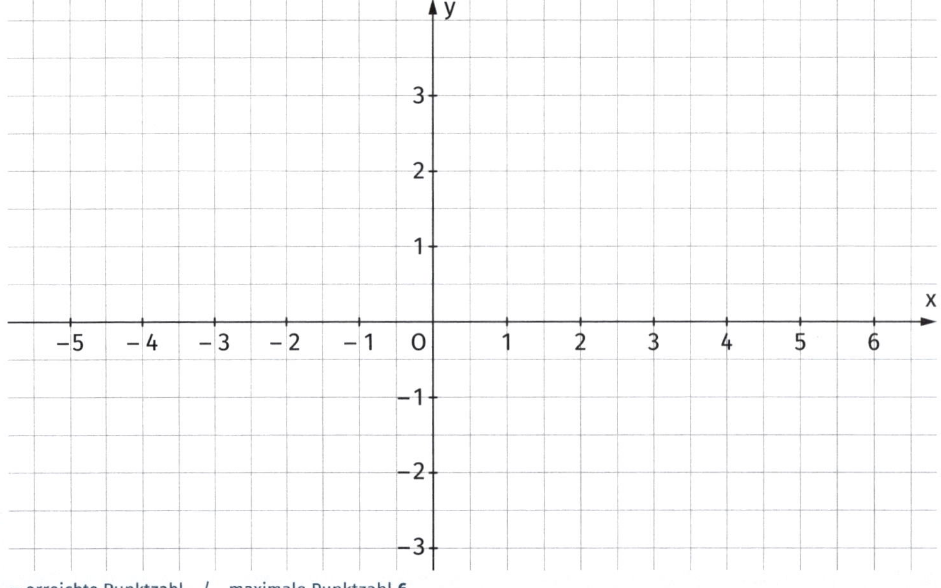

= erreichte Punktzahl / maximale Punktzahl **6**

4 Berechne die fehlenden Größen der Quader.

	Q_1	Q_2	Q_3	Q_4	Q_5
Länge	2 cm	2 cm	2 cm		12 cm
Breite	5 cm	4 cm	3 cm		20 cm
Höhe	6 cm			5 cm	100 cm
Volumen		40 cm³		30 cm³	
Oberfläche			32 cm²	62 cm²	

maximale Punktzahl **5** / erreichte Punktzahl =

5 Quader

Gegeben ist das Netz eines Quaders. Berechne Volumen und Oberfläche und zeichne das Schrägbild.

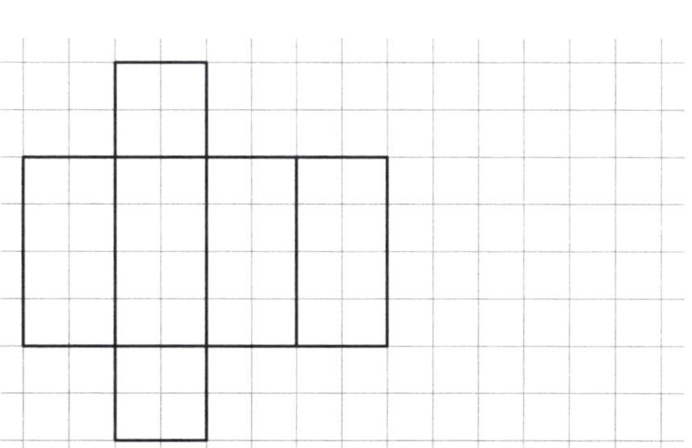

V = ……………………………

O = ……………………………

maximale Punktzahl **6** / erreichte Punktzahl =

6 Zusammengesetzte Körper

Die Buchstaben werden aus Gips gegossen. Berechne das Gewicht, wenn 1 cm³ Gips 20 g wiegt. Ein Kästchen in der Zeichnung entspricht 0,5 cm.

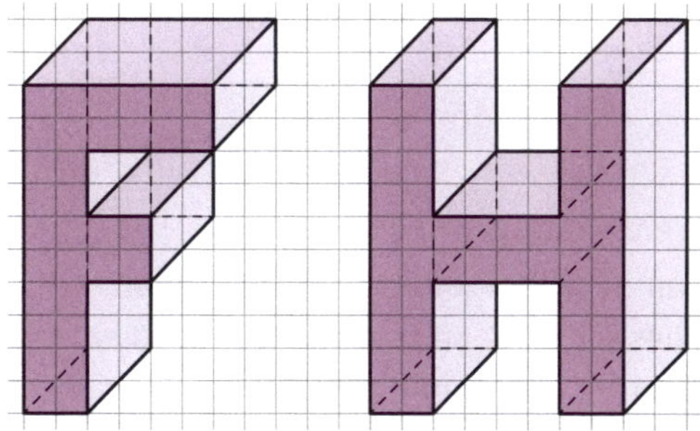

a) Buchstabe F ……………………………

b) Buchstabe H ……………………………

maximale Punktzahl **4** / erreichte Punktzahl =

Kontrolliere deine Ergebnisse mithilfe der Lösungen (Seite 127 / 128), addiere dann die erreichten Punkte.

☐ 31 bis 22 Punkte:  ☐ 21 bis 12 Punkte:  ☐ 11 bis 0 Punkte: 

Gesamtpunktzahl von max. **31**

8 FLÄCHEN & UMFANG

Bei der Berechnung einer Fläche oder eines Umfangs müssen alle Seitenlängen die gleiche Einheit haben!

Quadrat und Rechteck

REGEL

Der **Flächeninhalt A eines Quadrats** mit der Seitenlänge a wird mit der Formel **$A = a \cdot a$** berechnet. Für den **Umfang u des Quadrats** gilt: **$u = 4 \cdot a$**.

Der **Flächeninhalt A eines Rechtecks** mit der Länge a und der Breite b wird mit der Formel **$A = a \cdot b$** berechnet. Für den **Umfang u des Rechtecks** gilt: **$u = 2 \cdot a + 2 \cdot b$**.

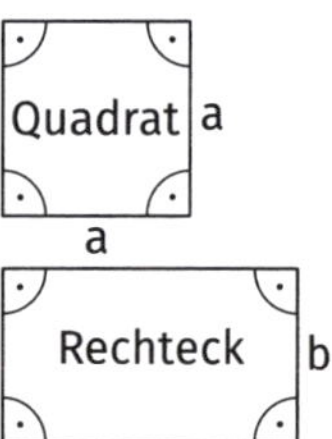

1 **Berechne Flächeninhalt und Umfang der Figuren.**

a) 6,7 cm; 8,5 cm

b) 4,8 m; 15,2 m

c) 9,4 dm; 9,4 dm

....

2 **Weidefläche**

Landwirt Weidemann möchte eine Wiese, die 32,50 m breit und 45,70 m lang ist, einzäunen und seine Kühe darauf weiden lassen.

a) Berechne, wie viel Geld er für den Zaun ausgeben muss, wenn 1 m Zaun 12,50 € kostet.

TIPP

Der Umfang eines beliebigen Vielecks ist immer die Summe aller seiner Seitenlängen. Man kann sich das leicht merken, wenn man „in Gedanken" einmal um die Figur herumläuft.

....

b) Bestimme die Anzahl der Kühe, die er auf die Wiese lassen kann, wenn eine Kuh mindestens 200 m^2 Fläche benötigt.

....

Dreiecke

REGEL

Der **Flächeninhalt A eines beliebigen Dreiecks** wird mit der Formel $A = \frac{1}{2} \cdot g \cdot h$ berechnet (mit der Grundseite g und der Höhe h) bzw. mithilfe einer Seite und der zugehörenden Höhe:
$A = \frac{1}{2} a \cdot h_a$ oder $A = \frac{1}{2} b \cdot h_b$ oder $A = \frac{1}{2} c \cdot h_c$

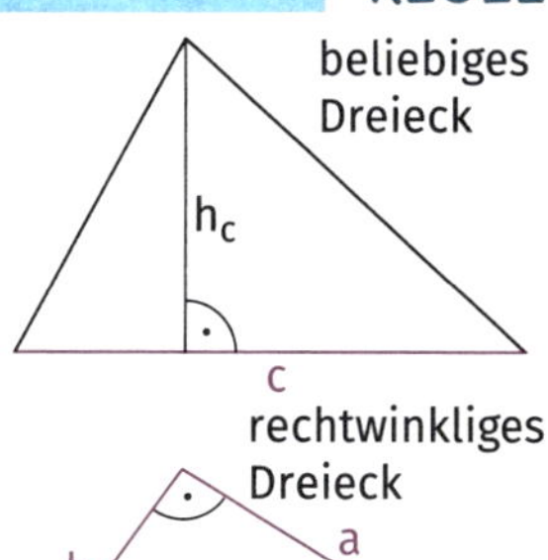

Den **Flächeninhalt eines rechtwinkligen Dreiecks** kann man auch mit der Formel $A = \frac{1}{2} \cdot a \cdot b$ berechnen (mit den rechtwinkligen Seiten a und b).

Für den **Umfang u jedes Dreiecks** gilt: **u = a + b + c.**

Um die **Höhe eines Dreiecks** zu zeichnen, muss man das Geodreieck rechtwinklig zur Grundseite anlegen. Gleichzeitig muss die Kante auf derjenigen Ecke des Dreiecks liegen, die der Grundseite gegenüberliegt. Bei stumpfwinkligen Dreiecken muss man dazu die Grundseite verlängern.

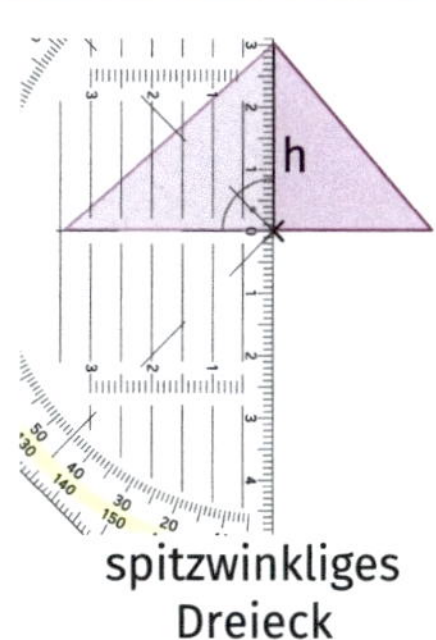

spitzwinkliges Dreieck

3 **Berechne den Flächeninhalt der Dreiecke.**
Entnimm die benötigten Längen der Zeichnung. Überprüfe dein Ergebnis, indem du die Kästchen zählst. Fasse dabei geeignete Bruchteile zu ganzen Kästchen zusammen.
Beachte: Bei stumpfwinkligen Dreiecken kann eine Höhe auch außerhalb des Dreiecks liegen.

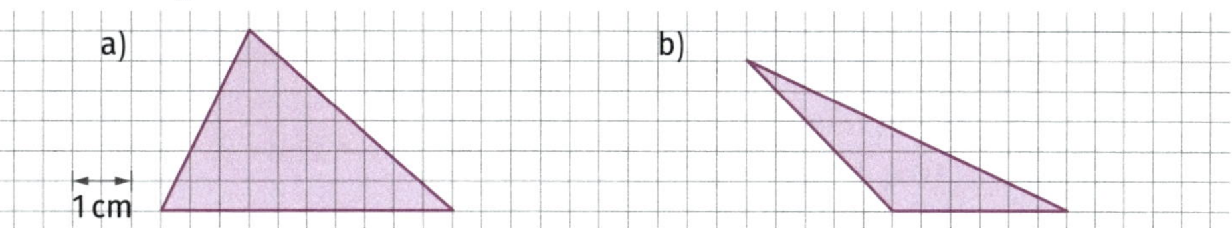

....

....

Parallelogramme

Der **Flächeninhalt A eines Parallelogramms** wird mit der Formel **$A = a \cdot h$** berechnet (mit der Grundseite a und der Höhe h).
Die Höhe h steht immer senkrecht auf der entsprechenden Grundseite.
Für den **Umfang u eines Parallelogramms** gilt:
$u = 2 \cdot a + 2 \cdot b$.

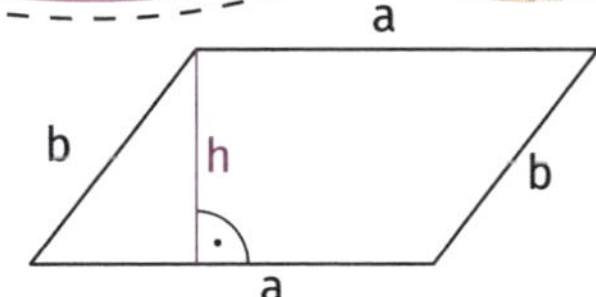

4 **Berechne Flächeninhalt und Umfang der Parallelogramme.**

a)

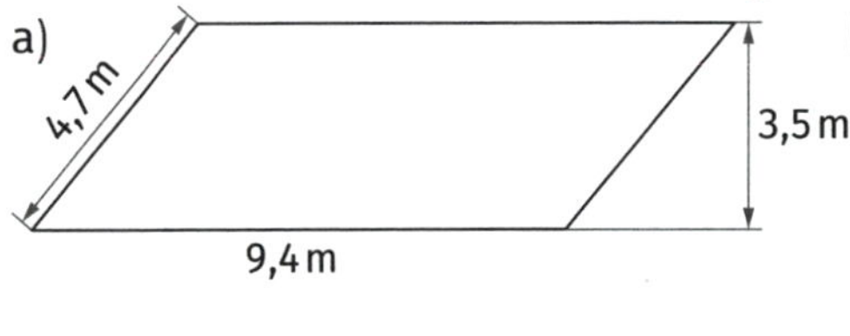

b)

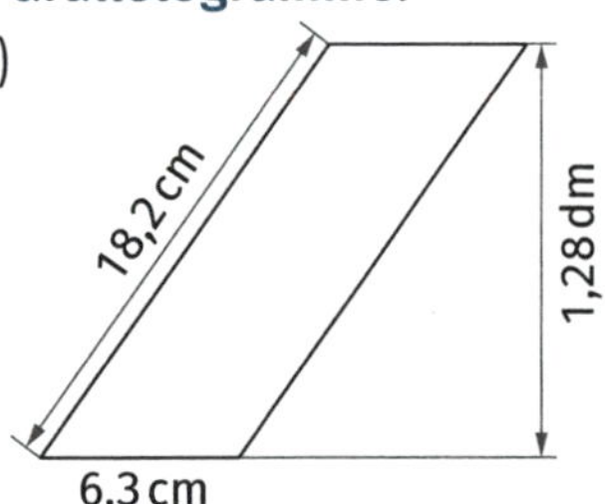

5 **Parallelogramm und Rechteck**
Berechne den Flächeninhalt des Parallelogramms und des Rechtecks. Beschreibe die Auffälligkeit und begründe sie mithilfe der Zeichnung.

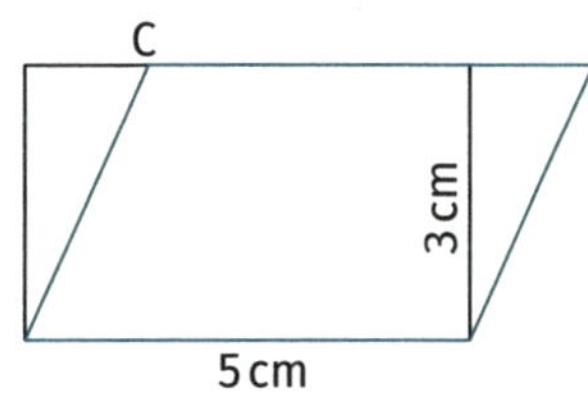

6 **Straßenbau**
Durch einen rechteckigen Acker soll eine 10 m breite Straße gebaut werden. Erstelle eine Skizze mit dem Maßstab 10 m ≙ 1 cm, und miss die benötigten Strecken.
Berechne, wie viele Quadratmeter dem Landwirt verloren gehen.

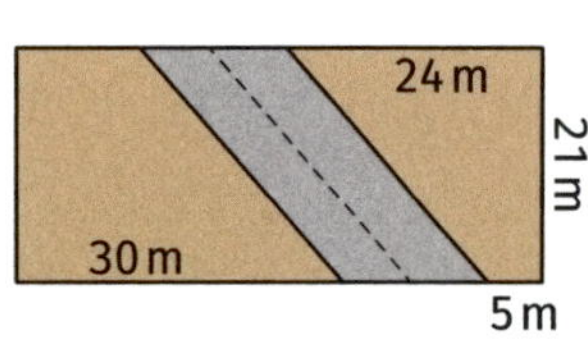

Trapeze

REGEL

Der **Flächeninhalt A** eines **Trapezes** wird mit der Formel $\mathbf{A = \frac{1}{2} \cdot (a + c) \cdot h}$ berechnet (mit der Grundseite a, der Oberseite c und der Höhe h).
Für den **Umfang u** eines Trapezes gilt:
u = a + b + c + d.

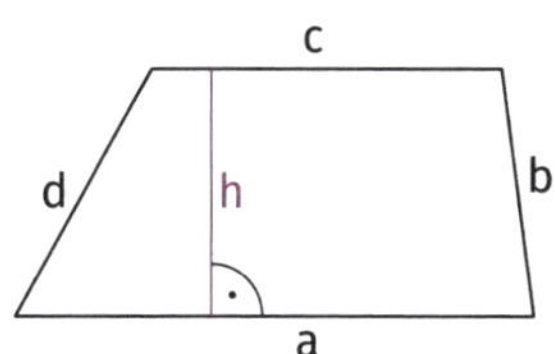

7 **Berechne den Flächeninhalt der Trapeze.** Entnimm die benötigten Längen der Zeichnung. Überprüfe dein Ergebnis, indem du die Kästchen zählst. Fasse dabei geeignete Bruchteile zu ganzen Kästchen zusammen.

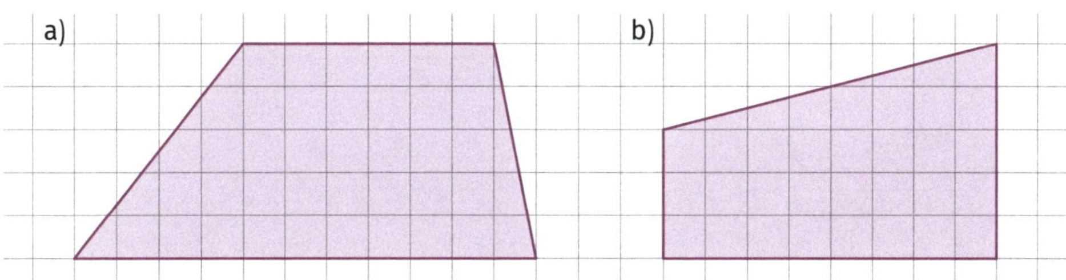

8 **Berechne Flächeninhalt und Umfang der abgebildeten Trapeze.**

a)

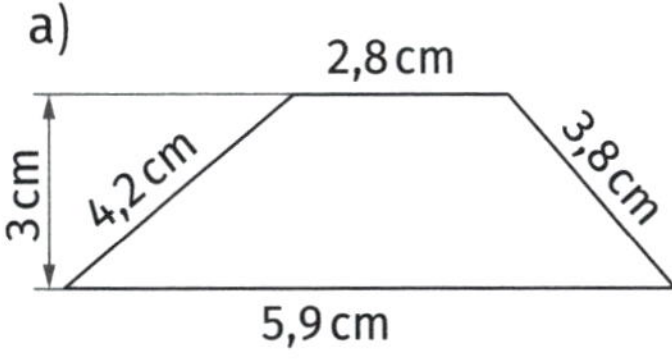

b)

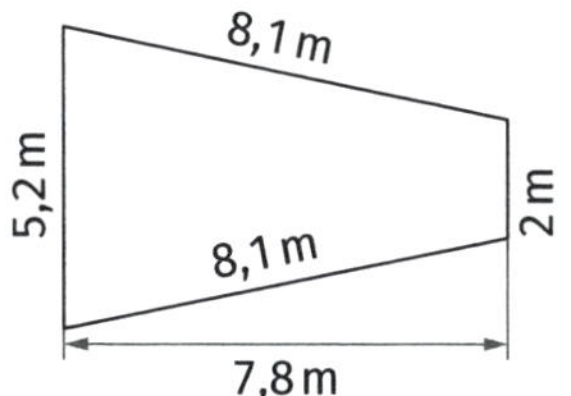

c)

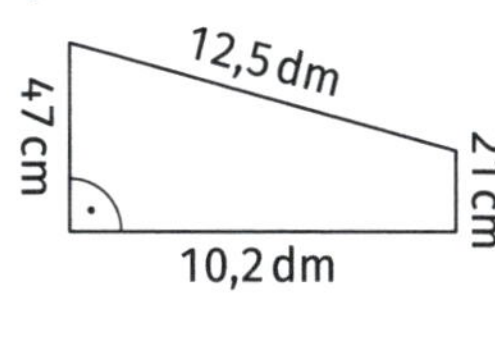

9 **Zum Schutz vor der Flut werden Deiche gebaut.**
Die Abbildung zeigt den Querschnitt eines solchen Deiches.
Berechne die Querschnittsfläche.

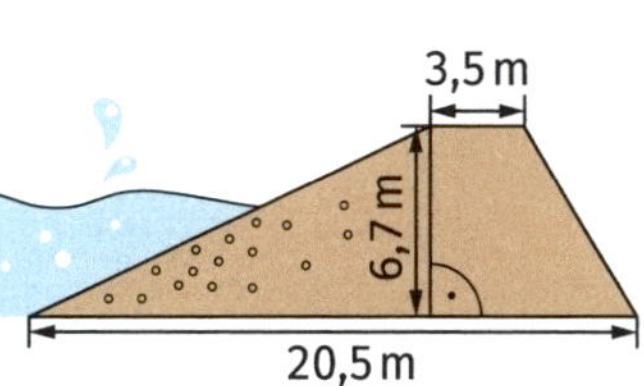

Drachen und Raute

REGEL

Der **Flächeninhalt A eines Drachens** wird mit der Formel **$A = \frac{1}{2} \cdot e \cdot f$** berechnet (mit den Diagonalen e und f).
Für den **Umfang eines Drachens** gilt: **$u = 2 \cdot a + 2 \cdot b$**.
Eine **Raute** ist ein Drachen, in dem alle vier Seiten gleich lang sind. Für den Umfang einer Raute gilt: **$u = 4 \cdot a$**.
Die **Diagonalen** e und f stehen immer senkrecht aufeinander.

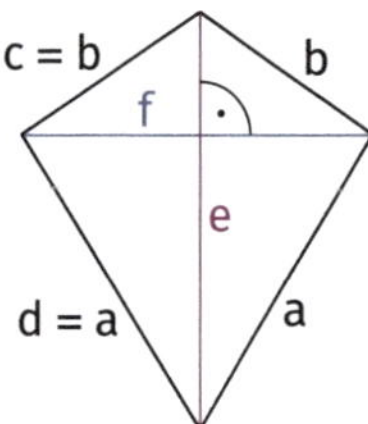

10 **Berechne die Fläche und den Umfang der Drachen.**

a)

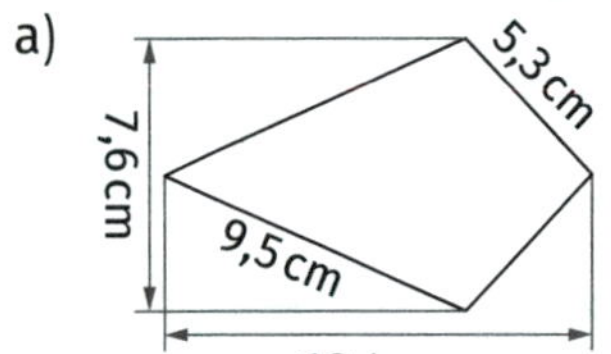

b)

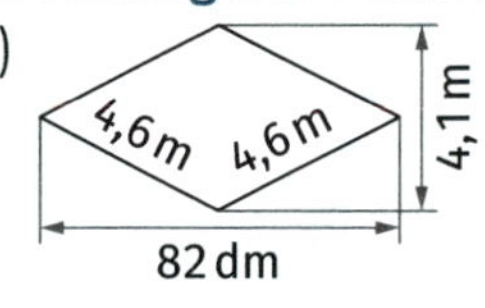

c)

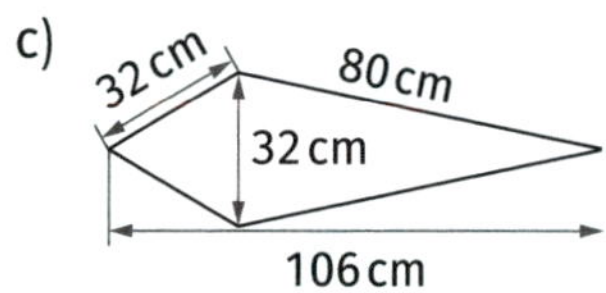

....

11 **Fynn und Sophia möchten Drachen steigen lassen.**

Fynn sagt: „Mein Drachen ist viel größer, weil er 70 cm hoch ist und deiner nur 62 cm.“ Hat Fynn recht, wenn sein Drachen 38 cm breit und Sophias Drachen 45 cm breit ist? Berechne.

....

....

Kreis

REGEL

Der **Flächeninhalt** A eines Kreises wird mit der Formel $\mathbf{A = \pi \cdot r^2}$ berechnet (mit der Zahl $\pi \approx 3{,}14$ – sprich „pi“ – und dem Radius r).
Für den **Kreisumfang** u gilt: $\mathbf{u = 2 \cdot \pi \cdot r}$.
Zur Erinnerung: Der Radius r ist die Strecke vom Mittelpunkt M zum Kreisbogen.
Der doppelte Radius ist der Durchmesser: $d = 2 \cdot r$.

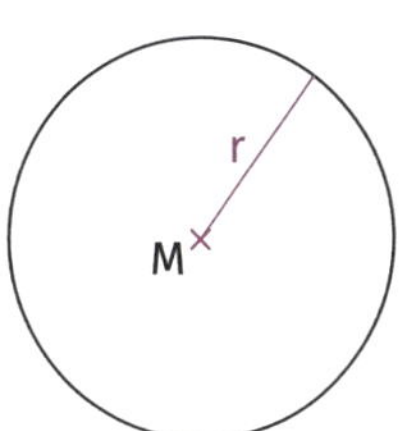

12 **Zeichne einen Kreis mit Radius $r = 2\,cm$ und berechne den Flächeninhalt (mit $\pi \approx 3{,}14$). Überprüfe dein Ergebnis, indem du die Kästchen zählst.**

....

13 **Berechne den Flächeninhalt und den Umfang des Kreises (mit $\pi \approx 3{,}14$).**
a) $r = 5\,cm$ b) $r = 8{,}5\,m$ c) $d = 16\,cm$ d) $d = 36\,mm$

....

....

14 **Berechne** den Flächeninhalt und den Umfang der abgebildeten Figuren. Zeichne zuerst den Radius ein.

....

....

a)
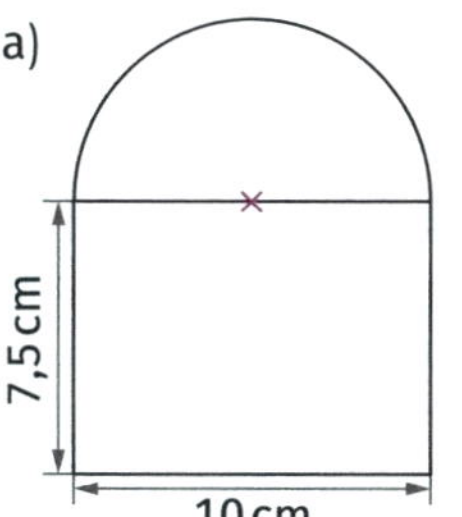

b)
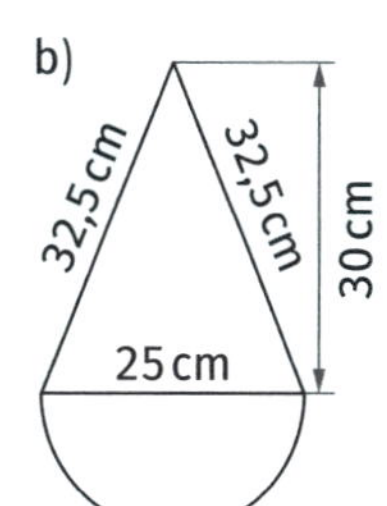

15 **Löcher im Schweizer Käse**
Luka behauptet: „Diese Scheibe Käse besteht ja zur Hälfte aus Löchern.“ Stimmt das? Die Zahlen in den Löchern geben den Durchmesser an.

....

....

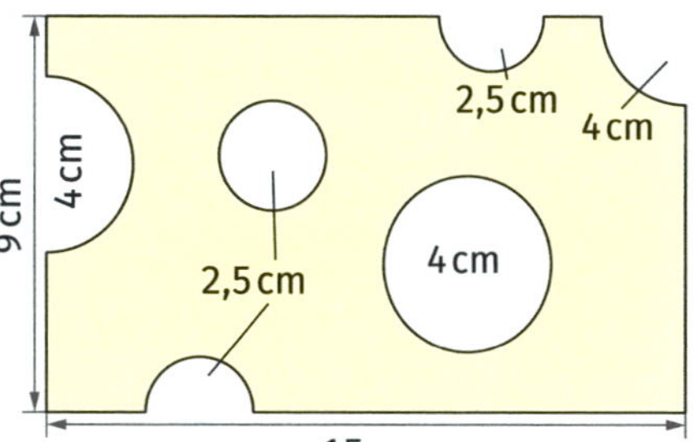

ABSCHLUSSTEST

1 **Die Zeichnung zeigt den Grundriss einer Wohnung.**

a) Berechne die Miete, wenn der Vermieter für 1 m^2 Fläche 7,25 € verlangt?

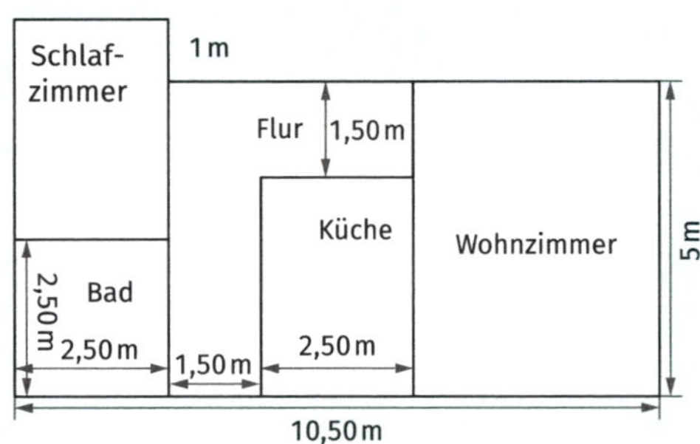

b) Berechne, wie viel m^2 Teppich man braucht, wenn der alte Teppich erneuert werden soll. In Küche und Bad sollen Fliesen gelegt werden.

= erreichte Punktzahl / maximale Punktzahl **8**

2 **Berechne den Flächeninhalt.**

a)

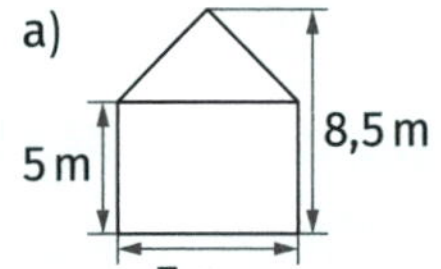

b)

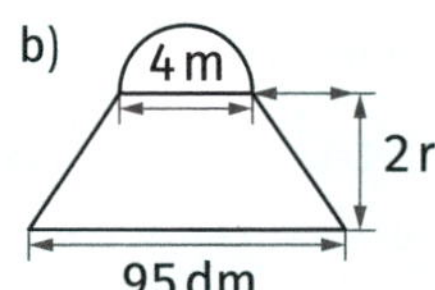

= erreichte Punktzahl / maximale Punktzahl **6**

3 **Zeichne das Vieleck ABCDEF, zerlege es in Teilflächen und bestimme den Flächeninhalt. Miss die benötigten Längen.**

Tipp: Trage zuerst die Hilfslinie AE ein.

A(−2 | 1); B(0 | −1,5); C(2,5 | −1,5); D(5 | 0); E(5 | 2,5); F(2,5 | 4)

= erreichte Punktzahl / maximale Punktzahl **6**

4 **Berechne den Flächeninhalt und den Umfang der farbigen Fläche.**

a)

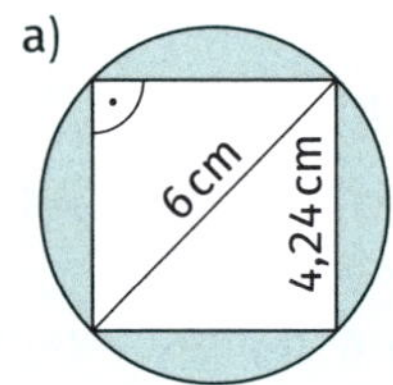

b)

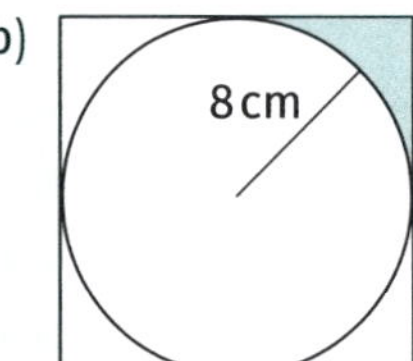

= erreichte Punktzahl / maximale Punktzahl **4**

Gesamtpunktzahl von max. **24**

Kontrolliere deine Ergebnisse mithilfe der Lösungen (Seite 130), addiere dann die erreichten Punkte.

☐ 24 bis 17 Punkte: 

☐ 16 bis 10 Punkte: 
☐ 9 bis 0 Punkte: 

Deine PLAYLIST für jede Lebenslage

Ohne Musik fehlt mir echt was, Leute! Stellt euch mal vor, ihr könntet eine Woche lang keine Musik hören.

PANIK!

Ich liebe es, mir für verschiedene Stimmungen, Launen oder Situationen Playlists zusammenzustellen. Und die dann immer wieder mal mit meinen aktuellen Lieblingssongs auf den neuesten Stand zu bringen.

Ich habe zum Beispiel eine Playlist für richtig sonnig-heiße Sommertage. Und natürlich eine für neblige Winternachmittage, an denen es einfach nicht hell werden will. Eine andere Playlist spiele ich gern beim Sport ab, da hilft mir der Rhythmus durchzuhalten. Und beim Chillen und In-die-Luft-gucken darf der richtige SOUND auch nicht fehlen.

HOL DIR WAS AUF DIE OHREN UND TANZ DIR DEINEN TAG BUNT!

9 SYMMETRIE

Spiegelung an einer Geraden (Achsenspiegelung)

REGEL

Man spiegelt einen **Punkt** P (Urpunkt) an einer Geraden g, indem man das **Lot** von P auf g fällt (→ Seiten 68 und 69) und dann die Strecke von P zum Lotfußpunkt F verdoppelt. Der **Bildpunkt** von P heißt P′. Man spiegelt eine **Gerade** h, indem man zwei beliebige Punkte von h an der Geraden g spiegelt und diese dann zu h′ verbindet.

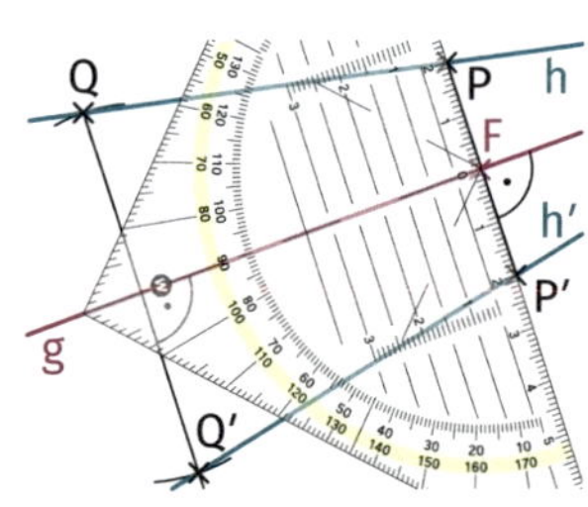

1 **Spiegle die Punkte A, B, C, D, E, F jeweils an den Geraden g und h.**

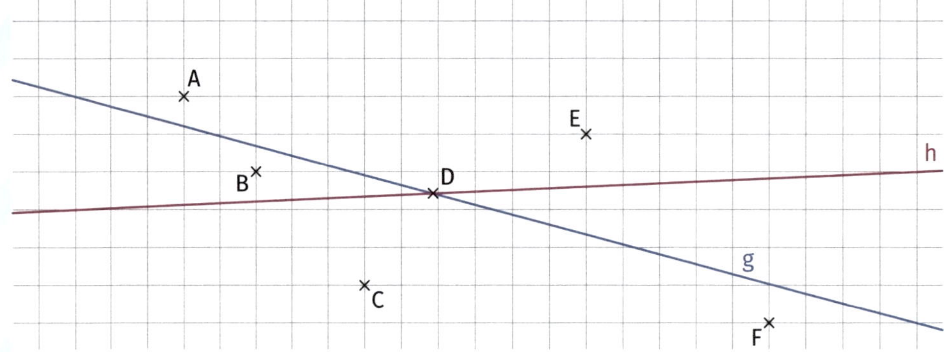

2 **Gegeben sind Punkt und Spiegelpunkt. Zeichne jeweils die Gerade ein, über die gespiegelt wurde.**

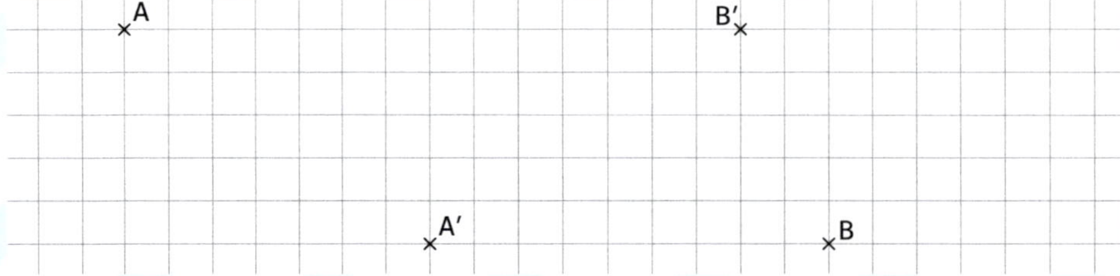

3 **Spiegle die Punkte A(3|3), B(2|1) und C(−1|−2)**

a) an der x-Achse.

A′(……|……), B′(……|……), C′(……|……)

b) an der y-Achse.

A″(……|……), B″(……|……), C″(……|……)

y
x
3
2
1
0
−1
−2
−3
−4
1
2
3

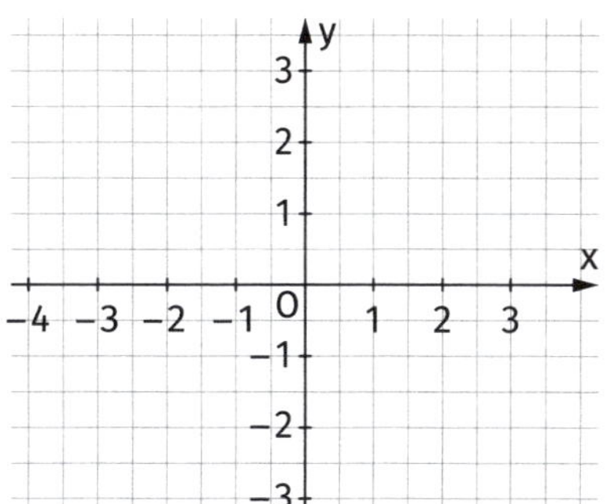

REGEL

Spiegeln einer Figur an einer Geraden

Eine **ebene Figur** wird an einer Geraden gespiegelt, indem man die Eckpunkte spiegelt und diese gespiegelten Eckpunkte entsprechend dem Urbild verbindet.

4 **Spiegle** a) die Figur ABCD an h und b) die Figur EFGH an g. Was fällt auf?

A
B
C
D
E
F
G
H
g
h

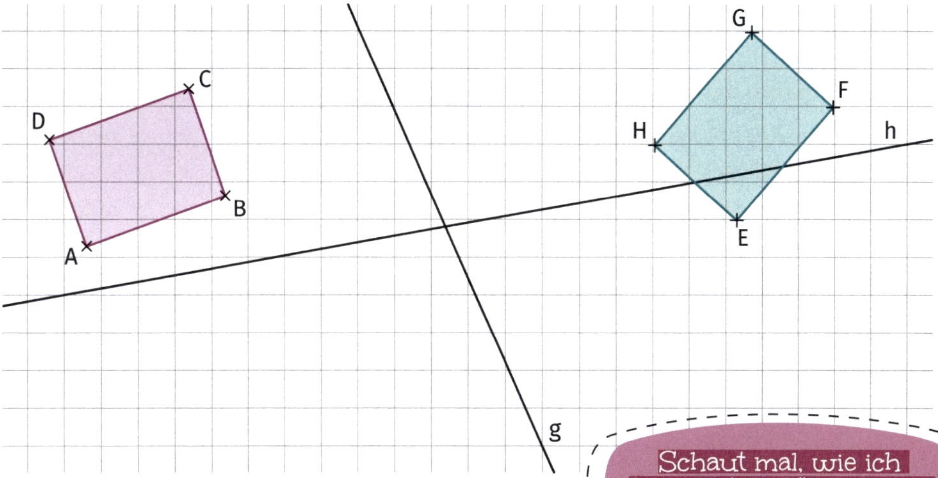

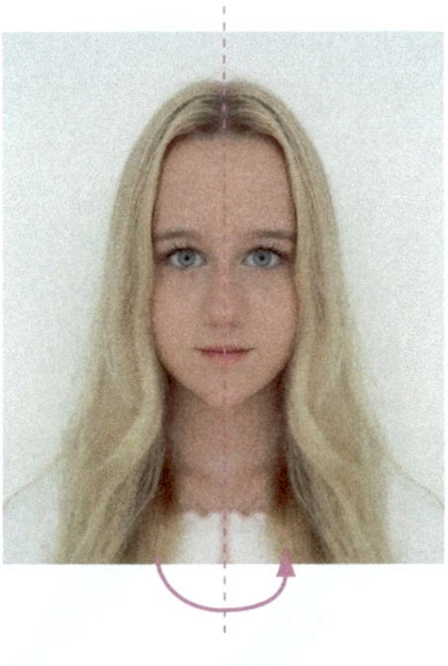

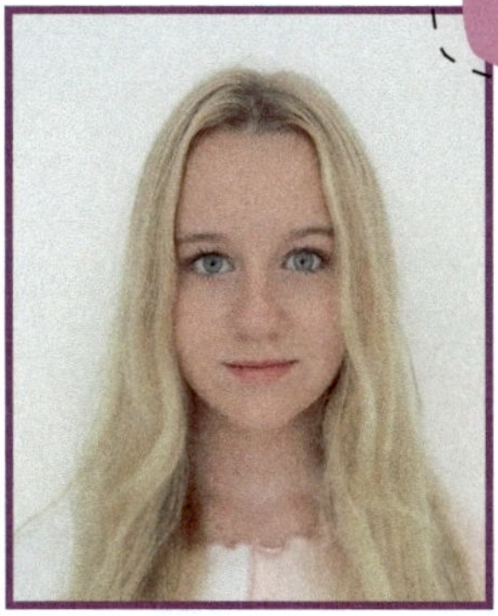

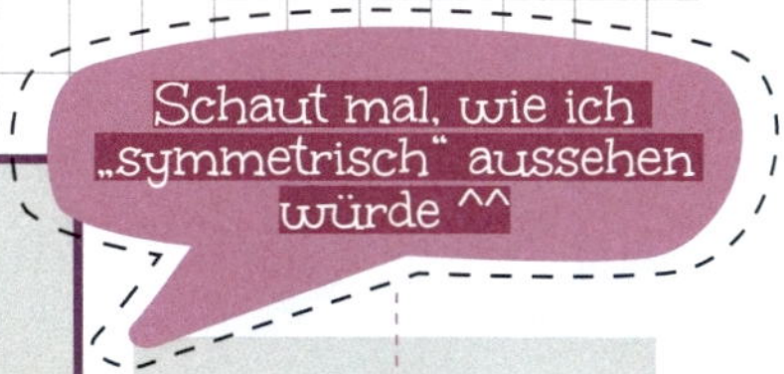

Schaut mal, wie ich „symmetrisch“ aussehen würde ^^

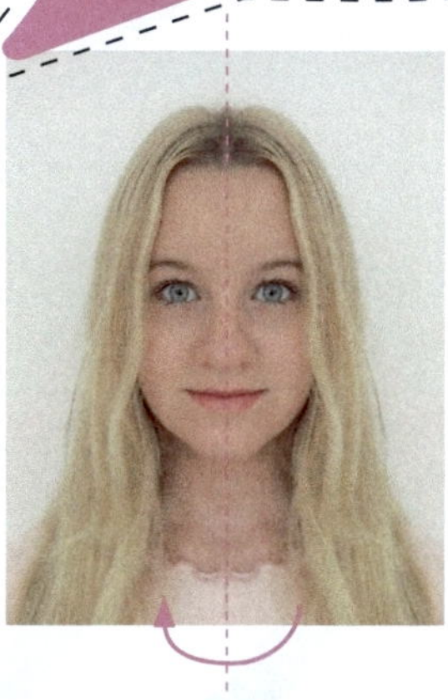

Achsensymmetrische Figuren

REGEL

- Eine Figur ist **achsensymmetrisch**, wenn man sie durch Spiegelung an einer Geraden g **auf sich selbst abbilden** kann.
- Diese Gerade g heißt dann **Symmetrieachse** oder **Spiegelachse**.
- Eine Figur kann **mehrere Symmetrieachsen** haben.
- Achsensymmetrische Figuren kann man auch über Scherenschnitte oder Falten erzeugen.

5 **Zeichne alle vorhandenen Symmetrieachsen ein.**

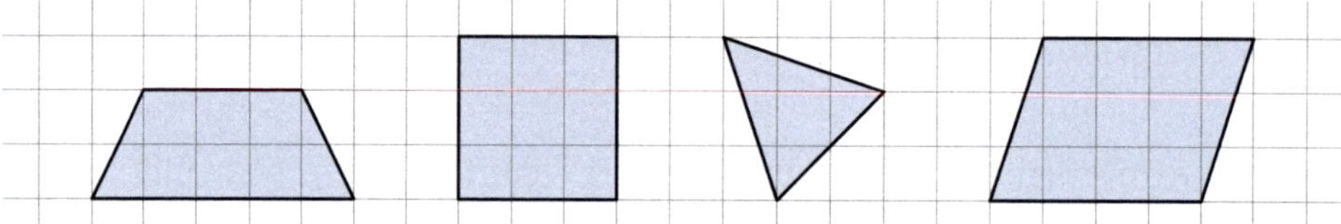

6 **Zeichne bei den achsensymmetrischen Buchstaben die Symmetrieachsen ein und gib ihre Anzahl an.**

Buchstabe	H	A	B	R	S	U	W
Anzahl der Symmetrieachsen							

7 **Vervollständige die Figuren so, dass sie achsensymmetrisch zu den vorgegebenen Achsen sind.**

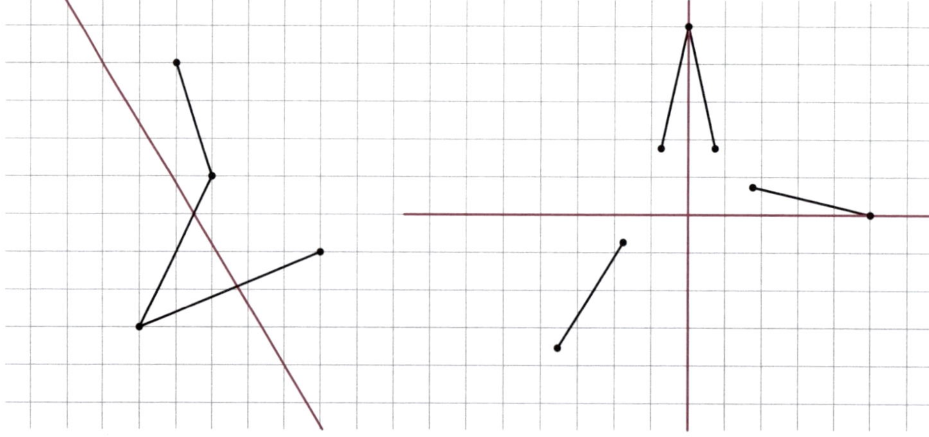

Spiegelung an einem Punkt

REGEL

- Man spiegelt einen **Punkt** P an einem Punkt Z, indem man die Strecke von $\overline{PZ}$ über Z hinaus verdoppelt.
- Der Bildpunkt von P heißt P′. Z ist dann die Mitte der Strecke PP′ und heißt **Zentrum**.

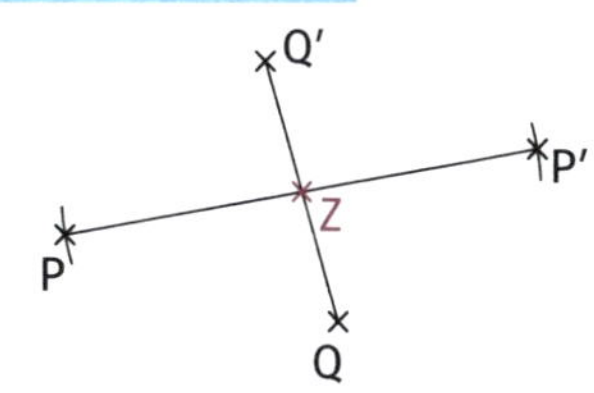

- Um eine **Figur** an einem Punkt zu spiegeln, spiegelt man ihre Eckpunkte.
- Um eine **Gerade** an einem Punkt zu spiegeln, spiegelt man zwei beliebige Punkte der Geraden und verbindet diese zur gespiegelten Geraden.

8 Spiegle die Punkte A, B und C sowie die Gerade g am Zentrum Z.

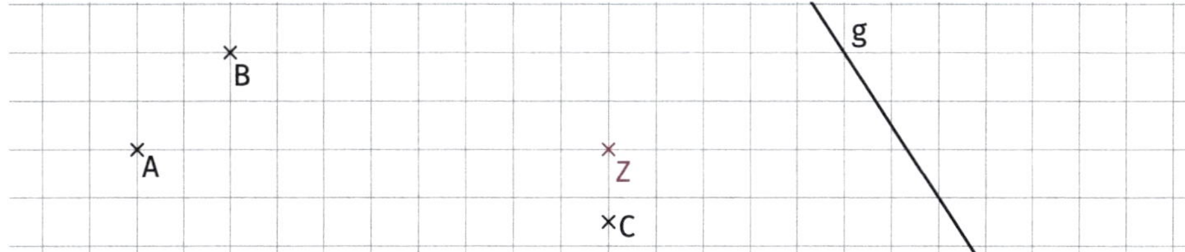

9 Gegeben sind Punkt und Spiegelpunkt. Zeichne jeweils das Zentrum Z ein.

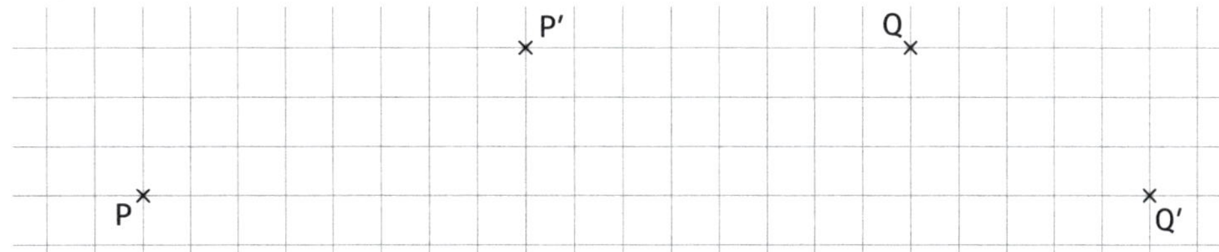

10 Spiegle die Figur ABCD am Zentrum Z_1 und die Figur EFGH am Zentrum Z_2.

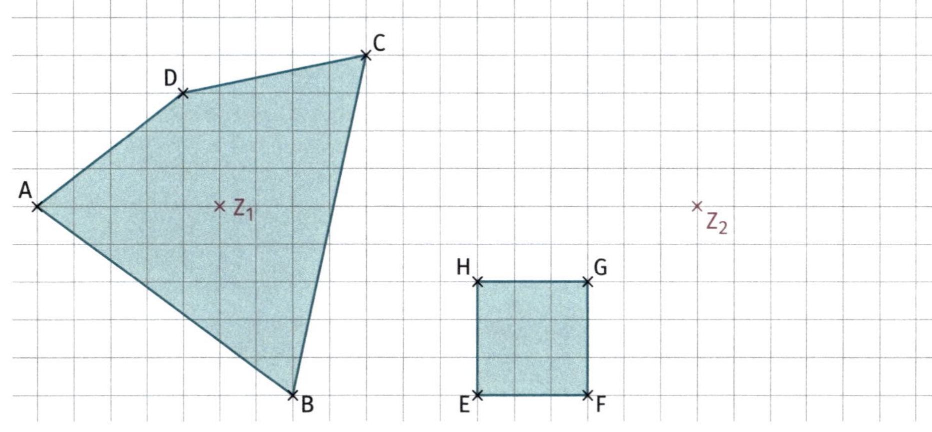

Das-Leben-leichter-mach-Selbst-Orga

*So eine Schulwoche kann ganz schön anstrengend sein …
Aber zum Glück gibt es ein paar Tricks, wie du dir das (Schul-)Leben ein bisschen leichter machen kannst!*

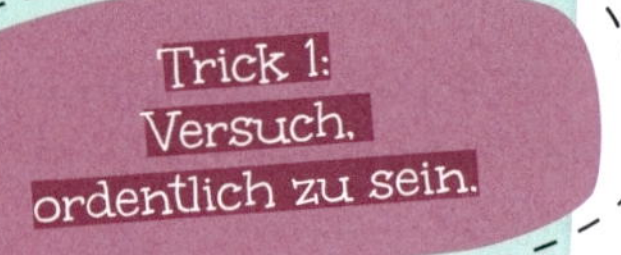

Bring Ordnung in deine Schultasche, packe dieselben Dinge immer an dieselbe Stelle. So siehst du sofort, ob alles an seinem Platz ist oder du etwas vergessen hast.

Lass deinen Schreibtisch nicht zuwachsen mit

- **Krimskrams** (lenkt dich nur ab),
- **Schulzeug** (du findest nicht, was du für die Hausaufgaben vielleicht gerade dringend brauchst) und
- **halbgegessenen Brötchenhälften** (gammeliges Essen nimmt Platz weg und ist irgendwann echt eklig).

In einem aufgeräumten Zimmer kann ich mich besser auf meinen Schulkram konzentrieren, als in einem Klamotten-Zeitschriften-Decken-Kissen-Wo-war-noch-mal-das-Bett?-Haufen.

Trick 2:
Mach deine Hausaufgaben, wenn du von der Schule nach Hause kommst.

Klar, eine kleine Pause mit einem superleckeren Brainfood-Snack muss drin sein.
Aber schieb danach die Hausaufgaben nicht auf. Dann hast du sie erledigt und kannst entspannt und ohne nerviges, schlechtes Gewissen alles tun, wozu du richtig Lust hast.

Trick 3:
Mach's dir in deiner freien Zeit schön – auch an einem Schultag.

Du hast für heute alles für die Schule erledigt – Hausaufgaben gemacht, altes Schulbrot ausgepackt, Tasche für morgen vorbereitet?!

Dann mach was Schönes, wobei du so richtig abschalten und an anderes denken kannst. Ich springe dann zum Beispiel ein paar Runden auf dem Trampolin, gehe mit meiner BFF ein Eis essen oder schnappe mir mein Rad und düse einmal in den Park … Es muss nichts mit WOW und BÄM sein.
Was SCHÖNES für DICH zur BELOHNUNG!

Punktsymmetrische Figuren

REGEL

Eine Figur ist **punktsymmetrisch**, wenn man die Figur durch Spiegelung an einem Zentrum Z auf sich selbst abbilden kann.
Eine Figur kann höchstens **ein Symmetriezentrum** haben.

11 **Zeichne, wenn möglich, das Symmetriezentrum ein.**

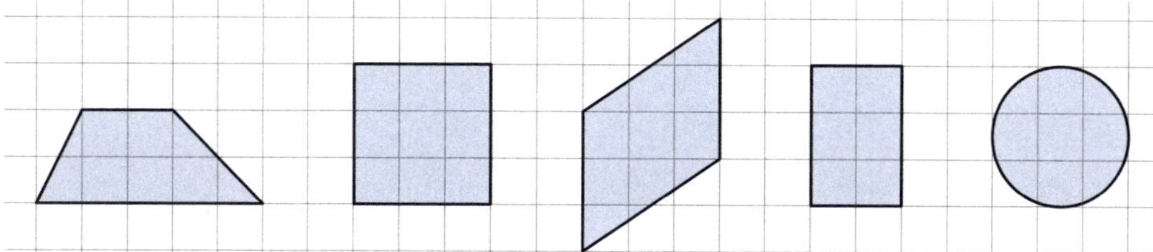

12 **Vervollständige zu punktsymmetrischen Figuren.**

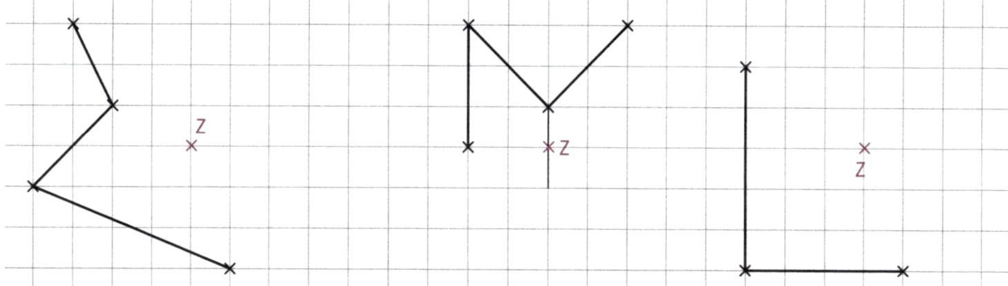

Der Umlaufsinn

REGEL

Der **Umlaufsinn** einer mathematischen Figur heißt **positiv**, wenn die Reihenfolge der Punkte gegen den Uhrzeigersinn verläuft; **negativ**, wenn die Reihenfolge der Punkte im Uhrzeigersinn verläuft.
Üblicherweise ist in der Mathematik der Umlaufsinn immer positiv.

13 **Verändern Punkt- und Achsenspiegelungen den Umlaufsinn einer Figur?**
(Vergleiche dazu die Lösungen zu Aufgabe 4 und 10 auf Seite 132 und 133.)

ABSCHLUSSTEST

1 Untersuche die Buchstaben und Zahlen auf Symmetrie. Zeichne gegebenenfalls die Achsen und das Zentrum ein.

	I	W	O	E	H	S	3
punktsymmetrisch							
achsensymmetrisch							
mehrere Achsen							

= erreichte Punktzahl / maximale Punktzahl **7**

2 Skizziere die Figuren und zeichne, wenn möglich, Symmetrieachsen und Symmetriezentren ein. Fülle dann die Tabelle aus.

Figur	Anzahl der Symmetrieachsen	Punktsymmetrie
Quadrat		
gleichseitiges Dreieck		
Rechteck		
Trapez		
Raute		
Parallelogramm		
Drachen		

= erreichte Punktzahl / maximale Punktzahl **7**

3 **Spiegeleien** a) Spiegle das Dreieck ABC zunächst an g und dann das entstandene Bild an Z. (ABC → A′B′C′ → A″B″C″)

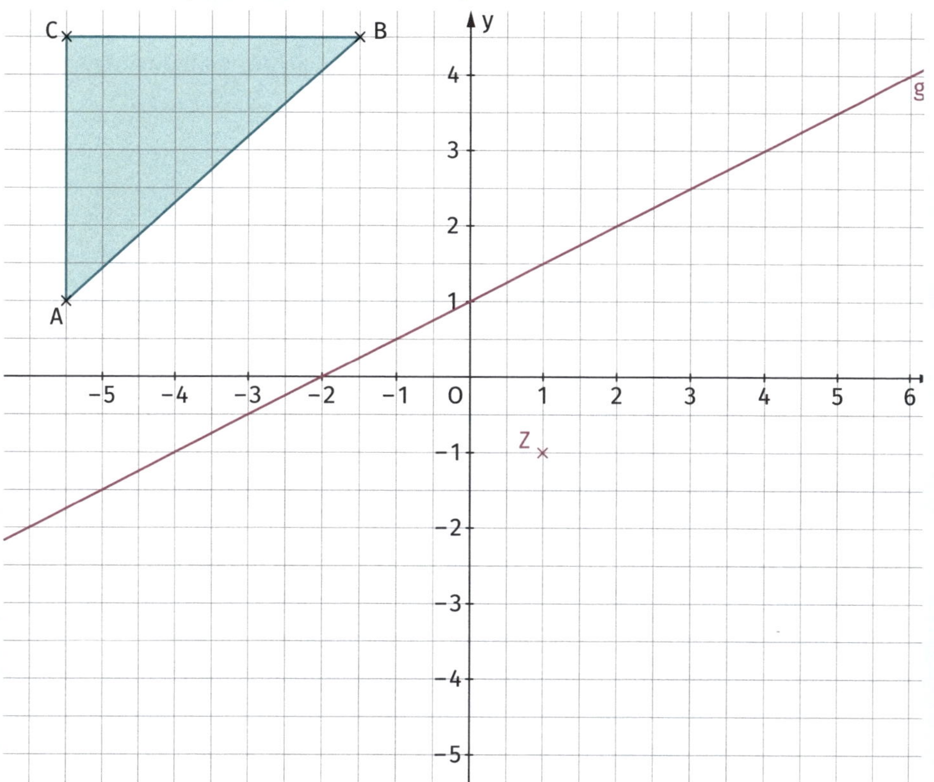

b) Beschreibe, wie der Umlaufsinn des Dreiecks beeinflusst wird.

ABC → A′B′C′: ....

A′B′C′ → A″B″C″: ....

c) Berechne Umfang und Flächeninhalt der Dreiecke und beschreibe die Auffälligkeit. ....

Dreieck	ABC	A′B′C′	A″B″C″
Umfang			
Flächeninhalt			

maximale Punktzahl **14** / erreichte Punktzahl =

Kontrolliere deine Ergebnisse mithilfe der Lösungen (Seite 134 / 135), addiere dann die erreichten Punkte.

☐ 28 bis 20 Punkte:  ☐ 19 bis 11 Punkte:  ☐ 10 bis 0 Punkte:

Gesamtpunktzahl von max. **28**

10 DATEN ERHEBEN UND AUSWERTEN

Grundbegriffe

REGEL

Folgende Begriffe sind wichtig:

- **Zufallsexperiment** – wiederholbarer Vorgang (Befragung, Versuch), bei dem genau eines von mehreren möglichen Ergebnissen auftreten kann
- **zufälliges Ergebnis** – Ausgang eines Zufallsexperiments
- **Ereignis** – alle Ergebnisse eines Zufallsexperiments, die eine bestimmte Eigenschaft besitzen, bilden ein Ereignis
- **Grundmenge** – Menge aller untersuchbaren Personen, Sachen, Vorgänge
- **Stichprobe** – ein Teil der Grundmenge wird danach untersucht, ob sie (die Personen oder Sachen) ein bestimmtes Merkmal aufweisen
- **Stichprobenumfang** – Anzahl der untersuchten Personen, Sachen

Beispiel 1: Befragt werden die Schülerinnen und Schüler einer Schule. Deren Gesamtanzahl wäre die **Grundmenge**. Das **Merkmal**, das untersucht werden soll, ist, wie oft jemand eine Klasse wiederholt hat. Die möglichen **Ergebnisse** sind: gar nicht (null), einmal, zweimal, mehr als zweimal. Befragt man 100 Schülerinnen und Schüler, führt man eine **Stichprobe** durch, der **Stichprobenumfang** ist dann 100. Der Vorgang der Befragung entspricht einem **Zufallsexperiment**, da man im Voraus nicht wissen kann, welche Antwort der Befragte geben wird; er kann nur eine von den vier möglichen Antworten geben (**zufälliges Ergebnis**).

1 **Handelt es sich hier um ein Z zufälliges oder S sicheres Ergebnis?**

a) ☐ die Anzahl der Tage von Ostern bis Pfingsten

b) ☐ die Augenzahl beim Werfen eines Würfels

c) ☐ die gefahrenen Kilometer eines Taxifahrers am Sonntag

d) ☐ die Uhrzeit des Sonnenuntergangs am 30. Mai 2022 in Berlin

e) ☐ das Geschlecht bei der Geburt eines Kindes

f) ☐ die Anzahl der Sekunden in der Minute

2 **Gib bei der Beschreibung der Untersuchung Merkmal, Ergebnisse und Stichprobenumfang an.**

a) In der fünften Jahrgangsstufen wird untersucht, wie viele Schultaschen mehr als 10 kg wiegen. Es werden alle 27 Schülerinnen und Schüler der 5 b und alle 30 Schülerinnen und Schüler der 5 c befragt.

b) Man untersucht, wie viele Fernsehgeräte vierköpfige Familien haben.

c) Um festzustellen, ob ein Würfel gefälscht wurde, wird mit ihm 200-mal gewürfelt.

d) Der Bahnhof in Reutlingen hat drei Bahnsteige. Täglich kommen 35 Züge auf dem Bahnhof an. Man untersucht die Auslastung der einzelnen Bahnsteige, indem man alle dort ankommenden Züge eines Tages notiert.

	Merkmal	Stichprobenumfang	mögliche Ergebnisse
a)			
b)			
c)			
d)			

3 **Gib bei den folgenden Merkmalen die möglichen Ergebnisse so an, dass bei jeder Beobachtung ganz genau ein Ergebnis eintritt** (Intervalle wie zum Beispiel: weniger als 1 Stunde, zwischen 1 und 2 Stunden, ... sind erlaubt):

	Münzen	Schüler/innen im Gymnasium	Schüler/innen in Adorf	Tennisspiele
Merkmal	Lage nach dem Werfen	Art des Verkehrsmittels für den Schulweg	durchschnittlicher Zeitaufwand für die tägliche Hausaufgabe	Anzahl der Sätze bei drei Gewinnsätzen
Ergebnisse				

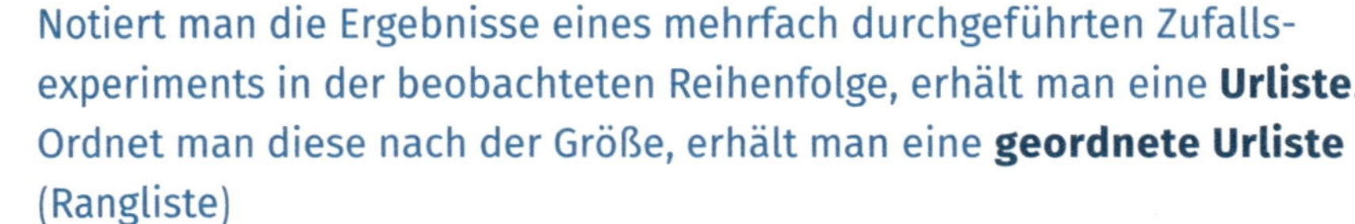

REGEL

- Notiert man die Ergebnisse eines mehrfach durchgeführten Zufallsexperiments in der beobachteten Reihenfolge, erhält man eine **Urliste**. Ordnet man diese nach der Größe, erhält man eine **geordnete Urliste** (Rangliste)
- In einer **Strichliste** wird über Striche dargestellt, wie oft die Ergebnisse bei dem mehrmaligen Zufallsexperiment auftraten.
- Als Zahl geschrieben erhält man aus der Strichliste die **absolute Häufigkeit**. Sie gibt an, wie oft jeder Listenwert (jedes Ergebnis) vorkommt.
- Teilt man die absolute Häufigkeit durch den Stichprobenumfang, erhält man die **relative Häufigkeit** eines Ergebnisses. Sie wird oft in Prozent angegeben.

Beispiel 2: Annika kommt auf ihrem Schulweg an fünf Ampeln vorbei. Sie notiert die Anzahl der roten Ampeln an 15 Tagen.
Merkmal: Anzahl der roten Ampeln; Ergebnisse: 0, 1, 2, 3, 4, 5;
Stichprobenumfang: 15
Urliste: 5, 3, 3, 3, 2, 0, 1, 5, 3, 3, 2, 4, 4, 3, 3,
Strichliste und Häufigkeitstabelle:

Ergebnis	0	1	2	3	4	5
Anzahl	I	I	II	~~IIII~~ I	II	II
absolute Häufigkeit	1	1	2	6	2	2
relative Häufigkeit	$\frac{1}{15}$	$\frac{1}{15}$	$\frac{2}{15}$	$\frac{6}{15}$	$\frac{2}{15}$	$\frac{2}{15}$

4 **Erstelle aus der Urliste eine Strichliste und Häufigkeitstabelle.**

a) Alis Noten in Mathematik: 1, 2, 2, 1, 4, 5, 1, 2, 3, 3, 3, 4, 1, 5, 5, 1, 2, 3, 2, 3

Ergebnis	1	2	3	4	5	6
Anzahl						
absolute Häufigkeit						
relative Häufigkeit						

b) Preis einer Brezel bei den Bäckern einer Stadt (in Cent): 55, 56, 60, 55, 58, 55, 55, 58, 59, 60, 60, 60, 58, 55, 55, 60, 60, 58, 59, 60

Ergebnis						
Anzahl						
absolute Häufigkeit						
relative Häufigkeit						

Pimp your Smartphone

HANDYHÜLLE AUS FILZ

Als ich vor ein paar Jahren mein erstes Smartphone bekommen habe, bin ich einigermaßen ausgeflippt. Ich durfte zwar zu Beginn noch nicht alle Funktionen nutzen, das hat mich aber kein bisschen gestört. Inzwischen ist mein Smartphone fester Teil meines Alltags (zum Beispiel für eure Shout-outs of the Day 😛).*

Hier kommt eine spitzen DIY-Idee, wie du deinen Mini-Computer ganz nach deinem Geschmack aufpeppen kannst:

1

Schneide **Filz in deiner Lieblingsfarbe zweimal** in der **Größe deines Handys + 1 cm** zu. Den Rand brauchst du, um die Hülle gut zusammenkleben zu können. Der große Vorteil von Filz ist, dass du ihn kleben kannst und nicht unbedingt eine Nähmaschine benutzen musst.

2

Bemale die Außenseiten mit **Textilfarben**, zum Beispiel mit Mustern oder einem kleinen Motiv (Textilfarben bekommst du im Bastelladen). Lass die Farbe gut trocknen. Je nach Hersteller musst du die Farbe noch mit einem Bügeleisen fixieren. Leg in diesem Fall unbedingt ein Tuch über den Filz, damit du nicht direkt auf dem Filz bügelst! Das würde deine Handyhülle nicht ohne Schaden überstehen. Du kannst den Filz natürlich auch unbemalt lassen.

3

Nun geht's ans Kleben: Alles- oder Textilkleber am Rand von zwei langen und einer schmale Seite auftragen, beide Teile aufeinanderlegen und andrücken. Das Ganze gut durchtrocknen lassen – da lohnt sich ein bisschen Geduld. Du kannst die Hülle zum Beispiel über Nacht, mit einem Buch oder Gegenstand beschwert, trocknen lassen.

Und dann: **Ready to use!**

* Ich kann auch sehr gut ohne – eine Smartphone-Pause am Tag muss drin sein. Dann liegt's außer Sicht- und Hörweite und ich bin einfach mal so unterwegs.

Häufigkeiten grafisch darstellen

REGEL

Als Beispiel dient eine Untersuchung, bei der sechs Personen befragt wurden, dabei trat das Merkmal a zweimal, b dreimal und c einmal auf. Die absoluten Häufigkeiten sind hier unterschiedlich dargestellt:

	Beschreibung	Beispiel	Vorteil/Nachteil
Tabelle	* sinnvolle Auflistung (zum Beispiel der Größe nach) * Ergebnisse und die dazugehörige Häufigkeiten werden aufgelistet	Ergebnis: a, b, c absolute Häufigkeit: 2, 3, 1	* nach Abzählen der Strichliste kein weiterer Schritt notwendig * nicht sehr übersichtlich * Größenverhältnisse nicht auf einen Blick erkennbar
Piktogramm	* Die Größen, hier die absoluten Häufigkeiten, werden durch Bildsymbole dargestellt. * Man wählt dem Problem nahe Symbole, die auch nur anteilig gezeichnet werden können	a: 2 Symbole b: 3 Symbole c: 1 Symbol	* anschaulich * auf einen Blick erkennbar * meist relativ ungenau, da feine Unterschiede nicht sichtbar werden
Kreisdiagramm	* Stichprobenumfang entspricht dem Vollkreis * Kreissektoren entsprechen im Verhältnis den Ergebnissen	c, a, b	* Aufteilung und Größenvergleich auf einen Blick sichtbar. * sehr übersichtlich * nur bei wenigen verschiedenen Ergebnissen sinnvoll, sonst wird das Kreisdiagramm unübersichtlich
Säulendiagramm	* Die vorkommende Ergebnisse werden auf der x-Achse aufgelistet. * Die Höhe der Säulen entspricht den Häufigkeiten.	y, 3, 2, 1, x, a, b, c	* sehr übersichtlich * Vergleich und Größenverhältnisse sind gut sichtbar * etwas größerer Arbeitsaufwand als bei der Tabelle * keine großen Nachteile

Erstellung eines Kreisdiagramms: Der Vollwinkel von 360° entspricht allen Beobachtungen (hier: 360° ≙ 6 Personen); die Kreissegmente entsprechen den (relativen) Anteilen, also hier:

$a \triangleq \frac{2}{6}$ von $360° = \frac{2}{6} \cdot 360° = 120°$; $b = \frac{3}{6} \cdot 360° = 180°$; $c = \frac{1}{6} \cdot 360° = 60°$

5 **Bei einer Verkehrsbefragung erhält man folgende Strichliste:**

Fahrten zu oder von der Arbeitsstätte (z)	beruflich bedingte Fahrt (a)	private Fahrten (p)	Sonstiges (s)
𝍸 𝍸 𝍸 𝍸 III	𝍸 𝍸 𝍸 𝍸 𝍸 𝍸 I	𝍸 II	𝍸

Zeichne dazu ein Kreis- und ein Säulendiagramm.

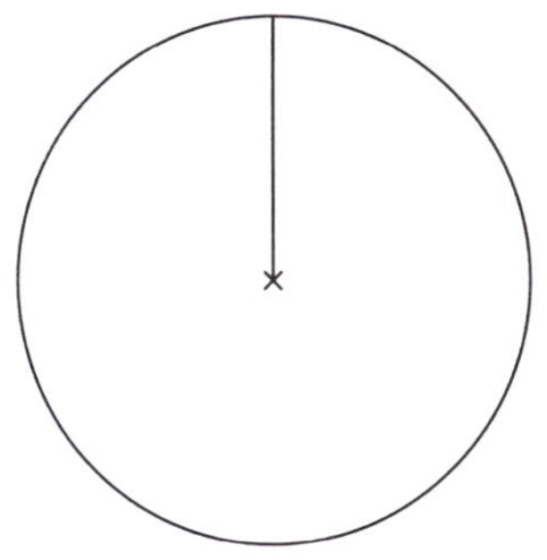

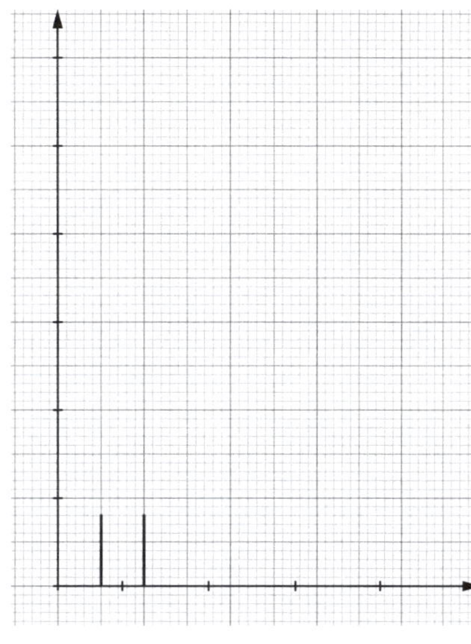

TIPP

Berechne die Winkel mit dem Taschenrechner und runde die Werte.

Like! Zeit für einen Mavie-Sticker!

Statistische Kennwerte und Boxplots

REGEL

Statistische Kenngrößen

- **Das arithmetische Mittel Ø** (Mittelwert, Durchschnitt) wird berechnet, indem man alle Werte der Ergebnisse addiert und durch den Stichprobenumfang dividiert. Dabei müssen die Ergebnisse Zahlenwerte sein. Etwas schneller geht die Berechnung meist über die Summen der Produkte aus absoluter Häufigkeit mal Ergebnis (siehe Beispiel).
- Bei einer geordneten Urliste (Rangliste) heißt bei ungeradem Stichprobenumfang der in der Mitte liegende Wert **Median** bzw. **Zentralwert**. Bei geradem Stichprobenumfang liegt der Median in der Mitte der beiden mittleren Ergebnisse a und b. Der Median ist dann: $\frac{1}{2} \cdot (a + b)$.
- Der **Modalwert** ist der am häufigsten vorkommende Wert, also der Wert, bei dem die absolute Häufigkeit ihren größten Wert annimmt. Nehmen mehrere Ergebnisse diesen größten Wert an, gibt es mehrere Modalwerte.

Beispiel 3: Urliste der Ergebnisse beim 10-maligen Würfeln: 1, 4, 4, 3, 6, 2, 1, 2, 4, 3; Stichprobenumfang: 10

arithmetisches Mittel: Ø $= (1 + 4 + 4 + 3 + 6 + 2 + 1 + 2 + 4 + 3) : 10 = 30 : 10 = \mathbf{3}$

Ergebnis	1	2	3	4	5	6
absolute Häufigkeit	2	2	2	3	0	1

oder: Ø $= (1 \cdot 2 + 2 \cdot 2 + 3 \cdot 2 + 4 \cdot 3 + 6 \cdot 1) : 10 = 30 : 10 = \mathbf{3}$

Median: geordnete Urliste: 1, 1, 2, 2, 3, | 3, 4, 4, 4, 6; $\frac{1}{2} \cdot (3 + 3) = \mathbf{3}$

Modalwert: Der am häufigsten (3-mal) vorkommende Wert ist die **4**.

6 **An zwölf aufeinanderfolgenden Tagen wird in A-Dorf die Tagestiefsttemperatur gemessen:**

A-Dorf: −5 °C; −6 °C; −4 °C; 0 °C; −3 °C; 0 °C; 0 °C; −1 °C; 3 °C; 7 °C; 5 °C; 5 °C

Erstelle eine geordnete Urliste und fülle dann die Tabelle aus.

A-Dorf: ....

	arithmetisches Mittel	Median	Modalwert
A-Dorf			

REGEL

Ein Boxplot ist ein Kennwertdiagramm, das die Verteilung der Daten einer Urliste veranschaulicht. Die **Kennwerte** eines Boxplots muss man mithilfe einer geordneten Urliste (= Rangliste) bestimmen. Diese Kennwerte sind:

- **Maximum x_{max}** und **Minimum x_{min}** der geordneten Urliste.
- **Zentralwert z** bzw. **Median** der geordneten Urliste (siehe Seite 104)
- **unteres Quartil q_u**: Man muss die Zahl n der Ranglistenwerte mit $\frac{1}{4}$ multiplizieren. Ist das Ergebnis ganzzahlig, ist dies der Platz des unteren Quartils in der geordneten Urliste. Ansonsten kann man den Wert auf dem nächsthöheren Rangplatz nehmen.
- **oberes Quartil q_o**: Man muss die Zahl n der Ranglistenwerte mit $\frac{3}{4}$ multiplizieren. Ist das Ergebnis ganzzahlig, ist dies der Platz des oberen Quartils in der geordneten Urliste. Ansonsten kann man den Wert auf dem nächsthöheren Rangplatz nehmen.

(Hinweis: Alternativ kann man bei der Bestimmung der Quartile auch den Mittelwert aus dem Wert auf dem errechneten und dem Wert auf dem nächsthöheren Rangplatz nehmen.)

Die Box markiert den Bereich, in dem sich mindestens die Hälfte aller Werte der Urliste befinden.

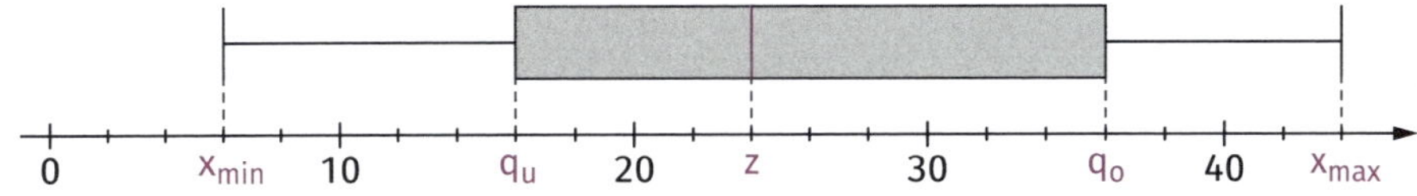

Beispiel 4: Die Kennwerte der Urliste aus Beispiel 3 sind:
Zentralwert z (= Median) = 3; $x_{min} = 1$; $x_{max} = 6$

Wegen $10 \cdot \frac{1}{4} = 2{,}5$ steht das untere Quartil am 3. Platz der geordneten Urliste:
1, 1, 2, 2, 3, 3, 4, 4, 4, 6. Es ist also: $q_u = 2$

Wegen $10 \cdot \frac{3}{4} = 7{,}5$ steht das obere Quartil am 8. Platz der geordneten Urliste:
1, 1, 2, 2, 3, 3, 4, 4, 4, 6. Es ist also: $q_o = 4$

Der zugehörige Boxplot sieht somit so aus:

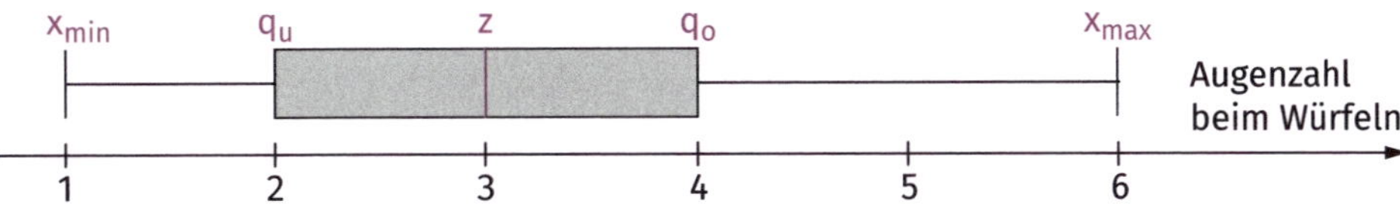

ABSCHLUSSTEST

1 **Bei einer Umfrage, wie viele Fernsehgeräte pro Haushalt vorhanden sind, ergab sich in der Maierstraße folgende Urliste:**

0; 1; 1; 3; 1; 1; 4; 2; 2; 3; 1; 3; 0; 0; 3; 2; 4; 1; 2; 0.

a) Wie hoch war der Stichprobenumfang? ……………………………

b) Welches Merkmal wurde untersucht? ……………………………

c) Welche Ergebnisse traten bei der Untersuchung auf? ……………………………

……………………………

d) Erstelle eine Tabelle der absoluten Häufigkeiten.

e) Gib den Mittelwert an. ……………………………

f) Berechne den Zentralwert. ……………………………

g) Gib den Modalwert an. ……………………………

= erreichte Punktzahl / maximale Punktzahl **7**

2 **Erstelle für die Datenreihe aus Aufgabe 1 einen Boxplot.**

= erreichte Punktzahl / maximale Punktzahl **4**

3 **Vervollständige die Darstellungen in der Tabelle.**

a) Ergebnisse beim Fußballspiel nach 30 Spielen: Sieg (s); Unentschieden (u), Verlieren (v)

b) Anzahl der Augenzahlen beim 40-maligem Werfen eines Würfels

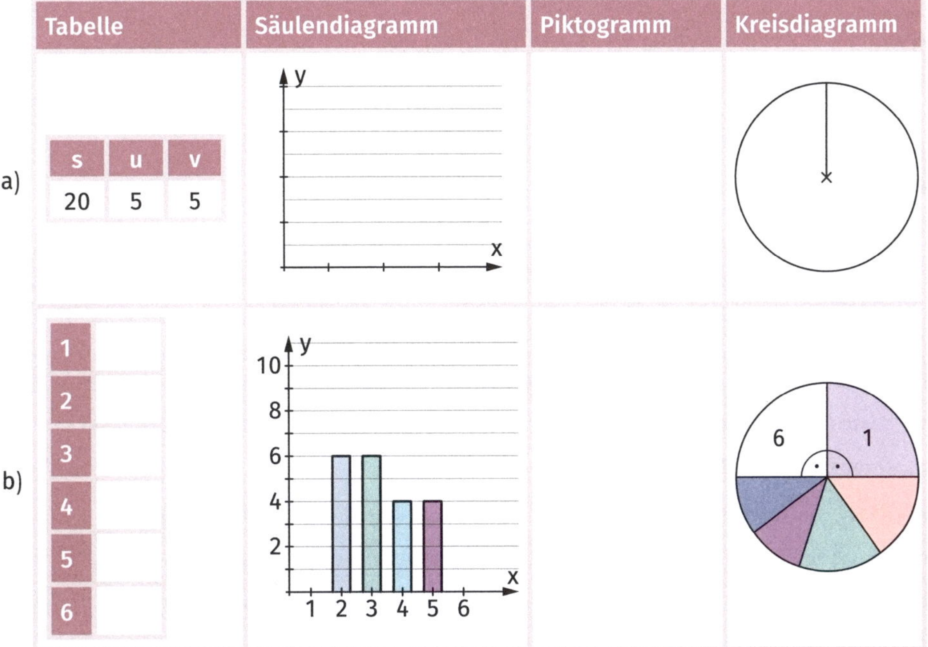

	Tabelle	Säulendiagramm	Piktogramm	Kreisdiagramm
a)	s: 20 u: 5 v: 5			
b)	1: 2: 3: 4: 5: 6:			

maximale Punktzahl **6** / erreichte Punktzahl =

4 Die Schülerinnen und Schüler der Klasse 6 a machen einen Ausflug und spielen Minigolf. Beim Minigolf zählt jeder Schlag als Punkt. Das Diagramm zeigt die Ergebnisse der Klasse 6 a nach der ersten Bahn.

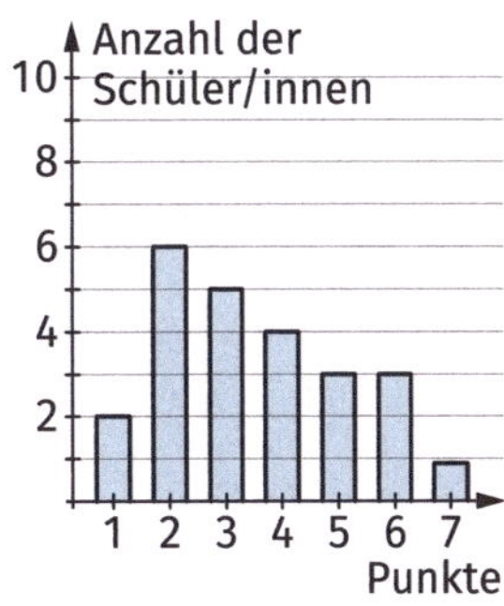

a) Wie viele Jugendliche gehen in die Klasse 6 a?

b) Wie groß war die durchschnittliche Punktzahl auf dieser Bahn? (Runde auf die erste Dezimale.)

c) Erstelle anhand des Diagramms eine geordnete Urliste und den zugehörigen Boxplot.

maximale Punktzahl **3** / erreichte Punktzahl =

Kontrolliere deine Ergebnisse mithilfe der Lösungen (Seite 137 / 138), addiere dann die erreichten Punkte.

 ☐ 20 bis 14 Punkte:  ☐ 13 bis 8 Punkte:  ☐ 7 bis 0 Punkte: 

Gesamtpunktzahl von max. **20**

LÖSUNGEN

KAPITEL 1: RECHNEN MIT BRÜCHEN

Seite 6

1 a) $\frac{3}{7}$ b) $\frac{5}{8}$ c) $\frac{8}{24}$ d) $\frac{6}{16}$

2 Anteil der Mädchen = $\frac{20}{32}$; Anteil der Jungen = $\frac{12}{32}$.

Seite 7

3 Es gibt mehrere Lösungsmöglichkeiten.

a) 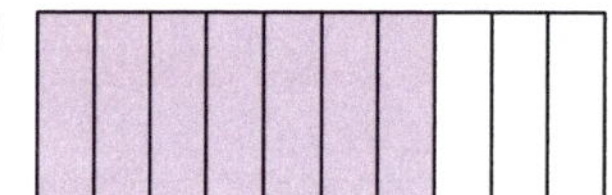 b) c)  d)

4 a) $\frac{2}{5}$ von 150 Bäumen = 2 · (150 Bäume : 5) = 2 · 30 Bäume = 60 Bäume

b) $\frac{4}{7}$ von 56 Kindern = 4 · (56 Kinder : 7) = 4 · 8 Kinder = 32 Kinder

c) $\frac{3}{4}$ von 80 € = 3 · (80 € : 4) = 3 · 20 € = 60 €

d) $\frac{3}{8}$ von 64 Autos = 3 · (64 Autos : 8) = 3 · 8 Autos = 24 Autos

5 a) $\frac{5}{8}$t = $\frac{5}{8}$ von 1000 kg = 625 kg

b) $\frac{3}{5}$kg = $\frac{3}{5}$ von 1000 g = 600 g

c) $\frac{2}{3}$h = $\frac{2}{3}$ von 60 min = 40 min

d) $\frac{1}{8}$km = $\frac{1}{8}$ von 1000 m = 125 m

e) $\frac{1}{4}$min = $\frac{1}{4}$ von 60 s = 15 s

f) $\frac{1}{5}$m = $\frac{1}{5}$ von 10 dm = 2 dm

g) $\frac{2}{5}$m² = $\frac{2}{5}$ von 100 dm² = 40 dm²

h) $\frac{3}{8}$l = $\frac{3}{8}$ von 1000 ml = 375 ml

i) $\frac{3}{4}$Jahr = $\frac{3}{4}$ von 12 Monaten = 9 Monate

j) $\frac{1}{2}$cm³ = $\frac{1}{2}$ von 1000 mm³ = 500 mm³

Seite 9

6 a) $\frac{8}{3} = 2\frac{2}{3}$ b) $\frac{3}{2} = 1\frac{1}{2}$ c) $\frac{12}{5} = 2\frac{2}{5}$ d) $\frac{19}{8} = 2\frac{3}{8}$

7 a) $1\frac{1}{4} = \frac{5}{4}$ b) $2\frac{1}{2} = \frac{5}{2}$ c) $5\frac{3}{8} = \frac{43}{8}$ d) $12\frac{2}{5} = \frac{62}{5}$

8 a) $3\frac{1}{2}$t = 3 t + $\frac{1}{2}$t = 3500 kg

b) $5\frac{3}{4}$l = 5 l + $\frac{3}{4}$l = 5750 ml

c) $2\frac{3}{4}$h = 2 h + $\frac{3}{4}$h = 165 min

d) $4\frac{2}{5}$km = 4 km + $\frac{2}{5}$km = 4400 m

Seite 10

9 a) $\frac{2}{3}$ mit 4; $\frac{2}{3} = \frac{2 \cdot 4}{3 \cdot 4} = \frac{8}{12}$ b) $\frac{3}{5}$ mit 7; $\frac{3}{5} = \frac{3 \cdot 7}{5 \cdot 7} = \frac{21}{35}$ c) $\frac{6}{7}$ mit 2; $\frac{6}{7} = \frac{6 \cdot 2}{7 \cdot 2} = \frac{12}{14}$

10 a) $\frac{3}{5} = \frac{15}{25}$; erweitert mit **5**

b) $\frac{3}{4} = \frac{18}{24}$; erweitert mit **6**

c) $\frac{4}{7} = \frac{28}{49}$; erweitert mit **7**

d) $\frac{7}{12} = \frac{35}{60}$; erweitert mit **5**

11 a) $\frac{3}{5} = \frac{6}{10}$ b) $\frac{3}{4} = \frac{21}{28}$ c) $\frac{2}{3} = \frac{8}{12}$ d) $\frac{7}{5} = \frac{28}{20}$ e) $\frac{17}{25} = \frac{68}{100}$ f) $\frac{13}{15} = \frac{52}{60}$

12 a) $\frac{2}{4} = \frac{1}{2}$ b) $\frac{6}{9} = \frac{2}{3}$ c) $\frac{15}{18} = \frac{5}{6}$ d) $\frac{15}{10} = \frac{3}{2}$ e) $\frac{24}{32} = \frac{3}{4}$ f) $\frac{16}{48} = \frac{1}{3}$

Seite 11

13 a) HN = 4 b) HN = 15 c) HN = 40 d) HN = 18

14 a) Es ist: $\frac{3}{5}=\frac{9}{15}$ und $\frac{2}{3}=\frac{10}{15}$. Damit folgt: $\frac{3}{5}<\frac{2}{3}$

b) Es ist: $\frac{5}{6}=\frac{15}{18}$ und $\frac{7}{9}=\frac{14}{18}$. Damit folgt: $\frac{5}{6}>\frac{7}{9}$

c) Es ist: $\frac{1}{3}=\frac{16}{48}$ und $\frac{5}{16}=\frac{15}{48}$. Damit folgt: $\frac{1}{3}>\frac{5}{16}$

d) Es ist: $\frac{11}{18}=\frac{22}{36}$ und $\frac{7}{12}=\frac{21}{36}$. Damit folgt: $\frac{11}{18}>\frac{7}{12}$

Seite 12

15 a) $\frac{2}{7}+\frac{4}{7}=\frac{6}{7}$

b) $\frac{7}{9}+\frac{2}{9}=\frac{9}{9}=1$

c) $\frac{5}{12}-\frac{1}{12}=\frac{4}{12}=\frac{1}{3}$

d) $1\frac{1}{5}+2\frac{2}{5}=3\frac{3}{5}$

e) $\frac{7}{15}+\frac{7}{10}=\frac{14}{30}+\frac{21}{30}=\frac{35}{30}=\frac{7}{6}$

f) $\frac{2}{9}-\frac{1}{6}=\frac{4}{18}-\frac{3}{18}=\frac{1}{18}$

g) $\frac{5}{6}-\frac{3}{8}=\frac{20}{24}-\frac{9}{24}=\frac{11}{24}$

h) $\frac{2}{5}+\frac{3}{10}+\frac{7}{10}=\frac{4}{10}+\frac{3}{10}+\frac{7}{10}=\frac{14}{10}=\frac{7}{5}$

i) $\frac{1}{4}+\frac{2}{5}+\frac{3}{8}=\frac{10}{40}+\frac{16}{40}+\frac{15}{40}=\frac{41}{40}$

j) $\frac{3}{7}+\frac{5}{14}+\frac{2}{21}=\frac{18}{42}+\frac{15}{42}+\frac{4}{42}=\frac{37}{42}$

16 a) Die Nenner dürfen nicht addiert werden. Man muss auf den Hauptnenner erweitern:
$\frac{3}{8}+\frac{2}{7}=\frac{21}{56}+\frac{16}{56}=\frac{37}{56}$

b) Der gemischte Bruch wurde falsch in einen unechten Bruch umgeformt:
$4\frac{2}{5}-\frac{3}{5}=\frac{22}{5}-\frac{3}{5}=\frac{19}{5}=3\frac{4}{5}$

17 Der Anteil der schadhaften Äpfel ist: $\frac{1}{8}+\frac{3}{16}+\frac{1}{18}=\frac{18}{144}+\frac{27}{144}+\frac{8}{144}=\frac{53}{144}$. Die Hälfte wären $\frac{72}{144}$.
Der Verkäufer jammert zu Unrecht: Er kann mehr als die Hälfte der Äpfel verkaufen.

Seite 14

18 a) $\frac{3}{5}\cdot\frac{4}{7}=\frac{12}{35}$ b) $\frac{2}{9}\cdot\frac{5}{11}=\frac{10}{99}$ c) $\frac{4}{3}\cdot\frac{8}{5}=\frac{32}{15}$

d) $\frac{1}{2}\cdot\frac{4}{13}=\frac{4}{26}=\frac{2}{13}$ e) $\frac{7}{8}\cdot 5=\frac{35}{8}$ f) $6\frac{3}{4}\cdot\frac{7}{10}=\frac{27}{4}\cdot\frac{7}{10}=\frac{189}{40}$

19 a) $\frac{4}{9}\cdot\frac{5}{8}=\frac{1}{9}\cdot\frac{5}{2}=\frac{5}{18}$ b) $\frac{18}{25}\cdot\frac{15}{9}=\frac{2}{5}\cdot\frac{3}{1}=\frac{6}{5}$ c) $3\cdot\frac{5}{21}=1\cdot\frac{5}{7}=\frac{5}{7}$

d) $\frac{3}{16}\cdot 12=\frac{3}{4}\cdot 3=\frac{9}{4}$ e) $3\frac{1}{2}\cdot\frac{8}{9}=\frac{7}{2}\cdot\frac{8}{9}=\frac{7}{1}\cdot\frac{4}{9}=\frac{28}{9}$ f) $\frac{29}{18}\cdot\frac{81}{58}=\frac{1}{2}\cdot\frac{9}{2}=\frac{9}{4}$

20 a) $2560\,\text{kt}\cdot\frac{1}{5}\frac{\text{g}}{\text{Kt}}=512\,\text{g}$ b) $7250\,\text{kt}\cdot\frac{1}{5}\frac{\text{g}}{\text{Kt}}=1450\,\text{g}$

Seite 15

21 a) $\frac{2}{3}:\frac{5}{8}=\frac{2}{3}\cdot\frac{8}{5}=\frac{16}{15}$ b) $\frac{11}{12}:\frac{1}{2}=\frac{11}{12}\cdot\frac{2}{1}=\frac{11}{6}\cdot\frac{1}{1}=\frac{11}{6}$

c) $6:\frac{7}{9}=6\cdot\frac{9}{7}=\frac{54}{7}$ d) $\frac{3}{4}:8=\frac{3}{32}$

e) $5\frac{1}{2}:\frac{2}{3}=\frac{11}{2}\cdot\frac{3}{2}=\frac{33}{4}$ f) $2\frac{2}{5}:5\frac{1}{5}=\frac{12}{5}:\frac{26}{5}=\frac{12}{5}\cdot\frac{5}{26}=\frac{6}{1}\cdot\frac{1}{13}=\frac{6}{13}$

22 a) $\frac{3}{5}:6=\frac{3}{5}\cdot\frac{1}{6}=\frac{1}{10}$ b) $8:\frac{4}{9}=8\cdot\frac{9}{4}=18$

c) $\frac{2}{3}:\frac{8}{15}=\frac{2}{3}\cdot\frac{15}{8}=\frac{5}{4}$ d) $5\frac{1}{2}:4\frac{3}{4}=\frac{11}{2}:\frac{19}{4}=\frac{11}{2}\cdot\frac{4}{19}=\frac{22}{19}$

ABSCHLUSSTEST

Seite 16

1 a) $\frac{5}{7}$ von 287 Schülern sind $5 \cdot (287\text{ Schüler} : 7) = 5 \cdot 41\text{ Schüler} = 205\text{ Schüler}$.

b) $\frac{4}{15}$ von 1755 ha sind $4 \cdot (1755\text{ ha} : 15) = 4 \cdot 117\text{ ha} = 468\text{ ha} = 4\,680\,000\text{ m}^2$.

c) $\frac{2}{3}$ von 63 kg sind $2 \cdot (63\text{ kg} : 3) = 2 \cdot 21\text{ kg} = 42\text{ kg}$. Der Körper des Jugendlichen enthält 42 l Wasser.

d) 1 l sind 1000 ml. $\frac{3}{4}$ von 1000 ml sind $3 \cdot (1000\text{ ml} : 4) = 3 \cdot 250\text{ ml} = 750\text{ ml}$. Man muss also 750 ml mit dem Messbecher abmessen.

2 a) $\frac{3}{4}\text{cm}^2 = 75\text{ mm}^2$ b) $\frac{2}{5}\text{l} = 400\text{ ml}$ c) $\frac{5}{6}\text{h} = 50\text{ min}$ d) $\frac{5}{8}\text{m}^3 = 625\text{ dm}^3$

3 a) $\frac{11}{2} = 5\frac{1}{2}$ $\frac{17}{8} = 2\frac{1}{8}$ $\frac{18}{7} = 2\frac{4}{7}$ $\frac{35}{9} = 3\frac{8}{9}$

b) $3\frac{1}{4} = \frac{13}{4}$ $7\frac{3}{8} = \frac{59}{8}$ $5\frac{2}{7} = \frac{37}{7}$ $17\frac{2}{3} = \frac{53}{3}$

4 a) $\frac{1}{8}; \frac{2}{9}; \frac{2}{3}$, HN = 72; $\frac{1}{8} = \frac{9}{72}; \frac{2}{9} = \frac{16}{72}; \frac{2}{3} = \frac{48}{72}$ Damit ist $\frac{2}{3} > \frac{2}{9} > \frac{1}{8}$.

b) $\frac{2}{5}; \frac{3}{4}; \frac{5}{6}$, HN = 60; $\frac{2}{5} = \frac{24}{60}; \frac{3}{4} = \frac{45}{60}; \frac{5}{6} = \frac{50}{60}$ Damit ist $\frac{5}{6} > \frac{3}{4} > \frac{2}{5}$.

c) $\frac{5}{8}; \frac{13}{24}; \frac{7}{12}$, HN = 24; $\frac{5}{8} = \frac{15}{24}; \frac{7}{12} = \frac{14}{24}$ Damit ist $\frac{5}{8} > \frac{7}{12} > \frac{13}{24}$.

d) $\frac{11}{4}; \frac{19}{8}; \frac{12}{5}$, HN = 40; $\frac{11}{4} = \frac{110}{40}; \frac{19}{8} = \frac{95}{40}; \frac{12}{5} = \frac{96}{40}$ Damit ist $\frac{11}{4} > \frac{12}{5} > \frac{19}{8}$.

Seite 17

5 Klasse 6a: Insgesamt sind 30 Jugendliche in der Klasse 6a. Anteil der Mädchen $= \frac{14}{30} = \frac{7}{15}$.

Klasse 6b: Insgesamt sind 27 Jugendliche in der Klasse 6b. Anteil der Mädchen $= \frac{12}{27} = \frac{4}{9}$.
Es ist: $\frac{7}{15} = \frac{21}{45}$ und $\frac{4}{9} = \frac{20}{45}$. Und damit: $\frac{7}{15} > \frac{4}{9}$
Somit ist der Anteil der Mädchen in der Klasse 6a größer als in der Klasse 6b.

6 a) $7\frac{5}{12} - \frac{11}{12} = \frac{89}{12} - \frac{11}{12} = \frac{78}{12} = \frac{13}{2}$ b) $6\frac{3}{4} - 1\frac{7}{8} = \frac{27}{4} - \frac{15}{8} = \frac{54}{8} - \frac{15}{8} = \frac{39}{8}$

c) $\frac{31}{25} - \frac{11}{20} = \frac{124}{100} - \frac{55}{100} = \frac{69}{100}$ d) $\frac{3}{8} + \frac{5}{16} + \frac{7}{24} = \frac{18}{48} + \frac{15}{48} + \frac{14}{48} = \frac{47}{48}$

e) $\frac{7}{8} \cdot \frac{2}{21} = \frac{1}{4} \cdot \frac{1}{3} = \frac{1}{12}$ f) $\frac{16}{35} \cdot \frac{21}{20} = \frac{4}{5} \cdot \frac{3}{5} = \frac{12}{25}$

g) $3\frac{1}{2} \cdot \frac{5}{14} = \frac{7}{2} \cdot \frac{5}{14} = \frac{1}{2} \cdot \frac{5}{2} = \frac{5}{4}$ h) $9\frac{1}{3} : \frac{16}{15} = \frac{28}{3} \cdot \frac{15}{16} = \frac{7}{1} \cdot \frac{5}{4} = \frac{35}{4}$

7 a) Es ist: $8\frac{3}{4} : \frac{1}{3} = \frac{35}{4} \cdot \frac{3}{1} = \frac{105}{4} = 26\frac{1}{4}$. Somit benötigt Mavie 26 Gläser.

b) Aus Teilaufgabe a) weiß man, dass $\frac{1}{4}$ Glas übrig bleibt, d.h.: $\frac{1}{4} \cdot \frac{1}{3}\text{kg} = \frac{1}{12}\text{kg}$.

c) Die gesamte Menge ist $8\frac{3}{4}\text{kg} : 35 = 8750\text{ g} : 35 = 250\text{ g}$.

Mavie muss also in jedes Glas $250\text{ g} = \frac{1}{4}\text{kg}$ füllen.

KAPITEL 2: DEZIMALBRÜCHE

Seite 18

1 a) 4,23 b) 0,0457 c) 5,2081 d) 7,05019

2 a) 0,702 00 = **0,702** b) 3,000 10 = **3,0001**
c) 0,101 010 = **0,101 01** d) 100,000 009 = **100,000 009**

Seite 19

3 a) $0{,}45 = \frac{45}{100} = \mathbf{\frac{9}{20}}$ b) $2{,}125 = \frac{2125}{1000} = \mathbf{\frac{17}{8}}$
c) $1{,}005 = \frac{1005}{1000} = \mathbf{\frac{201}{200}}$ d) $2{,}7500 = 2{,}75 = \frac{275}{100} = \mathbf{\frac{11}{4}}$

4 a) $\frac{24}{10} = \mathbf{2{,}4}$ b) $\frac{2008}{1000} = \mathbf{2{,}008}$ c) $\frac{8}{100} = \mathbf{0{,}08}$ d) $\frac{75}{10\,000} = \mathbf{0{,}0075}$

5 Es gibt zum Teil zwei Lösungswege: $\frac{5}{4} = 5:4 = 1{,}25$ oder $\frac{5}{4} = \frac{125}{100} = 1{,}25$

a) $\frac{5}{4} = \mathbf{1{,}25}$ c) $\frac{12}{5} = \mathbf{2{,}4}$ d) $\frac{13}{20} = \mathbf{0{,}65}$ e) $\frac{3}{8} = \mathbf{0{,}375}$
f) $\frac{7}{50} = \mathbf{0{,}14}$ g) $\frac{2}{3} = \mathbf{0{,}\overline{6}}$ h) $\frac{2}{11} = \mathbf{0{,}\overline{18}}$ i) $\frac{20}{9} = \mathbf{2{,}\overline{2}}$

Seite 20

6 a) ist richtig. b) und c) sind falsch. Richtig ist: b) 12,5071 **>** 12,5069 c) 0,075 **<** 0,57

7 a) 0,103 < 0,13 < 0,301 < 0,31 < 1,03 < 1,3 b) 0,83 < 3,08 < 3,8 < 8,3 < 80,3 < 83,0

8
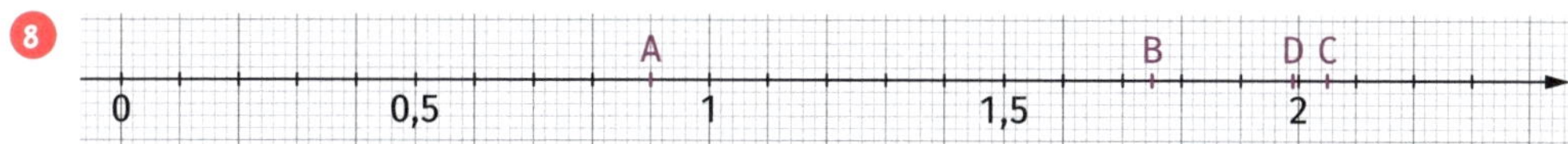

9 A = 1,021; B = 1,027; C = 0,11; D = 0,33; E = 0,992; F = 0,997; G = 2,954; H = 2,959

Seite 21

10

Runde	3,4278	0,042 59	12,0994	9,9999
auf eine Dezimale	3,4	0,0	12,1	10,0
auf zwei Dezimalen	3,43	0,04	12,10	10,00
auf drei Dezimalen	3,428	0,043	12,099	10,000

11 a) 1,609 342 6 km ≈ 1,609 km b) 158,987 249 928 l ≈ 159 l
c) Die gelaufenen Zeiten liegen oft so nah beieinander, dass man die Zeit auf Hundertstelsekunden genau messen muss. Würde man nur auf Zehntelsekunden genau messen, hätte ein Läufer mit beispielsweise 10,45 s die gleiche Zeit wie ein Läufer mit 10,54 s.

Seite 22

12

a)
```
   3,75
 + 5,96
   1 1
 ------
   9,71
```

b)
```
  10,91
 - 5,84
   1  1
 ------
   5,07
```

c)
```
   7,030
 + 8,679
  1  1
 -------
  15,709
```

d)
```
  15,082
- 13,400
     1
 -------
   1,682
```

e)
```
    7,20       24,38
 + 12,94     - 20,14
   1 1
 -------     -------
   20,14        4,24
```

f)
```
   0,970       4,000
 + 1,001     - 1,971
               1 1 1
 -------     -------
   1,971       2,029
```

13 a) 5,055 – (1,79 + 2,2) = 5,055 – 3,99 = **1,065**
b) 450 € – (367,06 € + 54,10 €) = 450 € – 421,16 € = **28,84 €**

14 Gesamtkosten: 15,45 € + 39,75 € + 85 € + 26,65 € = **166,85 €**

Seite 23

15 a) 2,7 · 9,25 = 24,975 b) 4,75 · 0,08 = 0,3800 = 0,38 c) 16 · 4,005 = 64,080 = 64,08

16 a) 0,5 · 2 = 1,0 = **1** b) 34,56 · 100 = **3456** c) 1,5 · 2,0 = 3,00 = **3**
d) 0,004 · 0,2 = **0,0008** e) 3,25 · 5,8 = **18,85** f) 28,24 · 0,022 = **0,621 28**

17 a) 14" = 14 · 2,54 cm = **35,56 cm** b) 17" = 17 · 2,54 cm = **43,18 cm**

18 Fläche des Zimmers: A = 4,93 m · 6,75 m = 33,2775 m² ≈ **33,28 m²**

Seite 24

19 a) 1,8 : 6 = **0,3** b) 0,16 : 4 = **0,04** c) 2,8 : 7 = **0,4**
d) 345,67 : 100 = **3,4567** e) 27,3 : 3,5 = 273 : 35 = **7,8** f) 9,3 : 0,05 = 930 : 5 = **186**
g) 7,8 : 2,25 = 780 : 225 = **$3,4\overline{6}$** h) 74,12 : 1,7 = 741,2 : 17 = **43,6**

Seite 25

20 Ein Blatt wiegt 2,55 kg : 500 = 0,0051 kg = **5,1 g**.

21 Von 108,5 cm muss zunächst 5-mal die Breite einer Zaunlatte abgezogen werden.
Da es 4 Lattenabstände gibt, muss das Ergebnis durch 4 geteilt werden:
108,5 cm – 5 · 4,8 cm = 108,5 cm – 24 cm = 84,5 cm
Somit ist ein Lattenabstand 84,5 cm : 4 = **21,125 cm**.

22 85,5 m² : 18 m² = **4,75**. Somit braucht Mavie **5 Eimer** Farbe.

23 441 € : 28 = 15,75 €. Die Klassenfahrt kostet **15,75 €** pro Person.

Seite 26

24 a) 4,35 m = **435 cm** b) 0,5 l = **0,0005 m³** c) 2500 kg = **2,5 t**
d) 234 mm = **2,34 dm** e) 45 dm² = **0,45 m²** f) 90 min = **1,5 h**
g) 5 m 75 cm = **575 cm** h) 270 g = **0,270 kg** i) 0,25 dm = **25 mm**
j) $\frac{3}{4}$ m = **0,75 dm** k) $\frac{1}{2}$ t = **500 kg** l) $\frac{3}{4}$ h = 45 min = **2700 s**

ABSCHLUSSTEST

Seite 28

1 a) $0{,}09 < \frac{2}{3} \approx 0{,}67 < 0{,}79 < \frac{4}{5} = 0{,}8 < 1{,}05 < 1\frac{1}{2} = 1{,}5$ b) $2{,}9 < 3{,}09 < \frac{19}{6} \approx 3{,}17 < \frac{16}{5} = 3{,}2 < 3{,}4$

2 A = 0,61; B = 0,635

3 a) 10 Gallon = 10 · 3,7854 l = 37,854 l ≈ **37,9 l** b) 0,5 Gallon = 0,5 · 3,7854 l = 1,8927 l ≈ **1,9 l**
c) 3,8 Gallon = 3,8 · 3,7854 l = 14,38452 l ≈ **14,4 l**

4 40 € : 7 ≈ **5,71 €**. Mia kann pro Tag ca. **5,70 €** ausgeben.

5 Der Jahresbedarf eines Einwohners ist 365 · 0,285 kg = 104,025 kg.
Somit verbraucht eine vierköpfige Familie 4 · 104,025 kg = **416,1 kg Mehl**.

Seite 29

6 a)

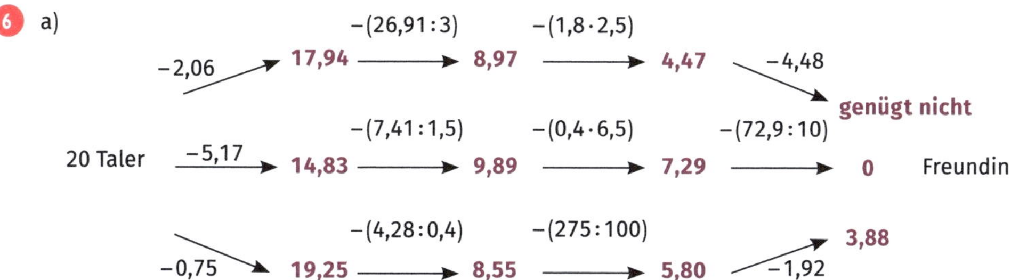

Auf dem oberen Weg kann sie die Gebühr des letzten Abschnitts nicht bezahlen.
Auf dem mittleren Weg reichen die 20 Taler gerade noch. Nur auf dem unteren (linken) Weg hat Mavie noch **3,88 Taler** übrig, um Cupcaces zu kaufen.

b) 3,88 Taler : 0,85 Taler/Cupcake ≈ 4,56 Cupcakes. Mavie kann also noch **4 Cupcakes** mitbringen.

KAPITEL 3: RATIONALE ZAHLEN

Seite 30

1

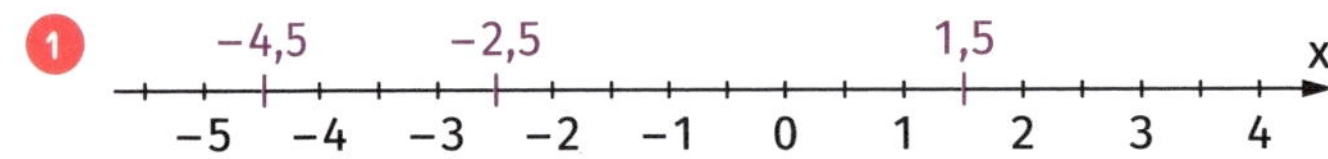

Es gilt: $1{,}5 > -2{,}5 > -4{,}5$.
Die Beträge der drei Zahlen sind: $|1{,}5| = 1{,}5$; $|-2{,}5| = 2{,}5$; $|-4{,}5| = 4{,}5$.
Die Gegenzahlen sind: $-1{,}5$; $+2{,}5$; $+4{,}5$.

2 $A = 3{,}5$; $B = -0{,}5$; $C = -3{,}75$

Seite 31

3 a) $\mathbb{N}$: $0; 5; 7\left(=\frac{7}{1}\right); 1{,}0\ (=1)$

$\mathbb{Z}$: $0; 1{,}0\ (=1); 5; \frac{7}{1}\ (=7); -\frac{16}{2}\ (=-8)$

$\mathbb{Q}$: alle Zahlen

b) $\mathbb{N}$: $+\frac{3}{1}\ (=3)$

$\mathbb{Z}$: $-\frac{10}{5}\ (=-2); +\frac{3}{1}\ (=3)$

$\mathbb{Q}$: alle Zahlen

Seite 32

4 a) $-3 + 7 = \mathbf{+4}$

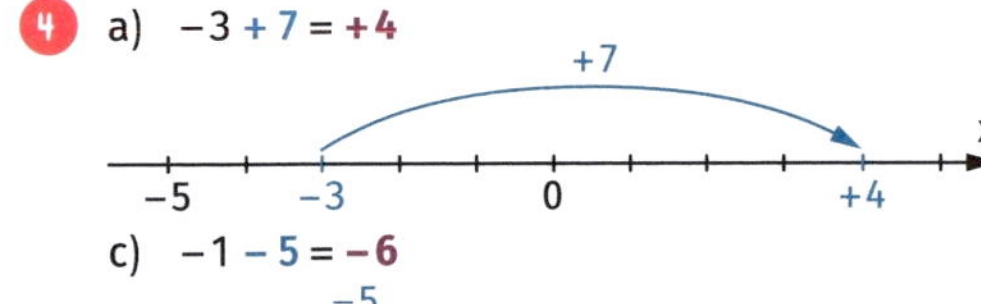

b) $5 - 8 = \mathbf{-3}$

−8
x
−5 −3 0 5

c) $-1 - 5 = \mathbf{-6}$

−5
x
−6 −1 0

d) $-7{,}5 + 4 = \mathbf{-3{,}5}$

+4
x
−7,5 −3,5 −1 0

5 $5 - 12 = -7$. Am nächsten Tag beträgt die Temperatur **−7° C**.

6 $15 - 21 = -6$. Maria hat dann **6 € Schulden** (Minus) auf dem Konto.

Seite 33

7 a) $-2 + 9 = \mathbf{+7}$ b) $-3 - 8 = \mathbf{-11}$ c) $52 - 75 = \mathbf{-23}$

8 a) $-2{,}5 + 3{,}9 = \mathbf{+1{,}4}$ b) $-5{,}75 - 1{,}25 = \mathbf{-7}$

c) $\frac{4}{7} - \frac{18}{7} = -\frac{14}{7} = \mathbf{-2}$ d) $-\frac{31}{5} + 3{,}4 = -6{,}2 + 3{,}4 = \mathbf{-2{,}8}$

Seite 34

9 a) $(+4) + (-8) = +4 - 8 = \mathbf{-4}$ b) $(-5) - (-7) = -5 + 7 = +2 = \mathbf{2}$

c) $(+15) - (+9) = +15 - 9 = +6 = \mathbf{6}$ d) $(-12) + (+7) = -12 + 7 = \mathbf{-5}$

e) $(-7{,}2) + (+9{,}5) = -7{,}2 + 9{,}5 = \mathbf{+2{,}3}$ f) $\left(-\frac{2}{3}\right) - \left(+\frac{2}{3}\right) = -\frac{2}{3} - \frac{2}{3} = \mathbf{-\frac{4}{3}}$

10 a) $(3 + 5) - 7 = 3 + 5 - 7 = 8 - 7 = \mathbf{1}$ b) $-4 - (5 - 7 + 1) = -4 - 5 + 7 - 1 = \mathbf{-3}$

c) $2 + (-8 + 7) = 2 - 8 + 7 = \mathbf{1}$ d) $-(+4{,}5) - (-6{,}1 - 0{,}5) = -4{,}5 + 6{,}1 + 0{,}5 = \mathbf{2{,}1}$

e) $(-0{,}9 - 7{,}1) - \left(+\frac{1}{2} - \frac{3}{4}\right) = -0{,}9 - 7{,}1 - \frac{1}{2} + \frac{3}{4} = -8 - 0{,}5 + 0{,}75 = \mathbf{-7{,}75}$

11 a) $(3 + 5) - 7 = 8 - 7 = \mathbf{1}$ b) $-4 - (5 - 7 + 1) = -4 - (-1) = \mathbf{-3}$

c) $2 + (-8 + 7) = 2 + (-1) = \mathbf{1}$ d) $-(+4{,}5) - (-6{,}1 - 0{,}5) = -4{,}5 - (-6{,}6) = \mathbf{2{,}1}$

e) $(-0{,}9 - 7{,}1) - \left(+\frac{1}{2} - \frac{3}{4}\right) = -8 - (-0{,}25) = \mathbf{-7{,}75}$

Seite 36

12

1. Faktor	2. Faktor	Vorzeichen des Produkts	Betrag des Produkts
+8	−4	−	32
−12	−7	+	84
$-\frac{5}{9}$	$\frac{3}{10}$	−	$\frac{15}{90}=\frac{1}{6}$

13 a) $(-7)\cdot(+4)=-28$ b) $(-9)\cdot(-8)=+72$ c) $(-6)\cdot(+6)=-36$

14 a) $9\cdot(+5)(-2)=-90$ b) $6\cdot(-7)\cdot3\cdot(-2)=+252$ c) $(-3)\cdot(-4)\cdot(-5)\cdot(+1)=-60$

Seite 37

15 a) $(-28):(+4)=-7$ b) $(-63):(-9)=+7$ c) $(-54):(+6)=-9$

d) $-3:\left(-\frac{3}{4}\right)=+4$ e) $-\frac{1}{2}:\left(+\frac{5}{4}\right)=-\frac{2}{5}$ f) $-\frac{3}{4}:8=-\frac{3}{32}$

16

:	4		−2		+3		−1	
+15	3,75	R	−7,5	E	5	H	−15	T
−12	−3	H	+6	E	−4	N	12	S
$-\frac{1}{2}$	−0,125	E	0,25	U	$-0,1\overline{6}$	R	0,5	G
0,48	0,12	G	−0,24	E	0,16	T	−0,48	C

Lösungssatz: SEHR GUT GERECHNET

17 a) $\frac{7}{5}+\frac{-2}{-5}=\frac{7}{5}+\frac{2}{5}=\frac{9}{5}$ b) $\frac{3}{7}-\frac{9}{-7}=\frac{3}{7}-\left(-\frac{9}{7}\right)=\frac{3}{7}+\frac{9}{7}=\frac{12}{7}$

c) $\frac{5}{22}+\frac{-2}{11}=\frac{5}{22}+\left(-\frac{2}{11}\right)=\frac{5}{22}-\frac{2}{11}=\frac{5}{22}-\frac{4}{22}=\frac{1}{22}$ d) $\frac{5}{6}-\frac{-9}{8}=\frac{5}{6}+\frac{9}{8}=\frac{20}{24}+\frac{27}{24}=\frac{47}{24}$

Seite 38

18 a) $25-24+8\cdot(-5)-21=25-24-40-21=-60$

b) $(-12)+9:\left(-\frac{3}{4}\right)\cdot(-7)+8,5=-12+(-12)\cdot(-7)+8,5=-\cdot12+84+8,5=80,5$

c) $-\frac{7}{5}-\frac{12}{5}\cdot4-(-6,5)\cdot2=-\frac{7}{5}-\frac{48}{5}+13=-\frac{55}{5}+13=-11+13=2$

d) $(-5)\cdot\left(-3\frac{1}{2}\right)+3,5-5\cdot7,2=17,5+3,5-36=21-36=-15$

19 a) $-2\cdot(8-12)=-16+24$ b) $(-3-7)\cdot5=-15-35$

c) $3+(-2)\cdot(5-9)=3+(-10+18)=3-10+18$ d) $1-(9-2)\cdot(-4)=1-(-36+8)=1+36-8$

20 a) $1-6\cdot(3-5)=1-18+30=13$

b) $2-(-5+9)\cdot7=2-(-35+63)=2+35-63=-26$

c) $9-(3-4)\cdot(-6)=9-(-18+24)=9+18-24=3$

d) $2,5-\frac{3}{4}\cdot\left(-8+\frac{4}{3}\right)=2,5+6-1=7,5$

Seite 39

21 a) Vorzeichenfehler beim Ausklammern. Richtig ist:
$-14\cdot 7+36\cdot 7=-7\cdot(14-36)=-7\cdot(-22)=+154$
b) Vorzeichenfehler beim Ausklammern. Richtig ist:
$-20\cdot 67-20\cdot 33=-20\cdot(67+33)=-20\cdot 100=-2000$
c) Der ausgeklammerte Faktor $\frac{4}{5}$ darf nur einmal vor der Klammer stehen. Richtig ist:
$\frac{4}{5}\cdot 3{,}45-0{,}95\cdot\frac{4}{5}=\frac{4}{5}\cdot(3{,}45-0{,}95)=\frac{4}{5}\cdot 2{,}5=2$
d) Wenn ein kompletter Summand ausgeklammert wird, bleibt eine „1" zurück:
$\frac{2}{3}\cdot 4\frac{1}{2}-\frac{2}{3}=\frac{2}{3}\cdot\left(4\frac{1}{2}-\mathbf{1}\right)=\frac{2}{3}\cdot 3\frac{1}{2}=\frac{2}{3}\cdot\frac{7}{2}=\frac{7}{3}$

22 a) $3+(-35-20):5=3+(-7-4)=3-7-4$
b) $(+22-14):(-2)=(-11+7)=-11+7$
c) $7-(-30+18):(-6)=7-(+5-3)=7-5+3$
d) $9+(24-32):(+4)=9+(+6-8)=9+6-8$

23 a) $7-(14-35):7=7-(2-5)=\mathbf{7-2+5=10}$
b) $5+(-27+18):(-9)=5+(3-2)=\mathbf{5+3-2=6}$
c) $1-(12+30):(-6)=1-(-2-5)=\mathbf{1+2+5=8}$
d) $3+(-4+8):\left(-\frac{4}{7}\right)=3+(7-14)=\mathbf{3+7-14=-4}$
e) $4{,}5-(2{,}0-7{,}5):(-5)=4{,}5-(-0{,}4+1{,}5)=\mathbf{4{,}5+0{,}4-1{,}5=3{,}4}$
f) $-\frac{2}{3}-\left(-\frac{1}{2}+\frac{5}{6}\right):\left(-\frac{1}{6}\right)=-\frac{2}{3}-(3-5)=\mathbf{-\frac{2}{3}-3+5=1\frac{1}{3}}$

ABSCHLUSSTEST

Seite 39

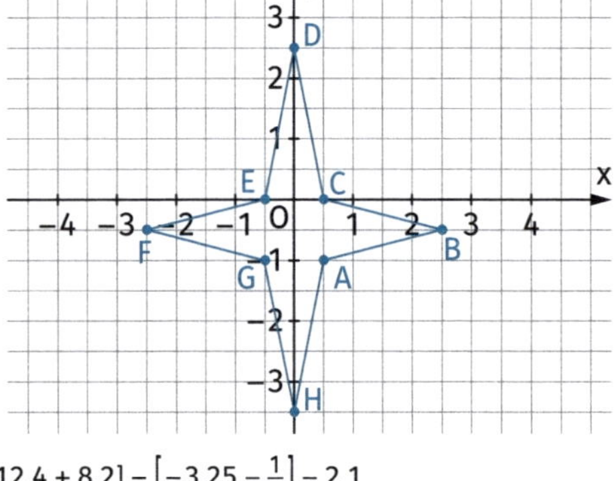

1 siehe Grafik rechts

2 Die ganzen Zahlen sind: 2; 9; −1; +5; 7; 12; −5; |−5|; −3; −8; −101. ZAHLENMENGE

3 a) $3{,}5+(-2{,}4)-21-(-17)$
$=3{,}5-2{,}4-21+17=\mathbf{-2{,}9}$
b) $9-[-6+(-4)]-8$
$=9-[-6-4]-8$
$=9-[-10]-8=9+10-8=\mathbf{11}$
c) $-[12{,}4-(-8{,}2)]-\left[-3{,}25+\left(-\frac{1}{2}\right)\right]-(4{,}6-2{,}5)=-[12{,}4+8{,}2]-\left[-3{,}25-\frac{1}{2}\right]-2{,}1$
$=-20{,}6-(-3{,}75)-2{,}1=-20{,}6+3{,}75-2{,}1=\mathbf{-18{,}95}$

4 U = −70; H = +8; S = +36; L = 0; A = −4,5; C = +22,5; SCHLAU

Seite 41

5 a) 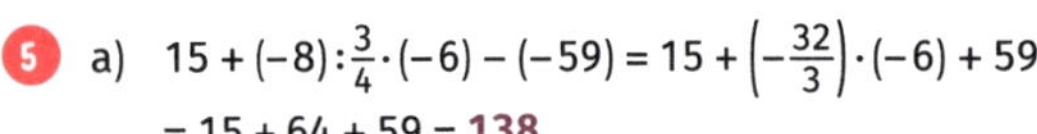
$15+(-8):\frac{3}{4}\cdot(-6)-(-59)=15+\left(-\frac{32}{3}\right)\cdot(-6)+59$
$=15+64+59=\mathbf{138}$
b) $-36\cdot\left(-\frac{7}{9}\right)+2{,}5\cdot(-8)+8:\left(-\frac{16}{7}\right)=28-20-\frac{7}{2}=\mathbf{4{,}5}$
c) $0{,}5\cdot(-10)-8\cdot\left(-\frac{3}{4}+2\right)=-5+6-16=\mathbf{-15}$
d) $1{,}2-\left(1{,}5+\frac{4}{3}\right)\cdot(-6)=1{,}2-(-9-8)=1{,}2+9+8=\mathbf{18{,}2}$
e) $3\cdot(-2{,}75)+3\cdot 1{,}25=3\cdot(-2{,}75+1{,}25)=3\cdot(-1{,}5)=\mathbf{-4{,}5}$
f) $-82{,}5\cdot 19+19\cdot 12{,}5$
$=19\cdot(-82{,}5+12{,}5)=19\cdot(-70)=\mathbf{-1330}$

5 GUT GEMACHT (siehe Grafik rechts)

1: 1	2: 2	0 G	■	3: 3	4: 9 T
5: 8	1	■	6: 6 A	3	0
■	7: 5	8: 4 E	8 H	■	7 C
9: 5 M	■	10: 1	9	11: 1 U	■
12: 3	13: 3 G	3	■	2 T	14: 4
9	0	■	15: 3	1	8

KAPITEL 4: DREISATZRECHNUNG

Seite 43

1 a)

:7	7 Äpfel	3,50 €	**:7**
·12	1 Apfel	**0,50 €**	**·12**
	12 Äpfel	**6,0 €**	

b)

:14	14 Flaschen	21 kg	**:14**
·8	1 Flasche	**1,5 kg**	**·8**
	8 Flaschen	**12 kg**	

c)

:5	5 Lose	**250 Cent**	**:5**
·60	1 Los	50 Cent	**·60**
	60 Lose	**3000 Cent**	

d)

:27	**27 Liter**	450 km	**:27**
·60	1 Liter	**$16,\overline{6}$ km**	**·60**
	60 Liter	**1000 km**	

2

:15	15 s	18 Schläge	:15
·3600	1 s	1,2 Schläge	·3600
	3600 s	**4320 Schläge**	

Hinweis: Eine Stunde sind 3600 s.

3 a)

:5	5 min	32 ml	:5
·1440	1 min	6,4 ml	·1440
	1440 min	9216 ml = **9,216 l**	

b) Jährlich sind das
365 · 9,216 l = 3363,84 l ≈ 3,36 m³.
Das sind dann 3,36 · 4,95 € ≈ **16,63 €**.
Hinweis: 1 Tag sind 24 · 60 min = 1440 min.

4

:0,016	0,016 g	1 Flug	:0,016
·500	1 g	62,5 Flüge	·500
	500 g	**31 250 Flüge**	

Es sind 16 mg = 0,016 g. Für 1 g (= 1000 mg) sind 62,5 Flüge (= 1 g : 0,016 g) nötig.
Um 500 g zu sammeln, muss die Biene dann 500 · 62,5 = 31 250-mal ausfliegen.

Seite 44

5 a)

:120	120 km	8 l	:120
·540	1 km	$0,0\overline{6}$ l	·540
	540 km	**36 l**	

b)

·36	1 l	2,4 kg	·36
	36 l	**86,4 kg**	

Es werden 86,4 kg CO_2 in die Luft geblasen.

Seite 45

6 a)

:3	3 Arbeiter	16 Tage	**·3**
·8	1 Arbeiter	**48 Tage**	**:8**
	8 Arbeiter	**6 Tage**	

b)

:80	80 $\frac{km}{h}$	4,5 h	**·80**
·90	1 $\frac{km}{h}$	**360 h**	**:90**
	90 $\frac{km}{h}$	**4 h**	

c)

:12	12 Teile	30 g	**·12**
·15	1 Ganzes	**360 g**	**:15**
	15 Teile	**24 g**	

d)

:6	**6 Gläser**	0,2 l	·6
·8	1 Glas	**1,2 l**	**:8**
	8 Gläser	**0,15 l**	

Seite 46

7

:32	bei 32 Schüler/innen	6,30 € pro Schüler/in	·32
·28	bei 1 Schüler/in	201,6 € pro Schüler/in	:28
	bei 28 Schüler/innen	**7,20 € pro Schüler/in**	

Je weniger Personen mitfahren, desto höher ist der Preis pro Person.

8

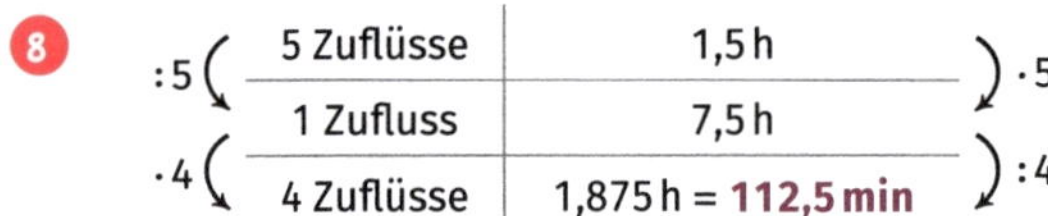

:5	5 Zuflüsse	1,5 h	·5
	1 Zufluss	7,5 h	
·4	4 Zuflüsse	1,875 h = **112,5 min**	:4

Seite 47

9 a)

Birnen x	1	2	3	**5**	8	9
Gewicht y (in g)	**150**	**300**	450	750	**1200**	**1350**

b)

Maler x	1	**2**	3	4	8	12
Arbeitszeit y (in h)	**12**	6	**4**	**3**	1,5	**1**

Tipp: In a) ist der Quotient $y:x$ immer 150. In b) ist das Produkt $x \cdot y$ immer 12.

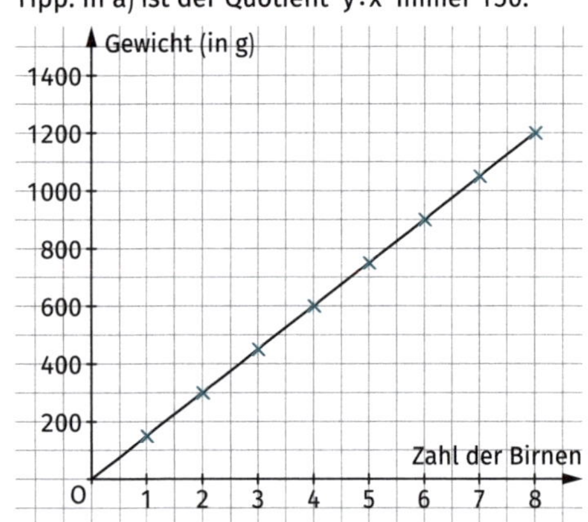

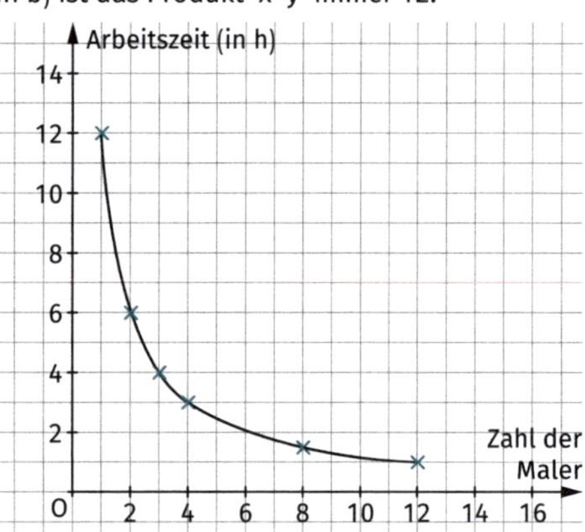

ABSCHLUSSTEST

Seite 48

1
a) Je **mehr** Kartoffeln man kauft, desto **schwerer** ist der Einkaufskorb. (proportional)
b) Je **höher** die Reisegeschwindigkeit, desto **kürzer** ist die Fahrtdauer. (umgekehrt proportional)
c) Je **mehr** Geld man hat, desto **mehr** Hemden kann man kaufen. (proportional)
d) Je **größer** der Benzinvorrat, desto **länger** ist die Reisestrecke, die man zurücklegen kann. (proportional)

2 a)

:12	12 €	15 Birnen	**:12**
	1 €	**1,25** Birnen	
·8	8 €	**10** Birnen	**·8**

b)

:42	42 l	56,70 €	**:42**
	1 l	**1,35 €**	
·60	60 l	**81 €**	**·60**

c)

:4	4 Maler	7 h	**·4**
	1 Maler	**28** h	
·5	5 Maler	**5,6** h	**:5**

d)

:3	3 Pumpen	8,5 h	**·3**
	1 Pumpe	**25,5** h	
·5	5 Pumpe	**5,1** h	**:5**

Seite 49

3

Strecke (in km)	25	80	120	**300**	350	**500**
Benzinverbrauch (in l)	**1,5**	**4,8**	**7,2**	18	21	30

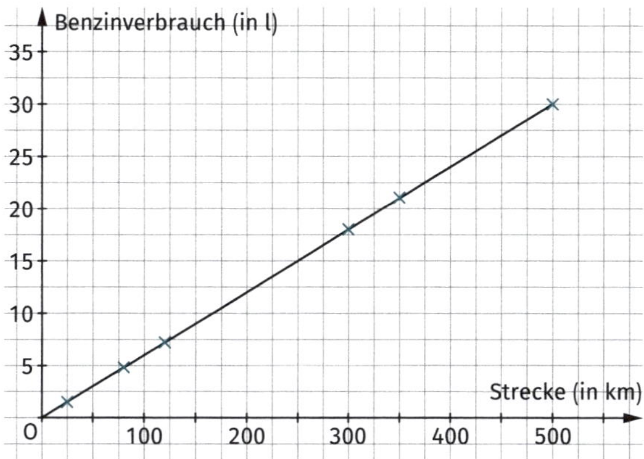

4

Breite eines Rechtecks (in m)	2	6	**6,4**	**8**	24	**48**
Länge eines Rechtecks (in m)	**48**	**16**	15	12	4	2

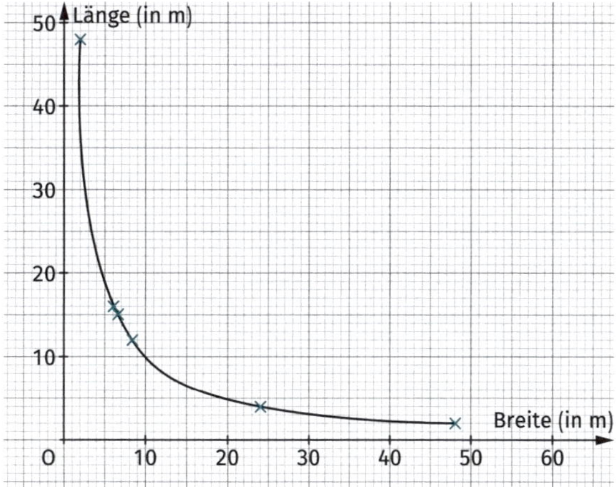

Seite 50

5 a) Die Zuordnung ist proportional. Für 1 € bekommt Herr Müller 1,52 $ (= 2280 $: 1500). Somit bekommt er für 2000 € den Dollarbetrag **3040 $** (= 2000 · 1,52 $).
b) Die Zuordnung ist umgekehrt proportional. Bei einer täglichen Ausgabe von 1 $ könnte Familie Müller 3040 Tage in den USA bleiben. Somit kann sie bei einer täglichen Ausgabe von 200 $ nur 15,2 Tage (= 3040 Tage : 200), also **15 Tage** bleiben.

6 a) Die Zuordnung ist umgekehrt proportional. Hätte eine Flasche 1 l Inhalt, wären 135 Flaschen (= 180 Fl. · 0,75) nötig. Bei 0,5-Liter-Flaschen braucht der Winzer somit **270 Flaschen** (= 135 Fl. : 0,5).
b) Die Einnahmen bei 0,75-Liter-Flaschen sind: 180 · 3,95 € = 711 €.
Die Einnahmen bei 0,5-Liter-Flaschen sind: 270 · 2,95 € = 796,50 €.
Die Einnahmen wären um **85,50 €** höher.

7 a) Die Zuordnung ist proportional. Täglich bindet der Baum $2400\,\text{m}^2 \cdot 1{,}5\,\frac{\text{g}}{\text{m}^2} = 3600\,\text{g}$.
In 6 Monaten (= 180 Tage) sind das 180 · 3600 g = 648 000 g = **648 kg**.
b) Die Zuordnung ist proportional. Es wären **5 Bäume** (= 3240 : 648) nötig.

KAPITEL 5: PROZENTRECHNUNG

Seite 53

1 a) 5 blaue Teile von insgesamt 8 Teilen sind $\frac{5}{8} = 0{,}625 = \mathbf{62{,}5\,\%}$

b) 15 rote Teile von insgesamt 25 Teilen sind $\frac{15}{25} = 0{,}60 = \mathbf{60\,\%}$

2 a) $\frac{1}{2} = \mathbf{50\,\%}$ b) $\frac{3}{4} = \mathbf{75\,\%}$ c) $\frac{2}{5} = \mathbf{40\,\%}$

d) $\frac{17}{25} = \mathbf{68\,\%}$ e) $\frac{9}{20} = \mathbf{45\,\%}$ f) $\frac{39}{50} = \mathbf{78\,\%}$

g) $\frac{1}{3} \approx \mathbf{33{,}33\,\%}$ h) $\frac{5}{6} \approx \mathbf{83{,}33\,\%}$ i) $\frac{7}{12} \approx \mathbf{58{,}33\,\%}$

3 a) $5\,\% = \frac{5}{100} = \mathbf{\frac{1}{20}}$ b) $20\,\% = \frac{20}{100} = \mathbf{\frac{1}{5}}$ c) $75\,\% = \frac{75}{100} = \mathbf{\frac{3}{4}}$

d) $40\,\% = \frac{40}{100} = \mathbf{\frac{2}{5}}$ e) $50\,\% = \frac{50}{100} = \mathbf{\frac{1}{2}}$ f) $90\,\% = \frac{90}{100} = \mathbf{\frac{9}{10}}$

g) $12{,}5\,\% = \frac{12{,}5}{100} = \frac{125}{1000} = \mathbf{\frac{1}{8}}$ h) $7{,}25\,\% = \frac{7{,}25}{100} = \frac{725}{10\,000} = \mathbf{\frac{29}{400}}$

i) $66{,}\overline{6}\,\% = 66\,\% + \frac{2}{3}\,\% = \frac{66}{100} + \frac{2}{300} = \frac{198}{300} + \frac{2}{300} = \mathbf{\frac{2}{3}}$

j) $33{,}\overline{3}\,\% = 33\,\% + \frac{1}{3}\,\% = \frac{33}{100} + \frac{1}{300} = \frac{99}{300} + \frac{1}{300} = \mathbf{\frac{1}{3}}$

Seite 55

4 a) 20 % b) 33,33 % c) 90 % d) 7,5 %

5 a) 87 Schüler b) 27 Lehrer c) 3 Computer d) 25,2 Mio. Wähler

6 a) 350 Autos b) 40 Schüler c) 9454,55 € d) 1000 Fische

7 20 % von 270 ml sind **54 ml**. Eine neue Flasche enthält somit **324 ml**. (= 270 ml + 54 ml)

8 180 € von 2400 € sind **7,5 %**.

9 Der Landrat hat die 34 Gymnasien als Grundwert G und nicht als Prozentwert W betrachtet.
Mit W = 34 Gymnasien und p % = 40 % erhält man G = 85 Gymnasien.
Hinweis: Dem Landrat hätte auch auffallen müssen, dass ein „krummer“ Wert wie 13,6 in diesem Zusammenhang überhaupt nicht sinnvoll ist.

Seite 58

10 In einem Säulendiagramm mit den Maßstab 1 % ≙ 1 mm sind die Säulenhöhen:
Essen, Getränke: 23 % ≙ 2,3 cm; Miete: 35 % ≙ 3,5 cm; Auto + Verkehrsmittel: 17 % ≙ 1,7 cm;
Kleidung: 9 % ≙ 0,9 cm; Sonstiges: 16 % ≙ 1,6 cm.
In einem Kreisdiagramm sind die Winkel der Kreisausschnitte:
Essen, Getränke (E): 23 % ≙ 82,8°; Miete (M): 35 % ≙ 126°; Auto + Verkehr (A): 17 % ≙ 61,2°;
Kleidung (K): 9 % ≙ 32,4°; Sonstiges (S): 16 % ≙ 57,6°. (Grafiken verkleinert)

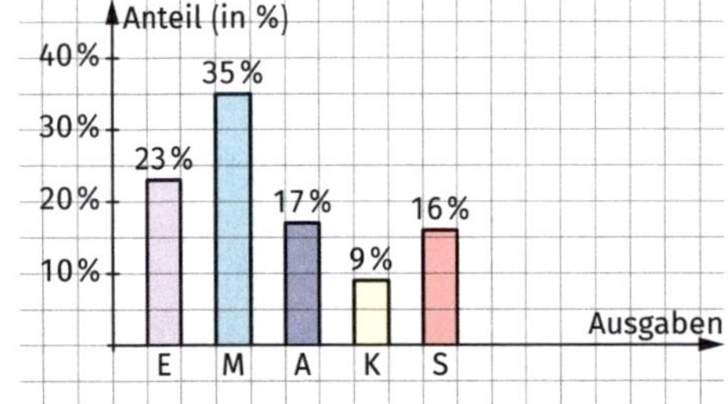

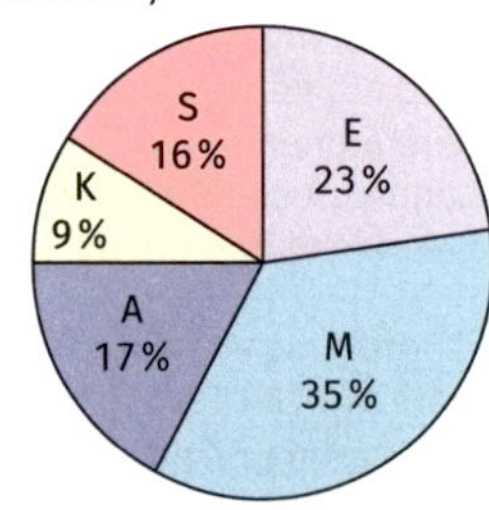

11 a) Mit $\frac{3}{8} \triangleq 37{,}5\,\%$ und $\frac{1}{10} \triangleq 10\,\%$ ergibt die Summe der angegebenen Anteile
$25\,\% + 37{,}5\,\% + 12{,}5\,\% + 10\,\% = 85\,\%$.
Somit muss der fehlende Anteil **15 %** betragen (= 100 % – 85 %).
b) 15 % entspricht im Kreisdiagramm einem Winkel von **54°** ($\triangleq 15 \cdot 3{,}6°$).
c) Streifendiagramm (1 % ≙ 1 mm):

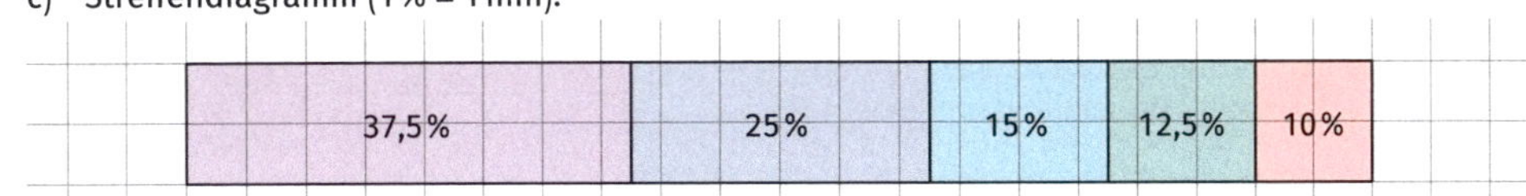

Seite 59

12 a) Mit $\frac{1}{8} \triangleq 12{,}5\,\%$ und $\frac{2}{5} \triangleq 40\,\%$ ist die Summe der angegebenen Anteile: $40\,\% + 14{,}5\,\% + 12{,}5\,\% = 67\,\%$. Somit muss der fehlende Anteil **33 %** betragen (= 100 % – 67 %).
b) Wenn 33 % den 1221 Stimmen entsprechen, ist der Grundwert (= alle abgegebenen Stimmen) **3700 Stimmen**.
c) Kreisdiagramm siehe rechts. 40 % ≙ 144° (A);
33 % ≙ 118,8° (B); 14,5 % ≙ 52,2° (C); 12,5 % ≙ 45°

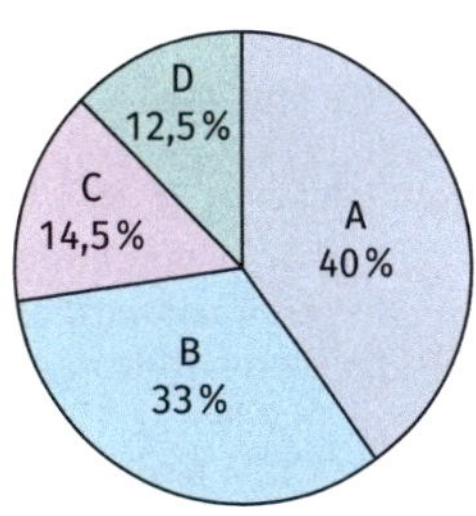

13 a) Mit $\frac{3}{8} = 37{,}5\,\%$ ist die Summe der angegebenen Prozentsätze:
$7{,}5\,\% + 35\,\% + 37{,}5\,\% = 80\,\%$. Somit müssen die 45 Personen einem Prozentsatz von **20 %** entsprechen.
b) Aus 20 % ≙ 45 Schülerinnen und Schüler folgt:
100 % ≙ **225 Schülerinnen und Schüler**.
c) Kreisdiagramm:
Den Prozentsätzen entsprechen folgende Winkel:
7,5 % ≙ 27° (Mathematik); 35 % ≙ 126° (Deutsch);
37,5 % ≙ 135° (Englisch); 20 % ≙ 72° (Französisch).

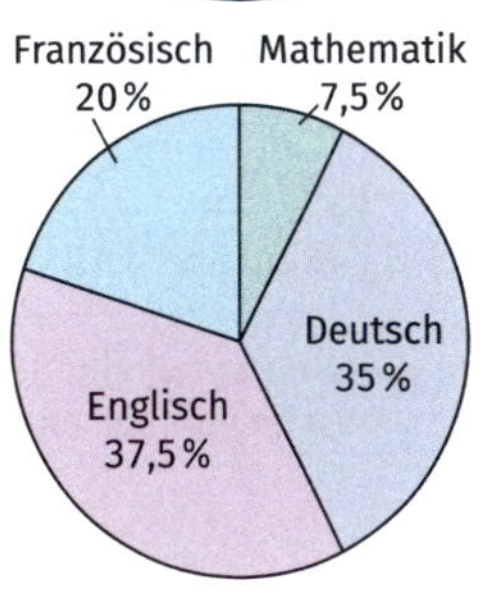

ABSCHLUSSTEST

Seite 60

1 a) $\frac{1}{4} =$ **25 %** b) $\frac{7}{40} =$ **17,5 %** c) $\frac{13}{20} =$ **65 %** d) $\frac{1}{6} =$ **$16{,}\overline{6}$ %**

2 a) 24 % von 45,50 € sind **10,92 €**. Die Jeanshose nach der Ermäßigung nur noch **34,58 €**.
b) 1,5 Liter Cola wiegen ca. 1500 g. 10 % Zucker davon sind **150 g**.
c) 450 € von 6250 € sind **7,2 %**.

3 In einem Säulendiagramm mit den Maßstab 1 % ≙ 1 mm sind die Säulenhöhen:
Kandidat A: 1,7 cm; Kandidat B: 3,8 cm; Kandidat C: 1,5 cm; Kandidat D: 3,0 cm.
Im Kreisdiagramm sind die entsprechenden Winkel:
Kandidat A: 17 % ≙ **61,2°**; Kandidat B: 38 % ≙ **136,8°**; Kandidat C: 15 % ≙ **54°**; Kandidat D: 30 % ≙ **108°**.

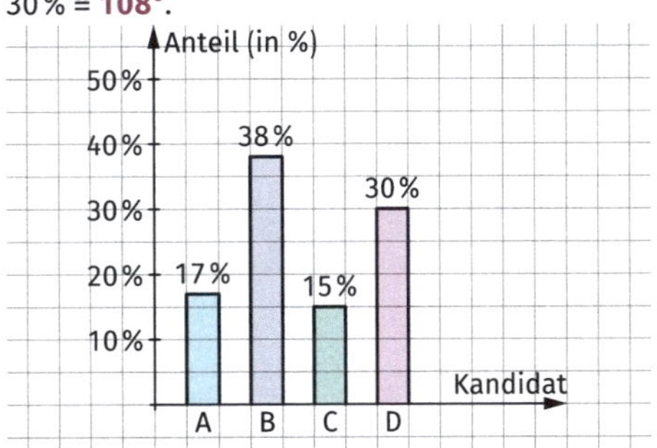

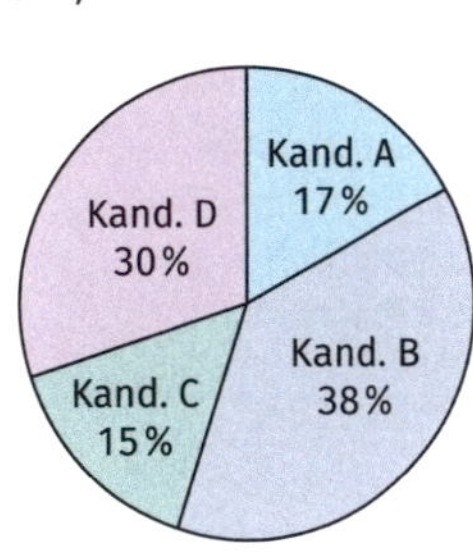

Seite 61

4 Der Grundwert ist $G = 17\,kg + 23\,kg + 32\,kg = 72\,kg$
Papier, Pappe, Karton: 17 kg von 72 kg sind: **23,6 %**
Glasverpackungen: 23 kg von 72 kg sind: **31,9 %**
Leichtverpackungen: 32 kg von 72 kg sind: **44,4 %**
(Hinweis: Die Summe aller Prozentsätze ergibt nicht exakt 100 %, weil sie jeweils auf eine Dezimale gerundet wurden.)

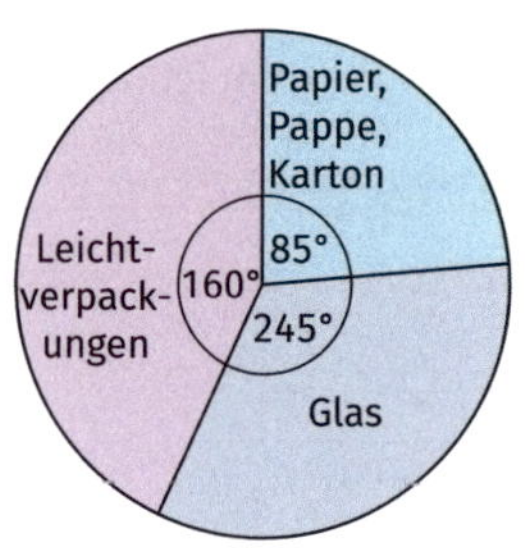

5 a) 60,5 Mrd. kWh sind der Prozentwert W. Der Prozentsatz ist $p\,\% = 12{,}5\,\%$.
1 % entsprechen dann 4,84 Mrd. kWh Strom. Für die anderen Energieträger erhält man somit:
Steinkohle: **35,33 Mrd. kWh**; Braunkohle: **81,31 Mrd. kWh**; Erdgas: **58,56 Mrd. kWh**
Erneuerbare Energieträger: **248,3 Mrd. kWh**
b) Kohlendioxid wird beim Verbrennen der Energieträger Steinkohle, Braunkohle und Erdgas freigesetzt. Deren prozentualer Anteil an der gesamten Stromproduktion beträgt
$7{,}3\,\% + 16{,}8\,\% + 12{,}1\,\% = 36{,}2\,\%$.
Mit $1\,\% \mathrel{\hat{=}} 4{,}84$ Mrd. kWh erhält man: $36{,}2\,\% \mathrel{\hat{=}} 175{,}21$ Mrd. kWh Strom.
Das ergibt einen CO_2-Ausstoß von $0{,}614\,kg \cdot 175{,}21$ Mrd. = **107,6 Mrd. kg CO_2**

KAPITEL 6: GRUNDBEGRIFFE DER GEOMETRIE

In diesem Kapitel gilt: Beim Vergleich mit deinen Lösungen sind *geringe* Abweichungen aufgrund von Messungenauigkeiten bei Winkel- und Abstandsmessungen möglich.

Seite 63

1

Punkte der Ebene	(3|4)	(−4|5)	(5|−4)	(−20|−20)	(12|0)	(0|0)	(0|−13)
Quadrant	**1**	**2**	**4**	**3**	**x-Achse**	**Ursprung**	**y-Achse**

2 a) A(0|2);
B(−3|2);
C(4|1)
D(−2|−2);
E(1|−3);
F(3|0)
b) siehe rechts

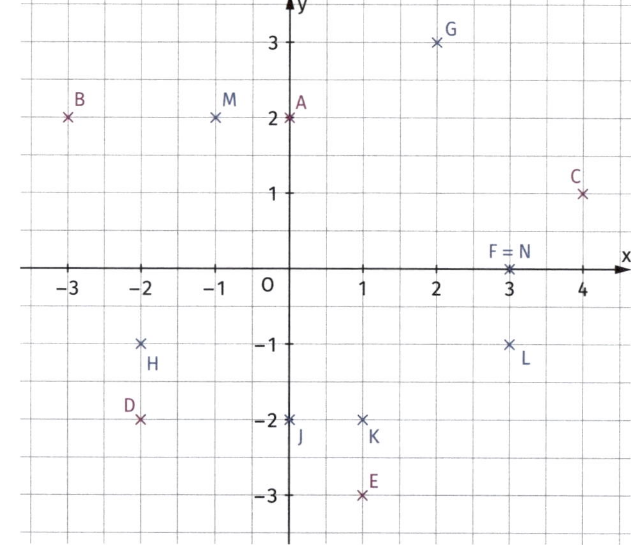

Seite 64

3 [AB] = **3 cm**
[AC] = **4,1 cm**
[AD] = **4,5 cm**
[CD] = **6,8 cm**
[BC] = **7,1 cm**
[BA] = **3 cm**
[ED] = **3,2 cm**

Seite 64/65

4 a) und b) siehe rechts
c) Anfangspunkt B(−2|3); $P_2(0|1)$; $P_2(1|0)$
d) Ordinate: 2; G(2|2)
e) Schnittpunkt (1|0)
g) $\overline{DA} = 2\,cm$; $\overline{CE} = 4\,cm$; $\overline{OF} = 2{,}9\,cm$
h) A(−1|3); F(−1,5|−2,5)

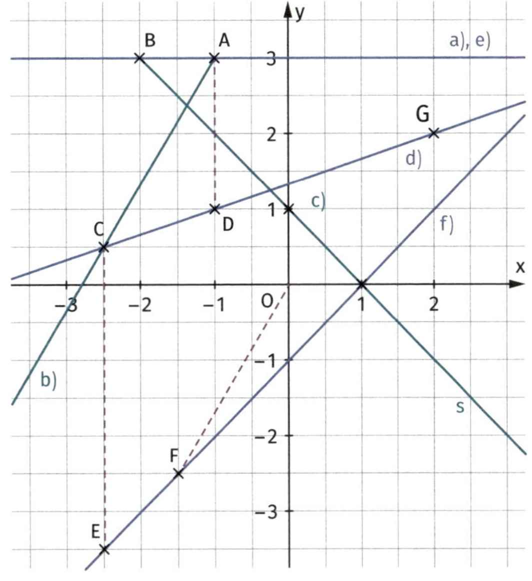

Seite 66

5 a) überstumpf
b) gestreckt
c) stumpf
d) spitz
e) rechter Winkel
f) spitz

6 Leon hat den Winkel auf der falschen Skala seines Geodreiecks abgelesen. Da der eingezeichnete Winkel ein stumpfer Winkel ist, hätte Leon selbst merken müssen, dass $\alpha = 30°$ (spitzer Winkel) gar nicht sein kann. Richtig ist $\alpha = 150°$.

Seite 67

7 w(g, h) = **40°**; w(s, g) = **160°**; w(h, s) = **160°**; w(s, l) = **35°**; w(g, s) = **200°**; w(g, l) = **235°**

8

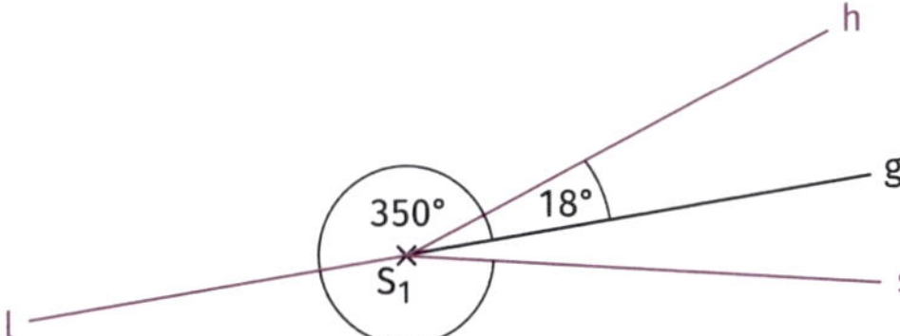

Seite 68

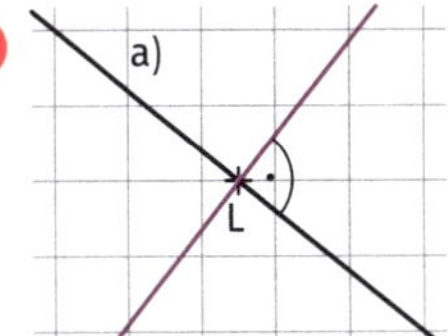

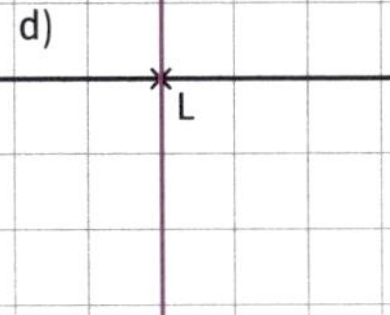

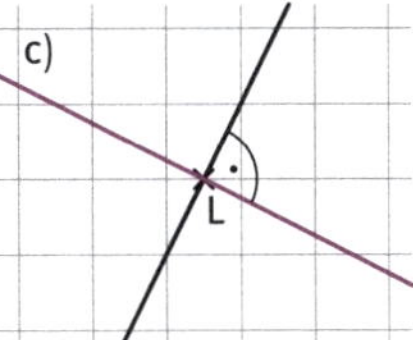

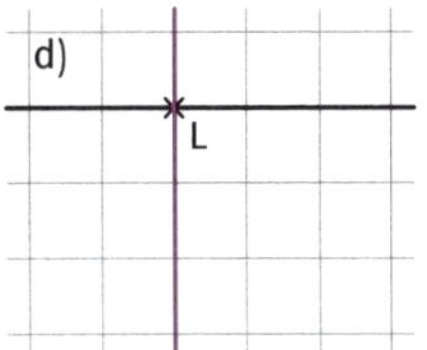

10

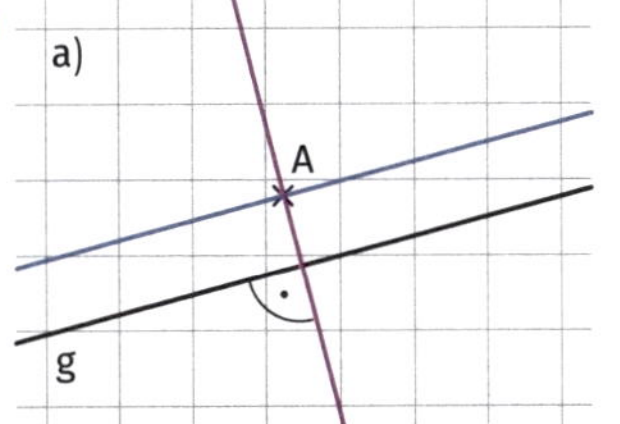

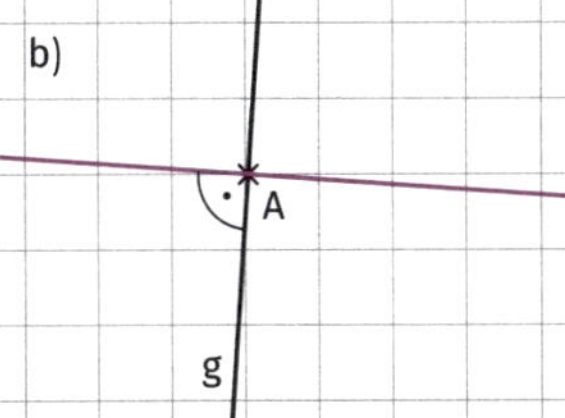

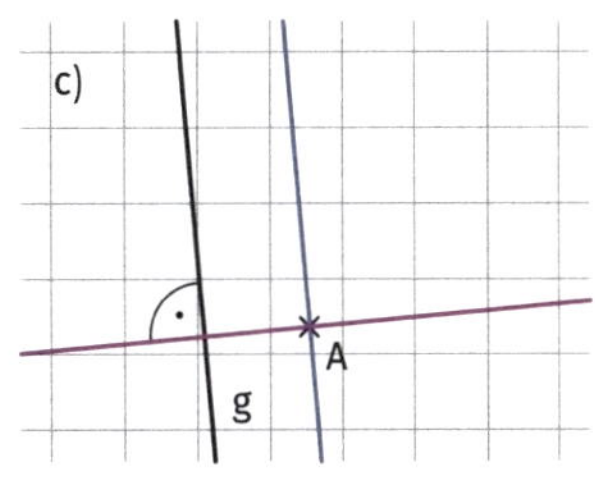

Seite 69

11 a) d (A, B) = 6,3 cm b) $\overline{CB}$ = 5,6 cm c) d (C, D) = 5,0 cm
d) d (A, g) = 1,0 cm e) d (B, g) = 4,0 cm f) d (C, g) = 3,0 cm

12 a) ja, es gilt: $\overline{CD} = \overline{DE}$ b) nein, es gilt **nicht**: $\overline{BD} = \overline{DE}$

ABSCHLUSSTEST

Seite 70

1 siehe Grafik rechts
a) $Q_1(\approx -1{,}3|3)$; $Q_2(\approx 2{,}15|3)$
b) $P_1(-1|\approx 1{,}8)$; $P_2(-1|\approx -0{,}8)$
c) $R_1(0|2)$; $R_2(0|-2)$
Anmerkung: Die Abstände zu Punkt A in den Teilaufgaben a) und b) können mit dem Zirkel abgetragen werden, wie in der Zeichnung durch die Linien angedeutet wurde.

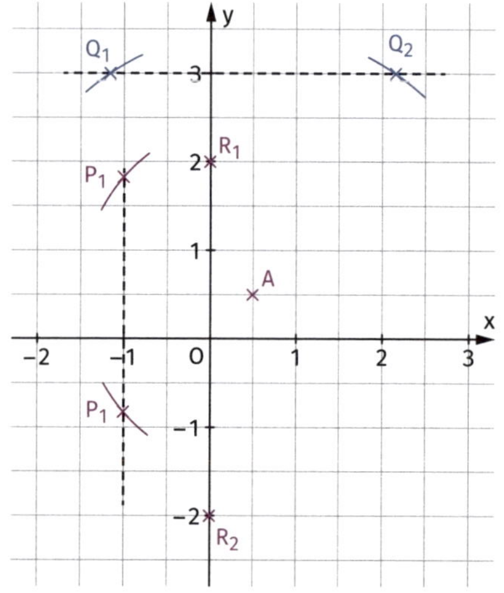

2 a) α = **33°**; β = **35°**; γ = **112°**; δ = **153°**; ε = **312°**; λ = **27°**
b)

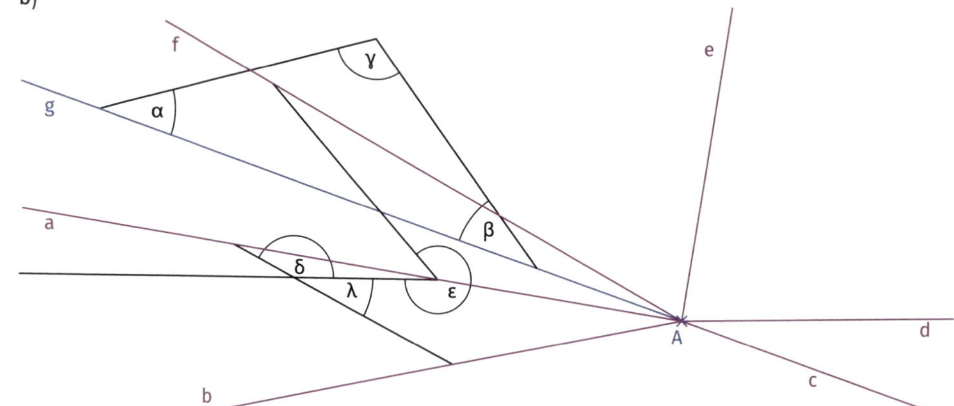

KAPITEL 7: EBENE FIGUREN & KÖRPER

Auch in diesem Kapitel gilt: Beim Vergleich mit deinen Lösungen sind *geringe* Abweichungen aufgrund von Messungenauigkeiten bei Winkel- und Abstandsmessungen möglich.

Seite 72

a)

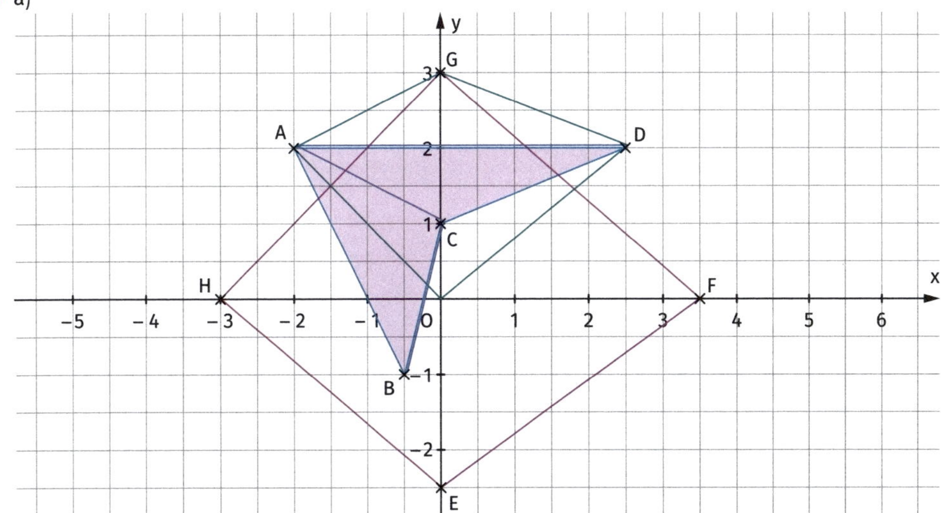

b) $A_{Dreieck1} = \frac{1}{2} \cdot 4{,}5\,\text{cm} \cdot 1\,\text{cm} = \mathbf{2{,}25\,cm^2}$, $A_{Dreieck2} = \frac{1}{2} \cdot 1{,}3 \cdot 3{,}4 = \mathbf{2{,}21\,cm^2}$

$A_{ABCD} = 2{,}25\,\text{cm}^2 + 2{,}21\,\text{cm}^2 = \mathbf{4{,}46\,cm^2}$

Seite 73

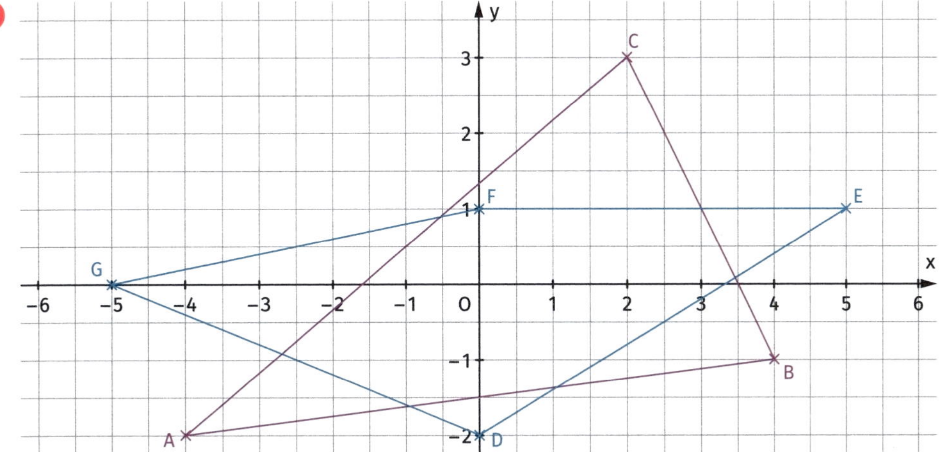

Winkel bei	Dreieck ABC	Viereck EFGH
A bzw. D	**32°**	**128°**
B bzw. E	**71°**	**30°**
C bzw. F	**77°**	**169°**
G	–	**33°**
Summe	**180°**	**360°**
Umfang	8,1 + 4,5 + 7,8 = **20,4 cm**	5,4 + 5,9 + 5 + 5,1 = **21,4 cm**
Flächeninhalt	$\frac{1}{2} \cdot 8{,}1 \cdot 4{,}2 =$ **17,01 cm²**	$A_{\text{Dreieck GDF}} = \frac{1}{2} \cdot 5 \cdot 3 = 7{,}5$ $A_{\text{Dreieck DEF}} = \frac{1}{2} \cdot 5 \cdot 3 = 7{,}5$ $A_{\text{Viereck}} =$ **15 cm²**

Seite 75

3 a) w b) w c) f d) f e) w

4 a) M(**−1**|**−2**); r = **2** cm; d = **4** cm b) M(**−1**|**1**); r = **1** cm; d = **2** cm
c) M(**2**|**2**); r = **1** cm; d = **2** cm d) M(**0**|**0**); r = **3** cm; d = **6** cm

Seite 76

5

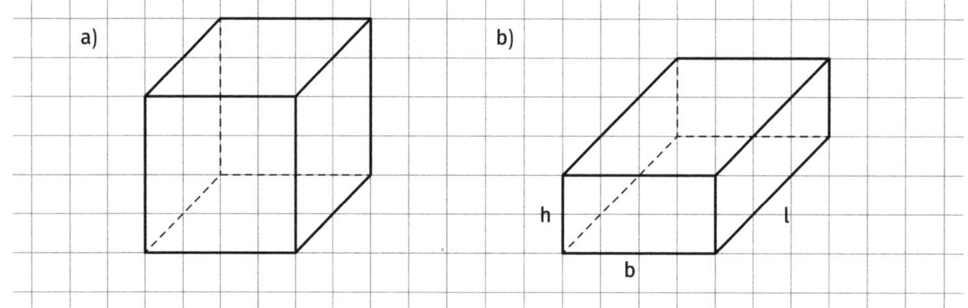

Seite 77

6 Es handelt sich um zwei (gleiche) Quader.

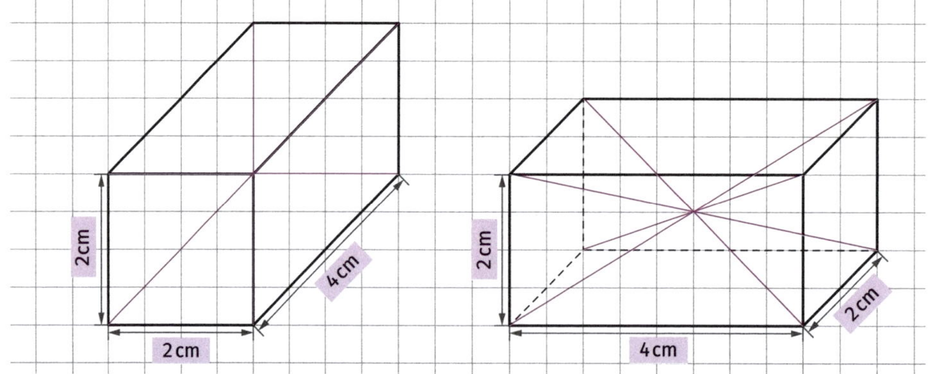

Hinweis: Im linken Quader werden die Raumdiagonalen von den Quaderkanten teilweise verdeckt.

Seite 77

7

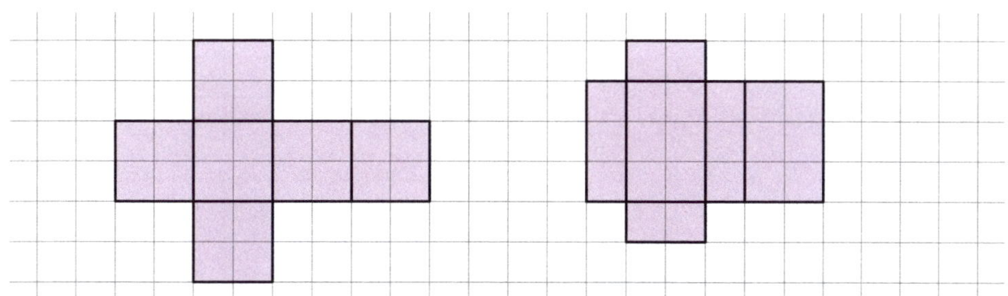

Maßstab 1:2

8 a) $V = 3\,cm \cdot 3\,cm \cdot 3\,cm = \mathbf{27\,cm^3}$ $O = 6 \cdot (3\,cm \cdot 3\,cm) = \mathbf{54\,cm^2}$
b) $V = 10\,cm \cdot 10\,cm \cdot 10\,cm = \mathbf{1000\,cm^3}$ $O = 6 \cdot (10\,cm \cdot 10\,cm) = \mathbf{600\,cm^2}$
c) $V = 2\,cm \cdot 2\,cm \cdot 2\,cm = \mathbf{8\,cm^3}$ $O = 6 \cdot (2\,cm \cdot 2\,cm) = \mathbf{24\,cm^2}$

9

	a)	b)	c)	d)	e)
Länge	3 cm	4 cm	1 cm	50 cm	1 m
Breite	4 cm	2 cm	10 cm	1 m	2 m
Höhe	5 cm	4 cm	1 cm	20 cm	3 m
Volumen	**60 cm³**	**32 cm³**	**10 cm³**	**1000 cm³**	**6 m³**
Oberfläche	**94 cm²**	**64 cm²**	**42 cm²**	**2140 cm²**	**22 m²**

Seite 78

10 a) wahr
b) falsch: Die Kanten, die nach hinten verlaufen, sind verkürzt angezeichnet und können nicht direkt abgemessen werden.
c) wahr
d) falsch

11 a) $V = 1\,cm \cdot 4\,cm \cdot 4\,cm + 2\,cm \cdot 1\,cm \cdot 2\,cm = 16\,cm^3 + 4\,cm^3 = \mathbf{20\,cm^3}$
$O = 4\,cm \cdot 4\,cm + 4 \cdot 4\,cm \cdot 1\,cm + (4\,cm \cdot 4\,cm - 2\,cm \cdot 2\,cm) + 4 \cdot 2\,cm \cdot 1\,cm + 2\,cm \cdot 2\,cm = \mathbf{56\,cm^2}$
b) $V = 3\,cm \cdot 3\,cm \cdot 3\,cm - (3\,cm \cdot 1{,}5\,cm \cdot 1\,cm) = 27\,cm^3 - 4{,}5\,cm^3 = \mathbf{22{,}5\,cm^3}$
$O = 6 \cdot 3\,cm \cdot 3\,cm - 2 \cdot 1{,}5\,cm \cdot 1\,cm = 54\,cm^2 - 3\ cm^2 = \mathbf{51\,cm^2}$

ABSCHLUSSTEST

Seite 80

1 $A_1 = \frac{1}{2} \cdot 4\,cm \cdot 3\,cm = 6\,cm^2$

$A_2 = \frac{1}{2} \cdot 5{,}5 \cdot 2{,}6 = 7{,}15\,cm^2$

$A_3 = \frac{1}{2} \cdot 1\,cm \cdot 1{,}5\,cm = 0{,}75\,cm^2$

$A_{gesamt} = \mathbf{13{,}9\,cm^2}$

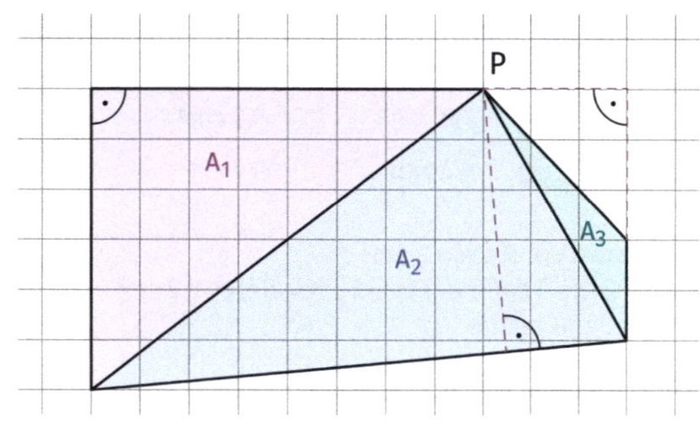

2 Punkt D(−4|−1). Flächeninhalt
$A = 1{,}8\,\text{cm} \cdot 4{,}5\,\text{cm} = \mathbf{8{,}1\,cm^2}$
Zeichnung siehe rechts.

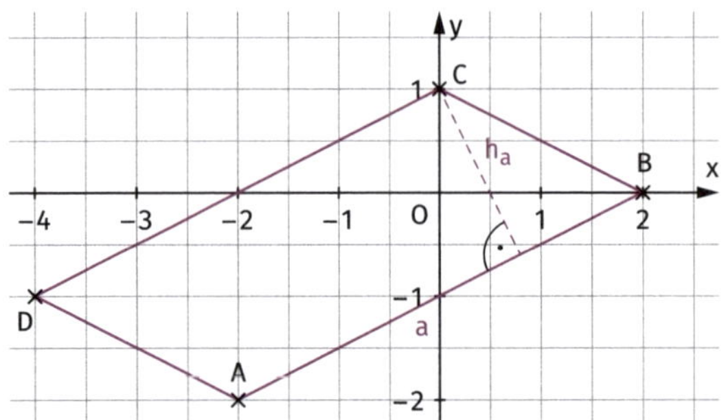

3

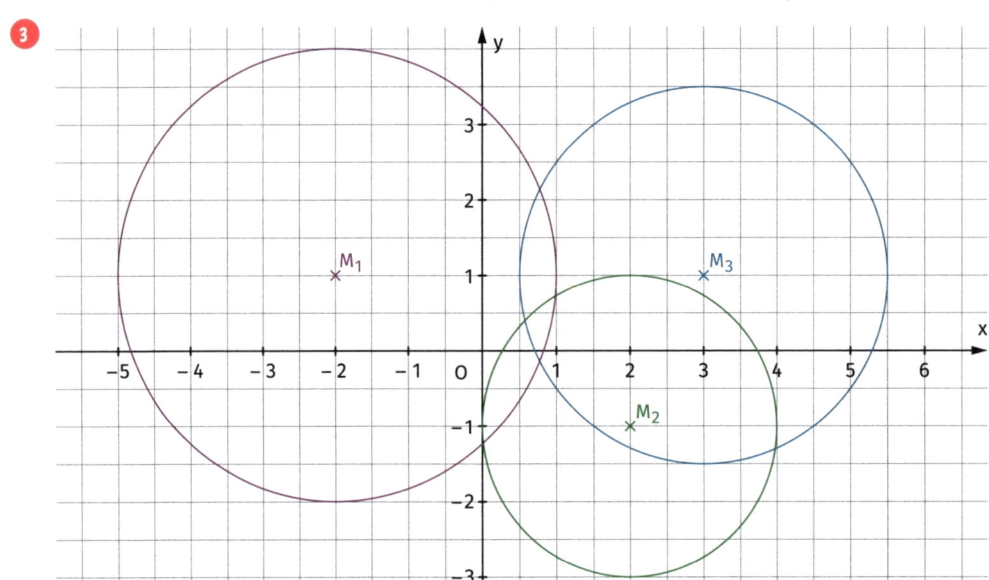

Zwei Punkte in K2 und K3: A(2|0) und B(3|−1)
Punkte mit ganzzahligen Koordinaten, die gleichzeitig in allen drei Kreisen liegen, gibt es nicht.

Seite 81

4

	Q_1	Q_2	Q_3	Q_4	Q_5
Länge	3 cm	2 cm	2 cm	**2 cm**	12 cm
Breite	5 cm	4 cm	3 cm	**3 cm**	20 cm
Höhe	6 cm	**5 cm**	**2 cm**	5 cm	100 cm
Volumen	**90 cm³**	40 cm³	**12 cm³**	30 cm³	**24 000 cm³**
Oberfläche	**126 cm²**	**76 cm²**	32 cm²	62 cm²	**6880 cm²**

5 $V = 2\,\text{cm} \cdot 1\,\text{cm} \cdot 1\,\text{cm} = \mathbf{2\,cm^3}$
$O = 4 \cdot 2\,\text{cm} \cdot 1\,\text{cm} + 2 \cdot 1\,\text{cm} \cdot 1\,\text{cm} = 8\,\text{cm}^2 + 2\,\text{cm}^2 = \mathbf{10\,cm^2}$
Grafik siehe rechts.

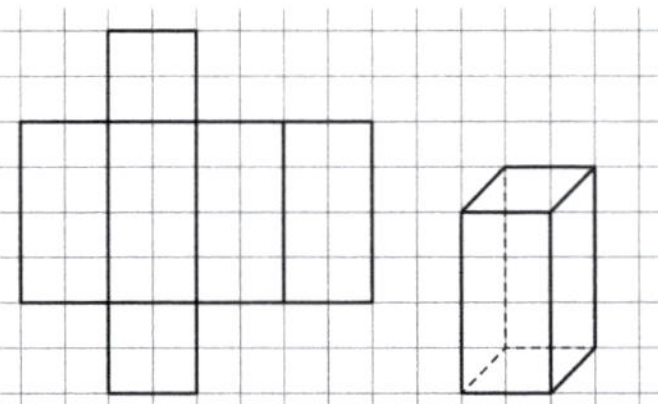

6 a) Buchstabe F: $V = 8 \cdot 1\,\text{cm} \cdot 1\,\text{cm} \cdot 2\,\text{cm} = 16\,\text{cm}^3$
$\Rightarrow$ Der Buchstabe ist $16 \cdot 20\,\text{g} = \mathbf{320\,g}$ schwer.
b) Buchstabe H: $V = 12 \cdot 1\,\text{cm} \cdot 1\,\text{cm} \cdot 2\,\text{cm} = 24\,\text{cm}^3$
$\Rightarrow$ Der Buchstabe ist $24 \cdot 20\,\text{g} = \mathbf{480\,g}$ schwer.

KAPITEL 8: FLÄCHEN & UMFANG

Seite 82

1 a) $A = 56{,}95\,cm^2$; $u = 30{,}4\,cm$ b) $A = 72{,}96\,m^2$; $u = 40\,m$ c) $A = 88{,}36\,dm^2$; $u = 37{,}6\,dm$.

2 a) Zaunlänge: 156,4 m. Damit kostet der Zaun $156{,}4 \cdot 12{,}50\,€ =$ **1955 €**.
b) Flächeninhalt: $1485{,}25\,m^2$; Zahl der Kühe $= 1485{,}25 : 200 = 7{,}4 \approx$ **7 Kühe**

Seite 83

3 a) $A = \frac{1}{2} \cdot 5\,cm \cdot 3\,cm = \mathbf{7{,}5\,cm^2}$ (30 Kästchen) b) $A = \frac{1}{2} \cdot 3\,cm \cdot 2{,}5\,cm = \mathbf{3{,}75\,cm^2}$ (15 Kästchen);

Seite 84

4 a) $A = 9{,}4\,m \cdot 3{,}5\,m = \mathbf{32{,}9\,m^2}$; $\mathbf{u = 28{,}2\,m}$
b) $A = 6{,}3\,cm \cdot 12{,}8\,cm = \mathbf{80{,}64\,cm^2}$; $\mathbf{u = 49\,cm}$
(Beachte: 1,28 dm = 12,8 cm)

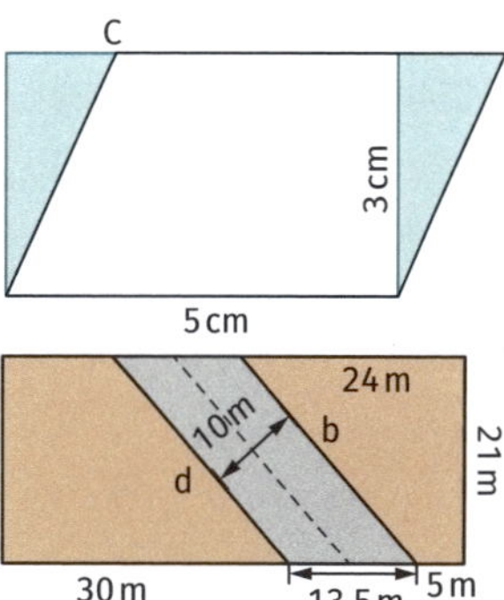

5 Rechteckfläche: **15 cm²**; Parallelogrammfläche: **15 cm²**.
Beide Flächen sind gleich groß.
Wenn man vom Rechteck das grüne Dreieck abschneidet und an der anderen Seite anfügt, erhält man das Parallelogramm.

6 Die Strecke d erhält man, indem man eine Parallele zu b mit Abstand 1 cm zeichnet. In der Skizze sind: 24 m ≙ 2,4 cm; 30 m ≙ 3,0 cm; 5 m ≙ 0,5 cm; 21 m ≙ 2,1 cm und 10 m ≙ 1 cm.
Der Zeichnung entnimmt man, dass die Grundseite des Parallelogramms **1,35 cm** lang ist. Das entspricht 13,5 m. Somit ist der Flächeninhalt der Straße (= Parallelogramm):
$13{,}5\,m \cdot 21\,m = \mathbf{283{,}5\,m^2}$.

Seite 85

7 a) $A = \frac{1}{2} \cdot (5{,}5\,cm + 3\,cm) \cdot 2{,}5\,cm = \mathbf{10{,}625\,cm^2}$ (42,5 Kästchen);
b) Beachte, dass das Trapez um 90° gedreht ist und seitlich liegt.
$A = \frac{1}{2} \cdot (2{,}5\,cm + 1{,}5\,cm) \cdot 4\,cm = \mathbf{8\,cm^2}$ (32 Kästchen);

8 a) $A = \frac{1}{2} \cdot (5{,}9\,cm + 2{,}8\,cm) \cdot 3\,cm = \mathbf{13{,}05\,cm^2}$; $\mathbf{u = 16{,}7\,cm}$
b) Trapez liegt seitlich! $A = \frac{1}{2} \cdot (5{,}2\,m + 2\,m) \cdot 7{,}8\,m = \mathbf{28{,}08\,m^2}$; $\mathbf{u = 23{,}4\,m}$
c) $A = \frac{1}{2} \cdot (47\,cm + 21\,cm) \cdot 102\,cm = \mathbf{3468\,cm^2 = 34{,}68\,dm^2}$; $\mathbf{u = 295\,cm = 29{,}5\,dm}$

9 Inhalt der Querschnittsfläche $= \frac{1}{2} \cdot (20{,}5\,m + 3{,}5\,m) \cdot 6{,}7\,m = \mathbf{80{,}4\,m^2}$

Seite 86

10 a) $A = \frac{1}{2} \cdot 7{,}6\,cm \cdot 12{,}4\,cm = \mathbf{47{,}12\,cm^2}$; $\mathbf{u = 29{,}6\,cm}$
b) $A = \frac{1}{2} \cdot 8{,}2\,m \cdot 4{,}1\,m = \mathbf{16{,}81\,m^2}$; $\mathbf{u = 18{,}4\,m}$
c) $A = \frac{1}{2} \cdot 32\,cm \cdot 106\,cm = \mathbf{1696\,cm^2}$; $\mathbf{u = 224\,cm}$

11 Fynns Drachen hat den Flächeninhalt $\frac{1}{2} \cdot 38\,cm \cdot 70\,cm = \mathbf{1330\,cm^2}$.
Sophias Drachen hat den Flächeninhalt $\frac{1}{2} \cdot 45\,cm \cdot 62\,cm = \mathbf{1395\,cm^2}$.
Sophias Drachen ist somit größer. Fynn hat nicht recht!

Seite 87

12 Kreisfläche: $\pi \cdot (2\,cm)^2 \approx$ **$12{,}56\,cm^2$**. Das sind etwas mehr als **50 Kästchen**.

13 a) $A = 78{,}5\,cm^2$ b) $A = 227\,m^2$ c) $A = 201\,cm^2$ d) $A = 1017{,}4\,mm^2$
$u = 31{,}4\,cm$ $u = 53{,}4\,m$ $u = 50{,}2\,cm$ $u = 113\,mm$
Beachte: In c) und d) sind die Radien $r = 8\,cm$ bzw. $r = 18\,mm$.

14 a) Die Figur besteht aus einem Halbkreis und einem Rechteck.
Der Radius des Halbkreises ist $r = 5\,cm$. Somit folgt:
Flächeninhalt: $A = \pi \cdot (5\,cm)^2 : 2 + 7{,}5\,cm \cdot 10\,cm = 39{,}25\,cm^2 + 75\,cm^2 =$ **$114{,}25\,cm^2$**
Umfang: $u = 2 \cdot \pi \cdot 5\,cm : 2 + 2 \cdot 7{,}5\,cm + 10\,cm = 15{,}7\,cm + 25\,cm =$ **$40{,}7\,cm$**
b) Die Figur besteht aus einem Halbkreis und einem Dreieck.
Der Radius des Halbkreises ist $r = 12{,}5\,cm$. Somit folgt:
Flächeninhalt $A = \pi \cdot (12{,}5\,cm)^2 : 2 + \frac{1}{2} \cdot 25\,cm \cdot 30\,cm = 245{,}3\,cm^2 + 375\,cm^2 =$ **$620{,}3\,cm^2$**
Umfang $u = 2\pi \cdot 12{,}5\,cm : 2 + 2 \cdot 32{,}5\,cm = 39{,}25\,cm + 65\,cm =$ **$104{,}25\,cm$**

15 Kreise mit 4 cm Durchmesser: $\left[\frac{1}{2} + \frac{1}{4} + 1\right] \cdot \left((2\,cm)^2 \cdot \pi\right) = 1{,}75 \cdot 12{,}56\,cm^2 = 21{,}98\,cm^2$
Kreise mit 2,5 cm Durchmesser: $\left[\frac{1}{2} + \frac{1}{2} + 1\right] \cdot \left((1{,}25\,cm)^2 \cdot \pi\right) = 2 \cdot 4{,}91\,cm^2 = 9{,}82\,cm^2$
Die Fläche aller Löcher ist **$31{,}80\,cm^2$**.
Die Rechteckfläche ist $9\,cm \cdot 15\,cm =$ **$135\,cm^2$** (100 %).
Damit ist der prozentuale Anteil der Löcher **23,6 %**. Luka hat also übertrieben.

ABSCHLUSSTEST

Seite 88

1 a) Schlafzimmer $= 8{,}75\,m^2$
Bad $= 6{,}25\,m^2$
Flur $= 7{,}5\,m^2 + 3{,}75\,m^2 = 11{,}25\,m^2$
Küche $= 8{,}75\,m^2$
Wohnzimmer $= 20\,m^2$
Gesamtfläche = $55\,m^2$
Miete = 398,75 €
oder:
$A = 10{,}5\,cm \cdot 5\,m + 2{,}5\,m \cdot 1\,m$
$= 52{,}5\,m^2 + 2{,}5\,m^2 = 55\,m^2$
b) Teppichfläche: $55\,m^2 - (6{,}25\,m^2 + 8{,}75\,m^2) =$ **$40\,m^2$**

Schlafzimmer
1 m
2,50 m
Flur
1,50 m
Bad
2,50 m
2,50 m
Küche
3,50 m
2,50 m
1,50 m
Wohnzimmer
4 m
5 m
10,50 m

2 a) $A = A_1 + A_2 = 12{,}25\,m^2 + 35\,m^2 =$ **$47{,}25\,m^2$**
b) $A = A_1 + A_2 = 6{,}28\,m^2 + 27\,m^2 =$ **$33{,}28\,m^2$**

a)
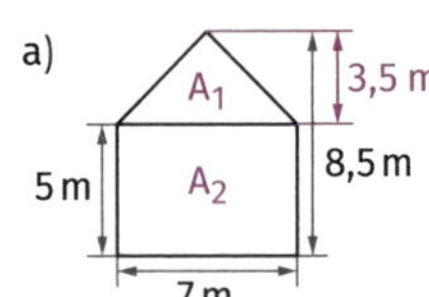

b)
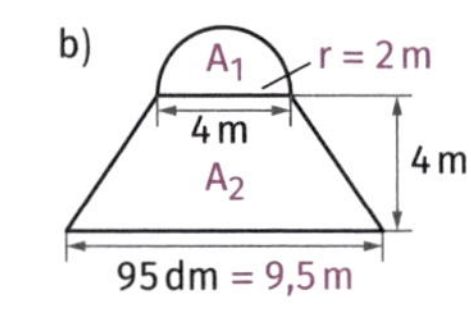

3 $A_1 = 5\,cm^2$
$A_2 = 2{,}1\,cm^2$
$A_3 = 7{,}44\,cm^2$
$A_4 = 7{,}83\,cm^2$
$A_5 = 0{,}72\,cm^2$
$A_6 = 2{,}1\,cm^2$
Gesamtfläche = 25,19 cm²
Hinweis: A3 und A4 sind Trapeze. Deren Höhen liegen jeweils auf der Strecke AE.

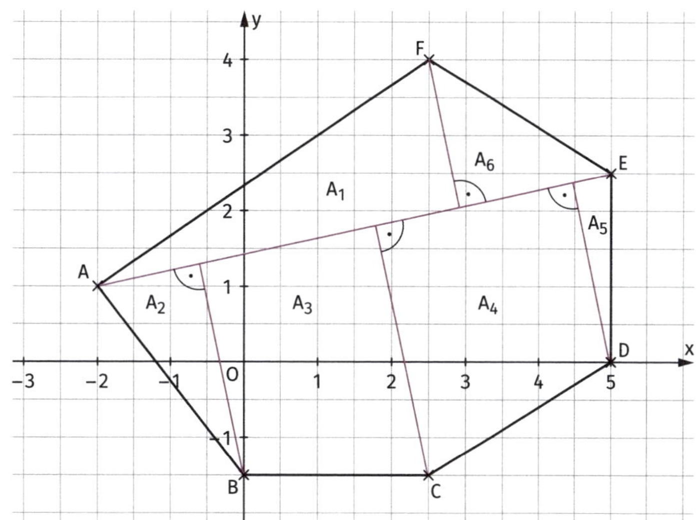

4 a) Die markierte Fläche ist die Kreisfläche minus der Quadratfläche:
$A = \pi \cdot (3\,cm)^2 - (4{,}24\,cm)^2 = \mathbf{10{,}28\,cm^2}$.
Umfang = Kreisumfang + Quadratumfang: $u = 2\pi \cdot 3\,cm + 4 \cdot 4{,}24\,cm = \mathbf{35{,}8\,cm}$
b) Die markierte Fläche ist die Fläche eines Viertelquadrats minus der Fläche des Viertelkreises:
$A = (8\,cm)^2 - \pi \cdot (8\,cm)^2 : 4 = \mathbf{13{,}76\,cm^2}$.
Der Umfang besteht aus einem Viertelkreisbogen plus 2 halben Quadratseiten:
$u = 2 \cdot \pi \cdot 8\,cm : 4 + 16\,cm = \mathbf{28{,}56\,cm}$.

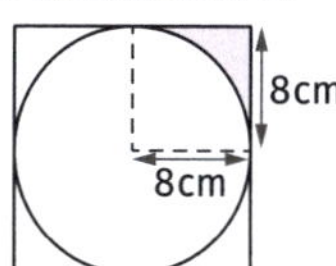

KAPITEL 9: SYMMETRIE

Seite 90

1 (Rechte Winkel sind hier wegen der Übersichtlichkeit nur bei F markiert.)

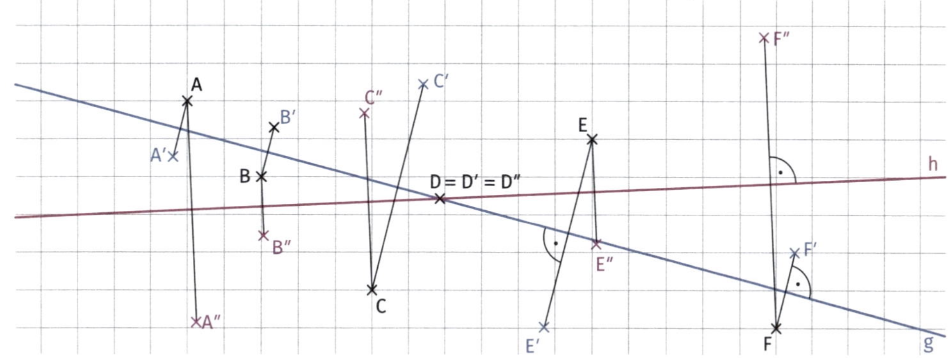

2

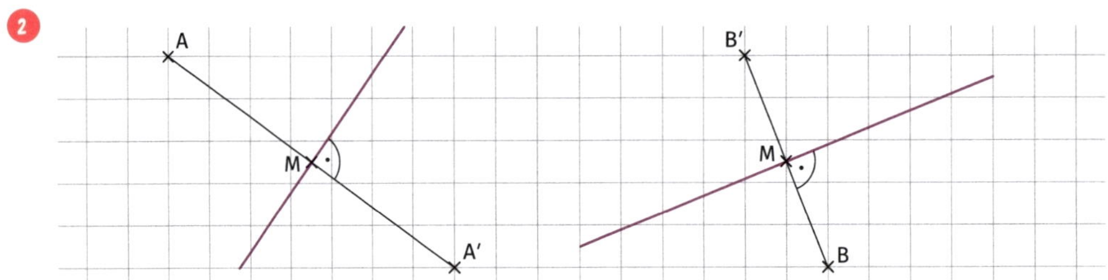

Seite 91

3 a) Spiegelung an der x-Achse:
A′(3|−3), B′(2|−1), C′(−1|2)
b) Spiegelung an der y-Achse:
A″(−3|3), B″(−2|1), C″(1|−2)
(siehe Grafik rechts)

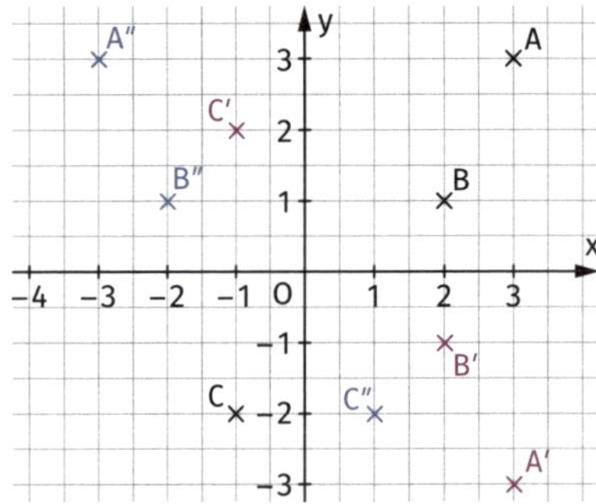

4 a) und b) ergeben (zufällig) dieselbe Bildfigur. Es sind nicht alle rechten Winkel markiert.

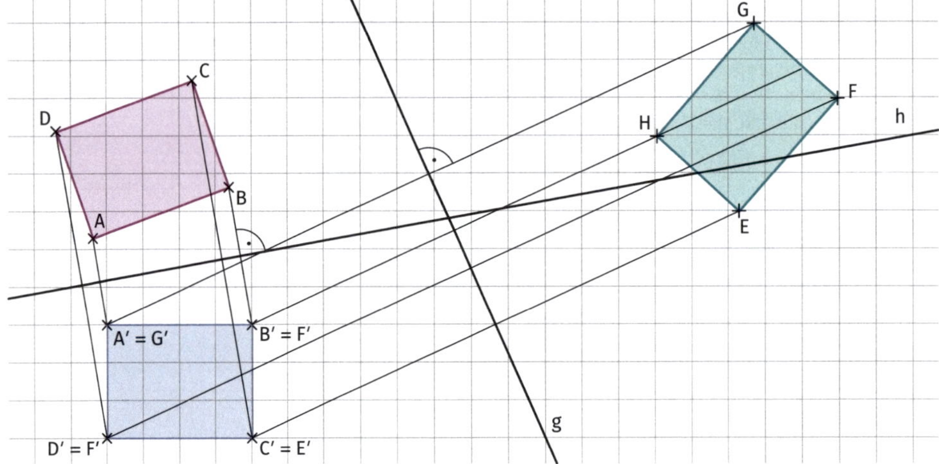

Seite 92

5

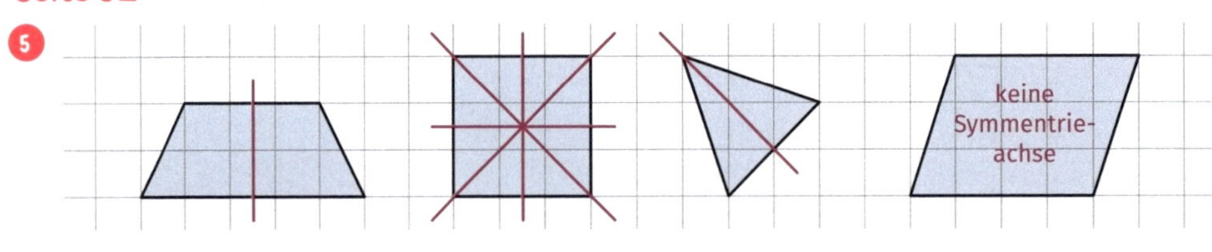

6

Buchstabe	H	A	B	R	S	U	W
Anzahl der Symmetrieachsen	2	1	1	0	0	1	1

7

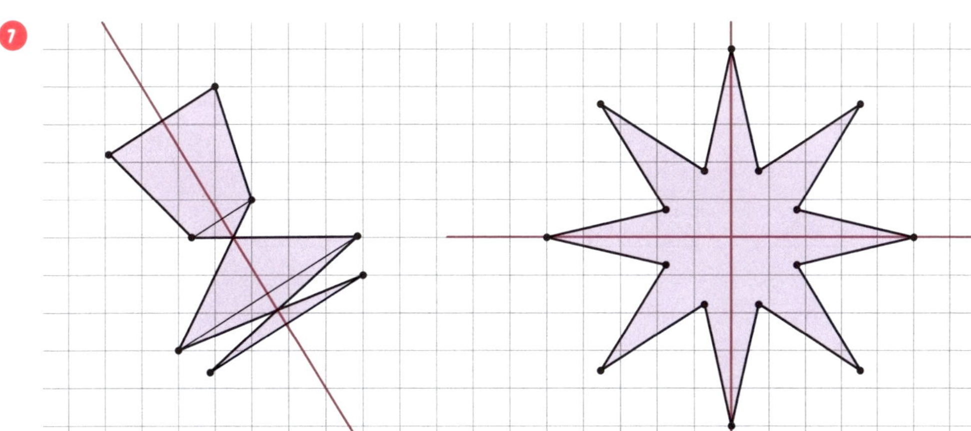

Seite 93

8

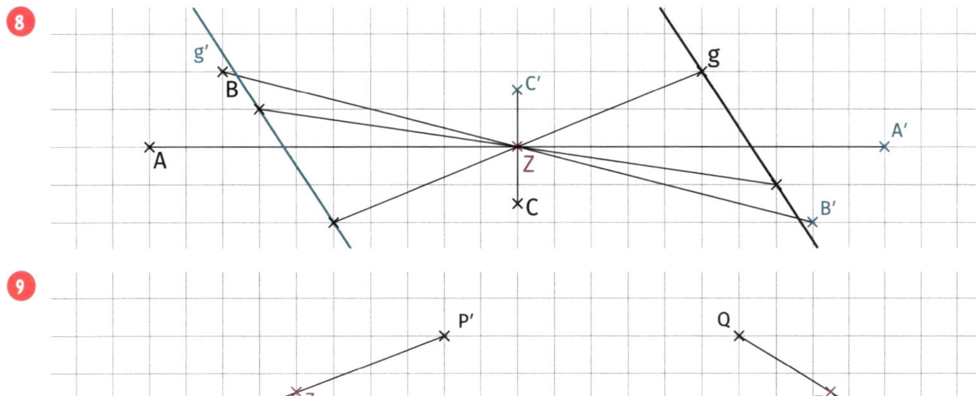

9

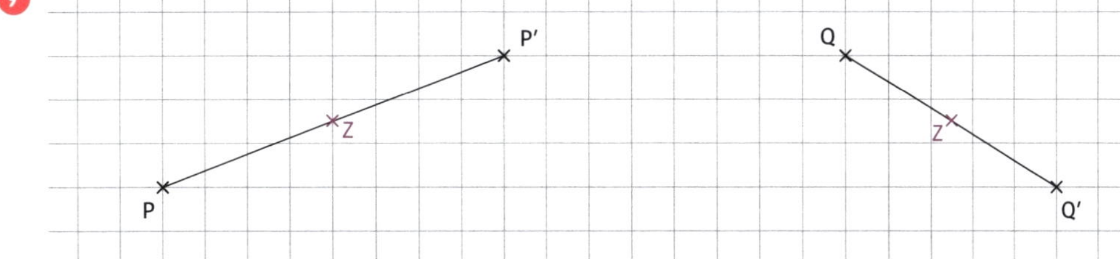

Hinweis: Z muss jeweils in die Mitte zwischen P und P' bzw. Q und Q' liegen.

10

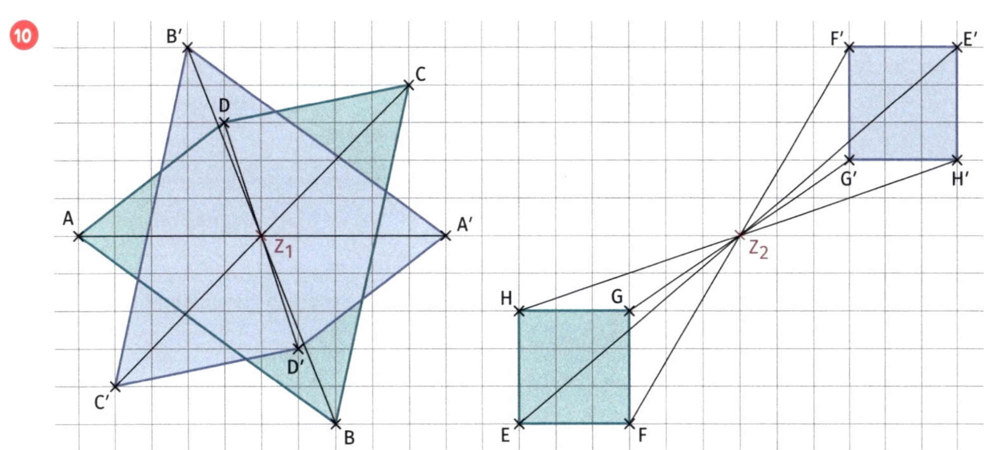

Seite 95

11

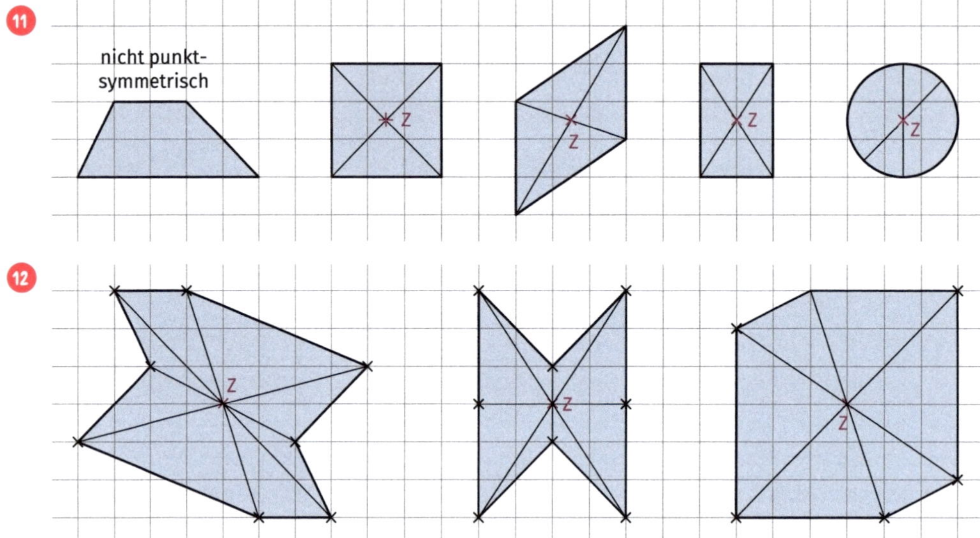

12

13 Bei Achsenspiegelungen verändert sich der Drehsinn, bei Punktspiegelungen nicht.

ABSCHLUSSTEST

Seite 96

1

	I	W	O	E	H	S	3
punktsymmetrisch	x	–	x	–	x	x	–
achsensymmetrisch	x	x	x	x	x	–	x
mehrere Achsen	x	–	x	–	x	–	–

2

Figur	Anzahl der Symmetrieachsen	Punktsymmetrie
Quadrat	4	ja, im Mittelpunkt
gleichseitiges Dreieck	3	ja, im Schnittpunkt zweier Symmetrieachsen
Rechteck	2	ja, im Mittelpunkt
unregelmäßiges Trapez	–	–
Raute	2	ja, im Diagonalenschnittpunkt
Parallelogramm	–	ja, im Diagonalenschnittpunkt
Drachen	1	–

Hinweis: Ein Trapez hat nur dann eine Symmetrieachse, wenn beide Schenkel gleich lang sind (siehe Lösung zu Aufgabe 5 auf Seite 132).

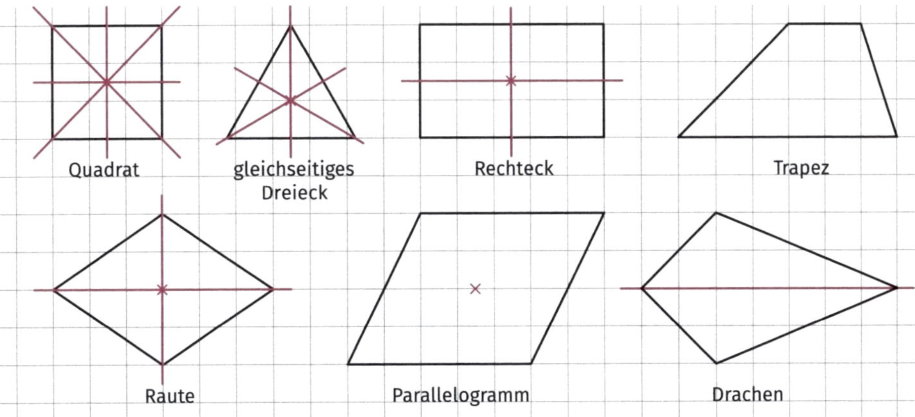

Seite 97

3 a)

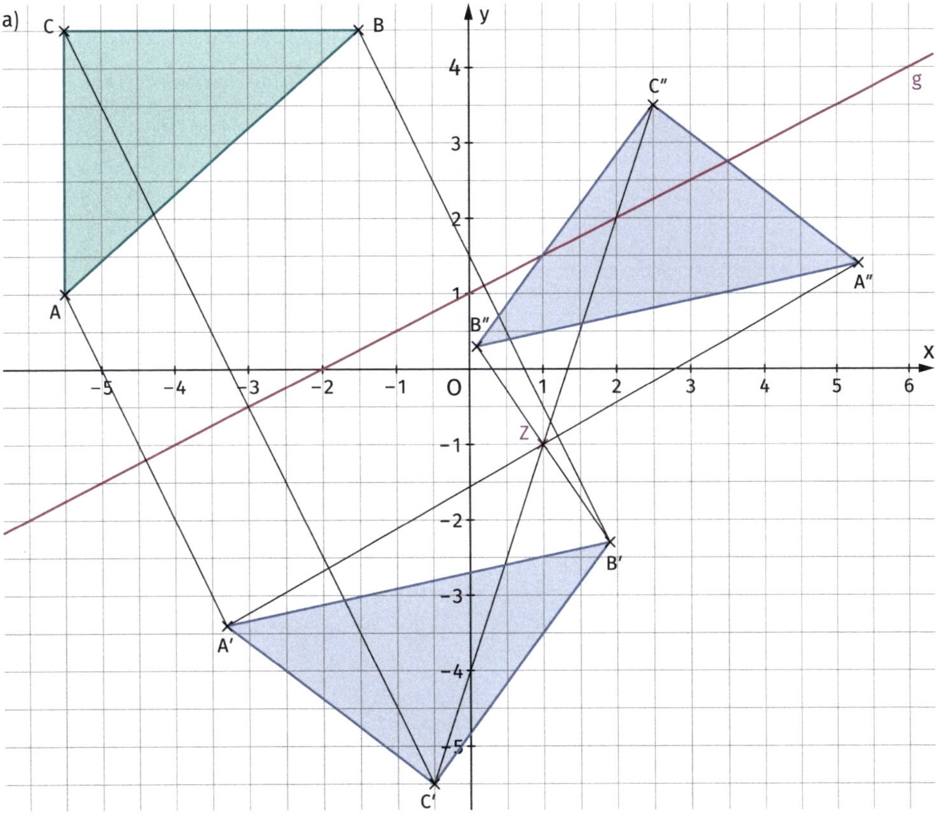

b) ABC → A'B'C': Der Umlaufsinn ändert sich von positiv nach negativ (da es sich um eine Achsenspiegelung handelt. A'B'C' → A"B"C": Der Umlaufsinn (negativ) ändert sich nicht (da es sich um eine Punktspiegelung handelt.

c)

Dreieck	ABC	A'B'C'	A"B"C"
Umfang	4 + 3,5 + 5,3 = 12,8 cm	4 + 3,5 + 5,3 = 12,8 cm	4 + 3,5 + 5,3 = 12,8 cm
Flächeninhalt	$\frac{1}{2} \cdot 4 \cdot 3{,}5 = 7\,\text{cm}^2$	$\frac{1}{2} \cdot 4 \cdot 3{,}5 = 7\,\text{cm}^2$	$\frac{1}{2} \cdot 4 \cdot 3{,}5 = 7\,\text{cm}^2$

Es fällt auf, dass sich Umfang und Flächeninhalt bei Achsen- und Punktspiegelung **nicht** verändern.

KAPITEL 10: DATEN ERHEBEN UND AUSWERTEN

Seite 98

1 a) sicher* b) zufällig c) zufällig d) sicher e) zufällig f) sicher
* zu a): Es liegen immer 42 Tage (6 Wochen) zwischen Ostern und Pfingsten.

Seite 99

2

	Merkmal	Stichprobenumfang	Ergebnisse
a)	Gewicht einer Schultasche	**57**	**kleiner oder gleich 10 kg mehr als 10 kg**
b)	Anzahl der Fernsehgeräte	**nicht bekannt**	**0; 1 ; 2; 3; 4; 5; 6; mehr als 6**
c)	Augenzahl	**200**	**1; 2, 3; 4; 5; 6**
d)	Nummer des Bahnsteigs	**35**	**Gleis 1; Gleis 2; Gleis 3**

3 Ergebnisse: was alles beim Merkmal möglich ist

Wappen, Zahl	Bus, Fahrrad, zu Fuß, Zug, Auto	kein Zeitaufwand, bis zu einer Stunde, 1 bis 2 Stunden, 2 Stunden und mehr	3; 4; 5 Sätze

Seite 100

4 a) Noten:

Ergebnis	1	2	3	4	5	6
Anzahl	𝍸	𝍸	𝍸	II	III	–
absolute Häufigkeit	5	5	5	2	3	0
relative Häufigkeit	$\frac{5}{20}$	$\frac{5}{20}$	$\frac{5}{20}$	$\frac{2}{20}$	$\frac{3}{20}$	$\frac{0}{20}$

b) Preis einer Brezel:

Ergebnis	55 ct	56 ct	57 ct	58 ct	59 ct	60 ct
Anzahl	𝍸 I	I	–	IIII	II	𝍸 II
absolute Häufigkeit	6	1	0	4	2	7
relative Häufigkeit	$\frac{6}{20}$	$\frac{1}{20}$	$\frac{0}{20}$	$\frac{4}{20}$	$\frac{2}{20}$	$\frac{7}{20}$

Seite 103

5 Berechnung der Winkel:
Der Stichprobenumfang beträgt
$23 + 31 + 7 + 5 = 66 \triangleq 360°$.

$z = \frac{23}{66} \cdot 360° \approx 126°$; $p = \frac{7}{66} \cdot 360° \approx 38°$

$a = \frac{31}{66} \cdot 360° \approx 169°$; $s = \frac{5}{66} \cdot 360° \approx 27°$

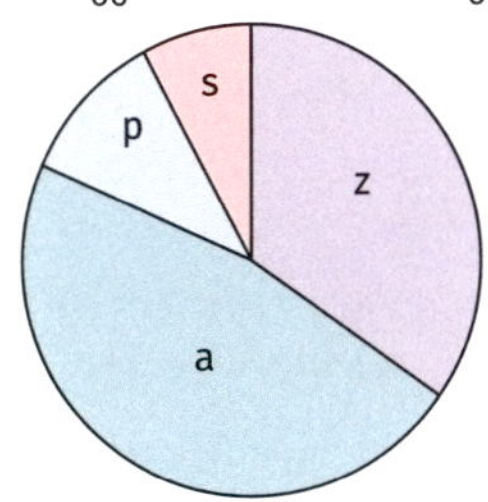

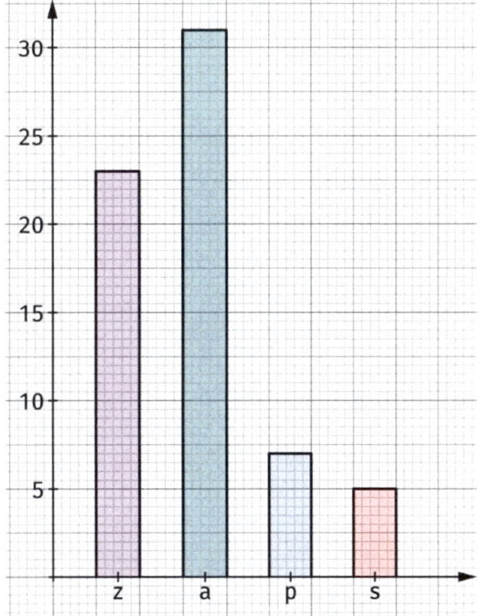

Seite 104

6 geordnete Urliste (12 Werte):
A-Dorf: −6 °C; −5 °C; −4 °C; −3 °C; −1 °C; 0 °C; 0 °C; 0 °C; 3 °C; 5 °C; 5 °C; 7 °C

	arithmetisches Mittel	Median	Modalwert
A-Dorf	$\frac{1}{12}$ °C = 0,083 °C	$\frac{1}{2} \cdot (0\,°C + 0\,°C) = 0\,°C$	0 °C

ABSCHLUSSTEST

Seite 105

1 a) Es sind 20 Ergebnisse angegeben, man kann also davon ausgehen, dass 20 Haushalte befragt wurden: Der Stichprobenumfang beträgt **20**.

b) Das Merkmal der Untersuchung ist „**Anzahl der Fernsehgeräte pro Haushalt**“.

c) Folgende Ergebnisse traten auf: **kein Fernsehgerät, 1 Fernsehgerät, 2 Fernsehgeräte, 3 Fernsehgeräte, 4 Fernsehgeräte**.

d)

Anzahl der Fernsehgeräte	0	1	2	3	4
absolute Häufigkeit	4	6	4	4	2

e) Mittelwert: $\emptyset = (0 \cdot 4 + 1 \cdot 6 + 2 \cdot 4 + 3 \cdot 4 + 4 \cdot 2) : 20 = 34 : 20 =$ **1,7**

f) geordnete Urliste: 0 0 0 0 1 1 1 1 1 1 2 2 2 2 3 3 3 3 4 4 ; Zentralwert: $\frac{1}{2} \cdot (1 + 2) =$ **1,5**

g) Modalwert: **1** (6-mal)

2 Die geordnete Urliste aus Aufgabe 1 ist:
0; 0; 0; 0; 1; 1; 1; 1; 1; 1; 2; 2; 2; 2; 3; 3; 3; 3; 4; 4
Es sind $x_{min} = 0$; $x_{max} = 4$
Der Zentralwert (Median) wurde bereits in Aufgabe 1 bestimmt: $z = 1{,}5$
Wegen $20 \cdot \frac{1}{4} = 5$ steht das untere Quartil am 5. Platz der geordneten Urliste: Es ist also: $q_u = 1$
Wegen $20 \cdot \frac{3}{4} = 15$ steht das obere Quartil am 15. Platz der geordneten Urliste: Es ist also: $q_o = 3$
Der zugehörige Boxplot sieht somit so aus:

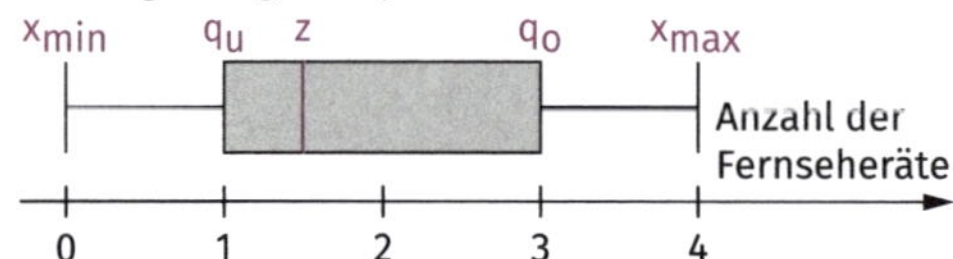

3

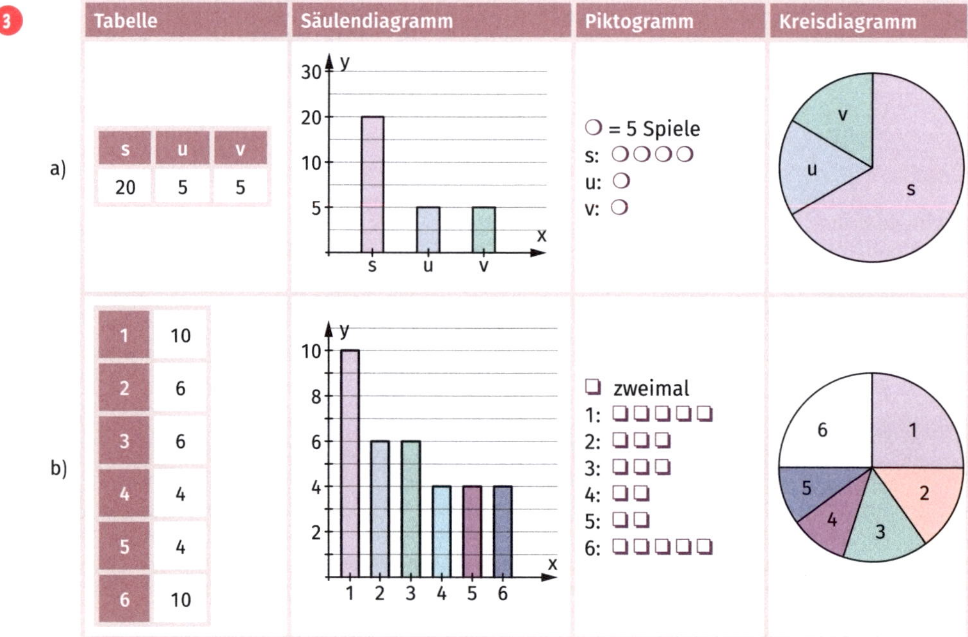

4 a) Es sind 2 + 6 + 5 + 4 + 3 + 3 + 1 = 24 Jugendliche
b) Durchschnittliche Punktzahl $= \frac{2 \cdot 1\text{ P.} + 6 \cdot 2\text{ P.} + 5 \cdot 3\text{ P.} + 4 \cdot 4\text{ P.} + 3 \cdot 5\text{ P.} + 3 \cdot 6\text{ P.} + 1 \cdot 7\text{ P.}}{24} = \frac{85\text{ P.}}{24} = 3{,}5\text{ P.}$
c) Die geordnete Urliste ist: 1; 1; 2; 2; 2; 2; 2; 2; 3; 3; 3; 3; 3; 4; 4; 4; 4; 5; 5; 5; 6; 6; 6; 7
(Hinweis: Die Zahlen stehen für die Punkte beim Minigolf. Da 2 Schüler/innen bei der ersten Bahn nur 1 Punkt benötigt haben, ist zwei Mal die „**1**“ aufgelistet, 6 Schüler/innen haben 2 Punkte erreicht, also steht in der Rangliste sechs Mal die „**2**“, usw.)
$x_{min} = 1$; $x_{max} = 7$
Zentralwert: Mittelwert zwischen den Werten an den Plätzen 12 und 13. Also ist $z = 3$ **P**.
Unteres Quartil am $24 \cdot \frac{1}{4} = 6$. Platz der Rangliste: $q_u = 2$ **P**.
Oberes Quartil am $24 \cdot \frac{3}{4} = 18$. Platz der Rangliste: $q_o = 5$ **P**.
Boxplot:

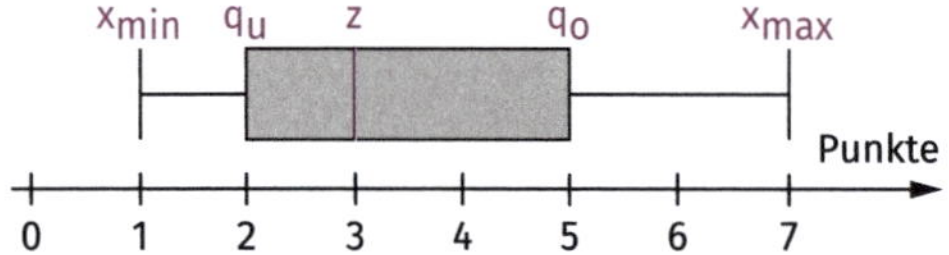

FORMEL-SAMMLUNG

KAPITEL 1: RECHNEN MIT BRÜCHEN

Bruch	$\frac{a}{b}$ heißt Bruch (mit $a, b \in \mathbb{Z}$ und $b \neq 0$). a ist der Zähler, b ist der Nenner des Bruchs.
Kehrwert	$\frac{b}{a}$ ist der Kehrwert von $\frac{a}{b}$. Es gilt: $\frac{b}{a} \cdot \frac{a}{b} = 1$.
Erweitern	Zähler und Nenner werden mit der gleichen Zahl multipliziert. Es gilt: $\frac{a}{b} = \frac{a \cdot c}{b \cdot c}$, mit $c \neq 0$.
Kürzen	Zähler und Nenner werden durch die gleiche Zahl dividiert. Es gilt: $\frac{a}{b} = \frac{a : c}{b : c}$, wobei a und b teilbar sind durch c ($c \neq 0$).
Addition und Subtraktion gleichnamiger Brüche	Zwei Brüche heißen gleichnamig, wenn sie den gleichen Nenner haben. Es gilt: $\frac{a}{b} + \frac{c}{b} = \frac{a + c}{b}$ bzw. $\frac{a}{b} - \frac{c}{b} = \frac{a - c}{b}$. Ungleichnamige Brüche müssen vor der Addition bzw. Subtraktion auf den kleinsten gemeinsamen Nenner (= Hauptnenner) erweitert werden.
Multiplikation und Division	$\frac{a}{b} \cdot \frac{c}{d} = \frac{a \cdot c}{b \cdot d}$ und $\frac{a}{b} : \frac{c}{d} = \frac{a}{b} \cdot \frac{d}{c} = \frac{a \cdot d}{b \cdot c}$

KAPITEL 2: DEZIMALBRÜCHE

Dezimal-schreibweise	Die Stellen rechts vom Komma geben die Zehntel, Hundertstel, Tausendstel, ... an, z. B. $1{,}375 = 1 + \frac{3}{10} + \frac{7}{100} + \frac{5}{1000}$.
Größen-vergleich	Von zwei Dezimalbrüchen ist derjenige größer, der von links nach rechts gelesen an der gleichen Stelle zuerst die größere Ziffer hat, z. B. 2,345 > 2,315.

KAPITEL 3: RATIONALE ZAHLEN

Zahlenmengen	natürliche Zahlen $\mathbb{N} = \{0; 1; 2; 3; ...\}$ ganze Zahlen $\mathbb{Z} = \{ ... ; -3; -2; -1; 0; 1; 2; 3; ...\}$ rationale Zahlen $\mathbb{Q} = \left\{\frac{p}{q}, \text{mit } p, q \in \mathbb{Z} \text{ und } q \neq 0\right\}$ $\mathbb{Q}$ enthält alle natürlichen, alle ganzen Zahlen und alle positiven und negativen Brüche und Dezimalbrüche.
Vorzeichenregeln	$a + (+b) = a + b$; $a - (-b) = a + b$ $a + (-b) = a - b$; $a - (+b) = a - b$ Multiplikation und Division: Bei gleichen Vorzeichen erhält man Plus, bei unterschiedlichen Vorzeichen Minus. $(+a) \cdot (+b) = +a \cdot b$; $(+a) \cdot (-b) = -a \cdot b$ $(-a) \cdot (-b) = +a \cdot b$; $(-a) \cdot (+b) = -a \cdot b$
Distributivgesetze	$a \cdot (b + c) = a \cdot b + a \cdot c$ bzw. $(b + c) \cdot a = b \cdot a + c \cdot a = a \cdot b + a \cdot c$ $(b + c) : a = b : a + c : a$

KAPITEL 4: DREISATZRECHNUNG

proportionale Zuordnung	3 Brötchen kosten 0,75 €, wie viel kosten 5 Brötchen? Auf beiden Seiten des Dreisatzschemas muss die **gleiche Rechenoperation** durchgeführt werden. :3 (3 Brötchen → 0,75 €) :3 1 Brötchen → 0,25 € ·5 (5 Brötchen → 1,25 €) ·5
umgekehrt proportionale Zuordnung	4 Freunde teilen sich eine Tüte aus 36 Bonbons. Wie viele Bonbons würde jeder bekommen, wenn es 6 Freunde wären? Auf beiden Seiten des Dreisatzschemas muss die **entgegengesetzte Rechenoperation** durchgeführt werden. :4 (4 Freunde → 36 Bonbons) ·4 1 Freund → 144 Bonbons ·6 (6 Freunde → 24 Bonbons) :6

KAPITEL 5: PROZENTRECHNUNG

Grundbegriffe	Grundwert G: das Ganze Prozentwert W: ein Teil vom Ganzen Prozentzahl p: $p = (W : G) \cdot 100$ Prozentsatz p %: $p\,\% = \frac{p}{100}$
Berechnungen	Die fehlende der drei Größen G, W und p kann mit der Dreisatzrechnung berechnet werden. Dabei gilt: $G \triangleq 100\,\%$ bzw. $100\,\% \triangleq G$ und $p\,\% \triangleq W$

KAPITEL 6: GRUNDBEGRIFFE DER GEOMETRIE

Punkt	wird im Achsenkreuz durch Zahlenpaar beschrieben: Punkt A(Rechtswert, Abszisse | Hochwert, Ordinate)
Winkelarten	Vollwinkel 360° (Vollkreis); überstumpfer Winkel: $360° < \alpha < 180°$ gestreckter Winkel: 180°; stumpfer Winkel: $90° < \alpha < 180°$ rechter Winkel: 90°; spitzer Winkel: $0° < \alpha < 90°$
Lot	kürzeste Strecke eines Punktes auf eine Gerade Das Lot steht senkrecht (im rechten Winkel) zur Geraden.

KAPITEL 7 UND 8: EBENE FIGUREN, FLÄCHEN UND UMFANG

Quadrat	$A = a \cdot a = a^2$	$u = 4a$
Rechteck	$A = a \cdot b$	$u = 2a + 2b$
Dreieck	$A = \frac{1}{2}a \cdot h_a$ oder $A = \frac{1}{2}b \cdot h_b$ oder $A = \frac{1}{2}c \cdot h_c$; bzw. $A = \frac{1}{2}g \cdot h$; mit $g \triangleq$ Grundseite, $h \triangleq$ Höhe über Grundseite	$u = a + b + c$
Parallelogramm	$A = a \cdot h_a$	$u = 2a + 2b$
Trapez	$A = \frac{1}{2}(a + c) \cdot h$; mit $a \parallel c$, $h \triangleq$ Abstand zwischen a und c	$u = a + b + c + d$
Drachen	$A = \frac{1}{2}e \cdot f$; mit den Diagonalen e und f	$u = 2a + 2b$
Raute	$A = \frac{1}{2}e \cdot f$; mit den Diagonalen e und f	$u = 4a$
Kreis	$A = \pi \cdot r^2$	$u = 2\pi r$; mit $\pi \approx 3{,}14$

KAPITEL 10: DATEN ERHEBEN UND AUSWERTEN

Häufigkeiten	absolute Häufigkeit: Anzahl eines Ergebnisses bei einem Experiment relative Häufigkeit: absolute Häufigkeit dividiert durch die Anzahl der durchgeführten Experimente
arithmetisches Mittel	Mittelwert, Durchschnitt: $\varnothing = \frac{1}{n} \cdot (x_1 + x_2 + ... + x_n)$
Zentralwert (Median)	der in der Mitte liegende Wert einer geordneten Urliste
Modalwert	der am häufigsten auftretende Wert einer Urliste

STICHWORT-VERZEICHNIS

BILDQUELLENVERZEICHNIS

Evelyn Neuss Illustration, Hannover: 17.2, 25.4, 29.1, 43.2, 43.3, 43.4, 43.5, 45.4, 45.5, 45.6, 45.7, 52.2, 56.2, 56.3, 56.4, 56.5, 56.6. | imprint, Zusmarshausen: 6.2, 6.5, 6.6, 6.7, 6.8, 7.1, 7.2, 7.3, 7.4, 7.5, 8.1, 8.2, 8.3, 9.4, 10.1, 12.1, 14.1, 15.1, 18.1, 19.1, 20.1, 20.2, 20.4, 20.5, 20.6, 20.7, 20.8, 21.2, 22.1, 23.1, 24.1, 26.1, 28.1, 30.1, 30.2, 30.3, 30.4, 31.2, 31.3, 32.1, 32.2, 32.3, 32.4, 33.1, 33.2, 34.1, 36.1, 36.2, 37.1, 38.1, 39.1, 40.1, 40.2, 41.2, 42.2, 44.4, 46.2, 46.3, 47.1, 47.2, 47.3, 49.1, 49.2, 52.1, 53.1, 54.1, 57.1, 57.2, 57.3, 57.4, 58.1, 58.2, 58.3, 59.1, 59.2, 59.3, 60.1, 60.2, 61.1, 61.2, 62.1, 62.3, 63.1, 63.2, 64.1, 64.3, 64.6, 65.1, 65.3, 65.7, 65.8, 65.9, 65.10, 65.11, 65.12, 66.1, 66.2, 66.3, 66.4, 66.5, 66.6, 66.7, 66.8, 66.10, 66.11, 67.1, 67.2, 68.1, 68.3, 68.5, 68.6, 68.7, 68.8, 68.9, 68.10, 68.11, 68.12, 68.13, 68.14, 69.1, 69.2, 69.5, 69.8, 70.1, 70.2, 72.1, 72.2, 72.3, 73.1, 73.2, 73.3, 74.1, 74.2, 74.3, 74.4, 74.5, 74.6, 74.7, 75.1, 75.2, 75.3, 76.1, 76.2, 76.4, 77.1, 77.2, 77.3, 78.1, 78.2, 78.3, 78.4, 80.1, 80.2, 80.3, 81.1, 81.2, 82.1, 82.3, 82.4, 82.5, 82.6, 82.7, 82.8, 83.1, 83.2, 83.3, 83.4, 83.5, 83.6, 84.2, 84.3, 84.4, 84.5, 84.6, 84.7, 85.1, 85.2, 85.3, 85.4, 85.5, 85.6, 85.7, 86.1, 86.2, 86.3, 86.4, 86.5, 87.1, 87.2, 87.3, 87.4, 87.5, 88.1, 88.2, 88.3, 88.4, 88.5, 90.1, 90.2, 90.3, 90.4, 91.1, 91.2, 91.3, 92.1, 92.2, 92.3, 93.1, 93.2, 93.3, 93.4, 93.5, 95.1, 95.2, 95.3, 95.4, 97.1, 100.1, 102.1, 102.2, 102.3, 103.1, 103.2, 104.1, 105.1, 105.2, 105.3, 107.1, 107.2, 107.3, 107.4, 107.5, 108.1, 108.2, 108.3, 108.4, 111.1, 114.1, 114.2, 114.3, 114.4, 114.5, 116.1, 116.2, 118.1, 118.2, 119.1, 119.2, 120.1, 120.2, 121.1, 121.2, 121.3, 121.4, 121.5, 122.1, 122.2, 123.1, 123.2, 123.3, 123.4, 123.5, 123.6, 123.7, 123.8, 123.9, 124.1, 124.2, 125.1, 125.2, 126.1, 126.2, 127.1, 127.2, 128.1, 128.2, 128.3, 129.1, 129.2, 130.1, 130.2, 130.3, 131.1, 131.2, 131.3, 132.1, 132.2, 132.3, 132.4, 133.1, 133.2, 133.3, 133.4, 134.1, 134.2, 135.1, 135.2, 137.1, 137.2, 138.1, 138.2, 138.3, 138.4, 138.5, 138.6. | iStockphoto.com, Calgary: borchee 1.1, 13.1, 42.1, 43.1; cat_arch_angel 45.3; Dimitris66 25.2, 25.3, 25.6, 25.7, 44.2, 45.1; Erastova, Anna 2.1, 27.1, 46.1; Insh1na 37.2; lumyaisweet 29.2; Medesulda 45.2; Novikov, Denis Titel; Povareshka 41.1; TopVectors 20.3; ulimi 4.1, 9.2, 9.3, 9.5, 17.1, 21.3, 21.4, 21.5, 21.6, 25.5, 44.3, 44.5, 62.2, 62.4, 62.5, 62.6, 62.7, 64.2, 64.4, 64.5, 65.2, 65.4, 65.5, 65.6, 66.9, 66.12, 66.13, 66.14, 68.2, 68.4, 69.3, 69.4, 69.6, 69.7, 94.2, 94.3, 94.4, 141.1; Vect0r0vich 3.20, 3.21, 35.2, 35.3, 44.1; VectorStory Titel. | Mavie Noelle: Titel, Titel, 1.2, 1.3, 1.4, 1.5, 1.6, 2.2, 2.3, 3.1, 3.2, 3.3, 3.4, 3.5, 3.6, 3.7, 3.8, 3.9, 3.10, 3.11, 3.12, 3.13, 3.14, 3.15, 3.16, 3.17, 3.18, 3.19, 3.22, 3.23, 3.24, 4.2, 4.3, 5.1, 5.2, 5.3, 6.1, 6.3, 6.4, 7.6, 9.1, 13.2, 21.1, 25.1, 27.2, 27.3, 31.1, 31.4, 34.2, 35.1, 37.3, 48.1, 51.1, 56.1, 62.8, 71.1, 71.2, 76.3, 79.1, 82.2, 84.1, 89.1, 89.2, 91.4, 91.5, 91.6, 91.7, 91.8, 94.1, 101.1.

© Marie Noelle

Marie